실리콘밸리 리더십

The Art of Leadership

실리콘밸리 리더십 애플 테크 리더가 들려주는 30가지 비법

초판 1쇄 발행 2021년 8월 1일

지은이 마이클 롭 / **옮긴이** 김정혜 / **펴낸이** 김태헌
펴낸곳 한빛미디어(주) / **주소** 서울시 서대문구 연희로2길 62 한빛미디어(주) IT출판부
전화 02-325-5544 / **팩스** 02-336-7124
등록 1999년 6월 24일 제25100-2017-000058호 / **ISBN** 979-11-6224-456-2 93000

총괄 전정아 / **책임편집** 서현 / **기획** 윤나리, 이다인 / **편집** 이다인 / **교정** 김묘선
디자인 표지 박정우 내지 박정화 전산편집 백지선
영업 김형진, 김진불, 조유미 / **마케팅** 박상용, 송경석, 한종진, 이행은, 고광일, 성화정 / **제작** 박성우, 김정우

이 책에 대한 의견이나 오탈자 및 잘못된 내용에 대한 수정 정보는 한빛미디어(주)의 홈페이지나 다음 이메일로
알려주십시오. 잘못된 책은 구입하신 서점에서 교환해드립니다. 책값은 뒤표지에 표시되어 있습니다.

한빛미디어 홈페이지 www.hanbit.co.kr / **이메일** ask@hanbit.co.kr

지금 하지 않으면 할 수 없는 일이 있습니다.
책으로 펴내고 싶은 아이디어나 원고를 메일(**writer@hanbit.co.kr**)로 보내주세요.
한빛미디어(주)는 여러분의 소중한 경험과 지식을 기다리고 있습니다.

실리콘 밸리 리더십

The Art of Leadership

애플 테크 리더가 들려주는 30가지 비법

O'REILLY® 한빛미디어
Hanbit Media, Inc.

이 책에 쏟아진 찬사

무언가를 배우는 가장 좋은 방법은 이야기를 듣는 것이다. 인간이라면 누구나 좋은 이야기를 갈망하며, 마이클 롭은 타고난 이야기꾼이다.

존 그루버 John Gruber, 『Daring Fireball』 저자

더 나은 리더가 되기 위해 오늘 당장 실천할 만한 일이 무엇인지 궁금하다면 이 책을 읽어야 한다. 롭의 수많은 경험과 새로운 시도에서 정답을 찾을 수 있다.

칼 핸더슨 Cal Henderson, Slack의 공동 설립자이자 최고기술책임자

유명한 선수의 경기를 보면 탁월한 능력은 금세 눈에 들어오지만 그 경지에 이르기까지 굽이굽이 거쳐온 여정은 시야에 가려지기 마련이다. 롭은 여러분을 리더십에 이르는 비밀의 길로 안내한다.

줄리아 그레이스 Julia Grace, Apple의 엔지니어링 디렉터

철학적이고 이론적인 리더십 조언이 범람하는 넓은 바다에서 롭은
여러분이 매일 실천할 수 있는 조언을 귀띔한다.

에이프릴 언더우드 April Underwood,
#Angels의 공동 설립자이자 Slack의 최고제품책임자

롭은 진정성과 개성이 돋보이는, 리더십을 빠르게 익힐 필수 매뉴
얼을 선보인다.

조슈아 골든버그 Joshua Goldenberg, Loom의 디자인총괄자

이 책은 실용적이고 시의적절한 가이드북으로, 오직 여러분을 더
좋은 리더로 이끄는 데 초점을 맞췄다.

에릭 포리에이 Eric Poirier, Addepar의 최고경영자

여러분의 팀이 간절히 원하는 책을, 고맙게도 롭이 배송해줬다.

마이클 시피 Michael Sippey, Medium의 최고제품책임자

지은이 소개

지은이 **마이클 롭** Michael Lopp

실리콘밸리에서 잔뼈가 굵은 엔지니어링 리더. 슬랙, 볼랜드, 넷스케이프, 팔란티어, 핀터레스트, 애플 등 굴지의 IT 기업들에서 인재를 육성하고 제품을 탄생시켰다. 개인 시간이 생길 때면 그는 자신의 블로그(*https://rand-sinrepose.com*)에 배낭여행과 리더십에 관한 글을 쓴다. 현재 애플에 몸담고 있는 그에게 엔지니어링 리더로서의 여정은 현재진행형이다.

롭에게는 『실리콘밸리 리더십』 외에도 2개의 저서가 있다. 그의 첫 책인 『IT 개발자가 쓴 통쾌한 인간관리 이야기』(ICT, 2009)는 엔지니어링 분야의 리더십 기술에 관한 지침서로 많은 사람들의 사랑을 받았다. 그는 누구나 자신이 일군 성과에 대해 보상을 받을 것이지만 주변 사람들 없이는 성공할 수 없다고 주장했고 그 이유를 책을 통해 명확히 설명했다. 두 번째 저서인 『Being Geek』(O'Reilly Media, 2010)은 IT 전문가의 경력 안내서로 '괴짜'로 불리는 컴퓨터 덕후들의 필독서가 되었다.

롭은 그래블 자전거gravel bike를 타는 것을 좋아하고, 문장부호의 쓰임새를 고민하며, 적포도주를 즐겨 마신다. 또한 캘리포니아주 북부의 울창한 삼나무 숲에 대해 이해하려고 애쓴다. 그를 성장시키는 원동력은 호기심이다.

옮긴이 소개

옮긴이 **김정혜**

한양대학교 화학과를 졸업하고, 미국 필라델피아 커뮤니티 칼리지에서 SLP 과정을 수료했으며, 버지니아 컬럼비아 칼리지에서 유아교육을 공부했다. 지금은 바른번역 소속 번역가로 활동하고 있다. 옮긴 책으로는 『최강의 조직』, 『101가지 흑역사로 읽는 세계사』, 『앞서가는 조직은 왜 관계에 충실한가』, 『아마존처럼 생각하라』, 『대량살상 수학무기』, 『리더십은 누구의 것인가』 등이 있다.

옮긴이의 말

'악마는 디테일에 있다.'는 말을 아는가. 이는 작은 세부 사항에 대한 중요성을 강조하고 관심을 촉구하는 말이다. 이 책을 번역하면서 '성공적인 리더십도 디테일에 있다.'는 말이 떠올랐다. 큰 부분에 온 신경을 쏟아 리더십이라는 대궐을 지었더라도, 세부적인 부분을 간과한다면 자칫 리더십 자체를 망가뜨릴 수도 있다. 작가는 이 책에서 30년간의 현장 경험을 바탕으로 참된 리더로서 갖춰야 하는 작은 행동과 습관을 소개한다. 나는 이제껏 리더십에 관한 책을 여러 권 번역했다. 각 책마다 효과적인 리더십 기술을 소개하고 많은 경우 자신의 기술을 뒷받침해주는 이론을 함께 제시하기도 했다. 그리고 그런 책은 실질적인 리더십 기술과 이론이 융합되어 리더의 세상을 여행하는 사람들에게 좋은 안내자가 되어주었다.

그런데 이번 책을 번역하면서 '어? 지금까지 내가 접했던 책들과는 좀 다르네.'라는 생각이 들었다. 조직에서 승진의 사다리를 올라간다는 것은 리더십의 사다리를 올라가는 것과 다르지 않다고 생각한다. 물론 요즘에는 수평 조직들도 많지만 말이다. 이 책의 저자인 마이클 롭은 그런 사다리의 발판을 하나씩 올라갈 때마다 달라지는 리더십의 상황을 자신의 경험에 의거해 진단하고, 올바른 대처 방법을 알기 쉽게 풀어준다. 롭이 지적하듯 새로운 리더십 환경을 맞닥뜨리는 신참 리더들은 당황하기 마련이다. 때때로 의욕이 앞서는 바람에 일을 망치기도 한다. 롭은 이를 신참 리더가 직면하는 '죽음의 나선'이라고 규정하면서 그 나선을 피할 수 있는 특급 처방을 내린다. '위임'하라는 것이다. 관리자가 되는 것을 승진한 것이라 생각하며 안주하지 말고, 불안하더라도 위임함으로써 신뢰 관계를 구축하라고 당부한다. 많은 사람들에게 이 책은 새로운 리더십 지형을 헤쳐 나갈 수 있는 길라잡이가 되어주고 길을 잃지 않을 수 있는 등대가 되어줄 것이다.

흔히 하루 24시간은 모두에게 공평하게 주어지는 자산이라고 한다. 성공의 토대를 차근히 쌓아가는 사람이 있는가 하면 허투루 날려버리는 사람도 있다. 롭은 그런 유한한 자원인 시간을 현명하게 관리하고 최고의 수익률을 거둘 수 있는 '작은' 방법을 소개한다. 가령 위기 상황일 때는 긴급성과 중대성을 따져 8단계 원칙을 준수하라고 강조한다. 또한 오늘날 정보화 시대를 맞은 우리 현대인들의 시간 관리 비법도 알려준다. 스마트폰과 인터넷에 노예처럼 끌려다닐 것이 아니라 자기 주도적으로 현대의 이기를 부리는 주인이 될 수 있는 방법이다.

특히, 직업적 성장에 관한 부분을 읽으며 많은 생각을 했다. 나는 번역가로서 스스로의 성장을 어떻게 가늠하고 있으며 그것에 대해 얼마나 고민하고 있는가? 롭은 독자들에게 자신의 직업적 성장에 대해 생각하고 일이나 직장에 대한 만족도를 점검하며 미래의 기회를 찾을 수 있는 방법을 알려준다. 아울러 롭은 리더라면 응당 하기가 힘든 말도 해야 하고 듣기 힘든 말도 들어야 한다고 일침을 놓는다. 피드백에 관해서는 사회적 거래로서 누군가가 자신에게 관심을 쏟은 증거로 소중히 여기라고 조언한다.

마지막으로 이 책의 작은 관전 포인트를 알려주려 한다. 롭은 사람들이 조직의 개별 기여자에서 관리자로, 그리고 임원과 경영자로 성장하는 직장인 삶의 발달 단계를 소개한다. 그리고 그런 삶의 발달 단계에서 자신의 성장 무대가 되어준 기업을 소개하는데, 넷스케이프와 애플과 슬랙이다. 롭은 각 단계를 소개하는 서두에서 그들 기업의 탄생 비화를 들려주는데, 이 부분에서 소소한 재미를 찾을 수 있다.

이제 독자들 앞에 리더십의 구슬들이 쏟아져 있다. 그 구슬들을 꿰어 보배로 만드는 것은 각자의 몫이다. 나는 이 책을 번역한 사람으로서 독자 모두가 '소소한 리더십 기술들로 무장한' 강소(強小)형 리더로서 리더십의 여정을 순항하고 목적지에 무사히 안착하기를 고대한다. '작은 고추가 맵다.'는 속담도 있지 않은가. 롭이 말했듯 리더에게 조직의 화재 예방 전문가와 특급 소방수 역할을 기대할 수 있지만, 그보다는 구성원 모두가 서로의 든든한 후원자가 되고 조직의 수호자가 되기를 희망한다.

김정혜

추천의 말

인스타그램에 신입 엔지니어가 들어올 때, 내가 건네는 단골 환영사는 다음과 같다. "환영합니다! 우리 팀은 내가 관리해본 팀 중에 공식적으로 최대 규모입니다." 인스타그램의 엔지니어링 팀은 단 몇 년 만에 2명에서 500명으로 250배나 성장했다. 이와 같은 초고속 성장을 위해서는 성공적인 팀을 구축하고 유능한 관리자들을 육성하는 것이 급선무였다. 다시 말하자면 원칙, 행동, 습관 등에 관한 단기 속성 과정이 불가피했다. 그 시기의 나는 조언가, 책, 기사 등에서 닥치는 대로 아이디어를 뽑아내 스펀지처럼 흡수했다. 내 지식 창고의 목록에서 마이클 롭의 책과 글은 상위 자리를 차지했다. 나는 그의 책과 글을 탐닉했을 뿐만 아니라 (훗날에는) 롭에게 직접 아이디어와 조언을 구하기도 했다.

몇 년에 걸쳐 팀을 구축하고 성장시키면서, 관리란 근본적으로 두 가지 핵심 요소로 구성된다는 사실을 배웠다. 먼저, 당신의 팀이 직면한 장애물, 대인 관계의 마찰 요소 등의 정보를 발견하고, 그런 다음에는 망설임 없이 앞으로 나아가는 올바른 길을 찾아야 한다. 유능한 관리자는 이러한 두 가지 일을 잘하는 사람이다. 정보 측면에서의 관리는 적절히 질문하고, 진실하게 대답하는 것을 장려하는 문화를 의도적으로 설계하는 것이다. 앞으로 나아갈 길을 찾는 측면에서의 관리는 수많은 잠재적 해결과제에 대해 배우고 각각의 상황에 맞는 최고의 해결책을 선택한다는 뜻이기도 하다.

이것이 바로 관리의 목표다. 이 책에서 롭은 관리의 방법론에 대해 상세히 설명한다. 관리의 방법론은 적절한 습관과 행동 방침을 이해하고 채택하고 다듬어서 자신을 끊임없이 계발하는 과정이다. 결국, 작은 것들을 잘하는 것이 성공적인 관리의 핵심이다.

롭이 소개하는 작은 관리 원칙을 시도하다 보면 처음에는 불편한 마음이 생길 수도 있다. 아직 몸에 익숙하지 않은 새 옷을 입을 때처럼 말이다. 팀 구성원들이 당신을 보며 어딘가에서 방금 읽은 따끈따끈한 무언가를 시도하고 있다고 의심할지도 모르겠다(맞는 말이니 할 말은 없지만). 그러나 처음의 어색함을 참고 실천하다 보면 작은 관리 원칙이 어느덧 제2의 천성이 될 것이다. 비로소 마법이 펼쳐질 시간이다. 당신은 행동을 마음대로 비틀고 변형할 뿐 아니라 온전히 당신의 것으로 만들 수 있다.

나는 이것이 관리자의 '근육'을 키우는 최고의 방법이라고 확신한다. 그런 점에서 나는 10년 전의 내게 사과하고 싶다. 미안해, 너도 이 책을 읽었으면 좋았을 텐데. 지금의 당신에게는 축하를 건네고 싶다. 이 책을 알게 된 당신은 행운아다. 이 책을 길라잡이로 삼아 마음껏 리더십 여행을 즐기기를 바란다.

마이크 크리거 Mike Krieger, 인스타그램 전 최고기술책임자(CTO)

감사의 말

나의 경력에서 일대일 회의를 빼면 아주 보잘것없을 것이다. 내가 말하는 일대일 회의란 팀 구성원들과의 유의미한 정규 회의를 뜻한다. 이 책에서 베일을 벗는 30가지의 작은 습관과 행동은 지난 10년간 나와 함께 일했던 수많은 사람들과 머리를 맞댄 회의를 통해 정의하고 다듬은 것들이다.

이 책의 탄생에 자신도 모르게 기여한 몇몇에게 지면을 빌려 심심한 감사의 말을 전한다.

- 줄리아 그레이스Julia Grace. 내가 이제껏 만나본 사람 중에 추진력이 가장 강한 사람이다. 믿을 수 없을 만큼 사려 깊고 통찰력 있는 예리한 질문을 내게 던져주었다.
- 마티 캐플런Marty Kaplan. 소중한 멘토인 캐플런은 내게 건설적인 피드백을 끊임없이 제공해주었다. 피드백의 중요성에

눈을 뜨게 해준 그에게 진심으로 감사를 전한다.

- 칼 헨더슨Cal Henderson. 헨더슨은 사람들의 입에서 나오는 단어 하나하나를 놓치지 않고 귀담아듣고 정확히 이해하는 것이 얼마나 중요한지를 가르쳐주었다. 누군가의 말이 명확하게 이해되지 않을 때 모든 것을 멈추고 질문하는 것의 중요성도 일깨워주었다.

- 브랜던 잭슨Brandon Jackson. 뜨거운 불꽃 같은 논쟁을 벌인 사람은 그 말고 없었다. 업무에 관한 논쟁을 거쳐가며 우리 사이에는 신뢰와 상호 존중이 싹텄고, 그를 토대로 진정한 교훈을 얻게 되었다. 피를 나누지는 않았지만 친형제 같은 잭슨에게 감사한다.

마지막으로 고마움을 전하고 싶은 사람은 나의 소중한 가족이다. 아내와 아들과 딸. 매일 저녁 웃음이 가득한 식탁을 만들어주는 그들은 하루 중 최고의 시간을 안겨준다. 레이첼Rachelle, 스펜서Spencer, 클레어Claire에게 진심 어린 감사와 사랑을 전한다.

리더십 여정을 시작하며

단순하고 기억하기 쉬운 작은 것들의 향연이 이 책에서 펼쳐진다. 나는 지난 세월 온몸으로 부딪혀서 수집하고 다듬은 리더의 행동과 관행을 이 책에 총망라했다.

내가 특히 좋아하는 리더십 습관은 일대일 회의다. 일대일 회의의 전도사라고 불릴 정도다. 수십 년에 걸쳐 매주 일대일 회의를 진행했고 직속 팀원들과 매주 얼굴을 맞댔다. 일대일 회의는 함께 일하는 사람들 간의 신뢰를 구축하는 가장 단순하고 믿을 만한 방식이다. 팀 전체에 영향을 미치는 현재의 사건에 관해 폭넓은 대화를 나눌 기회이기 때문이다. 일대일 회의는 내가 새로운 자리로 옮길 때 가장 먼저 계획을 잡는 일정인 반면, 피치 못할 사정이 생겼을 때 가장 나중에 미루거나 취소하는 일정이다. 이는 팀을 구축하기 위한 지난날의 노력 중에서 가장 확실한 도구다.

일대일 회의에 대한 깊은 믿음의 근거는 무엇일까? 어째서 일대일 회의가 이토록 중요하다고 생각하는 걸까? 나와 일대일 회의의 운명적인 첫 만남은 웹 브라우저의 선구자 넷스케이프에서 일하던 1990년대 중반으로 거슬러 올라간다. 매주 상사와의 일대일 회의를 진행하는 것이 당시 넷스케이프의 관습이었다. 일대일 회의는 관리자의 역할 중 하나였지만, 그런 회의를 한다고 무조건 유능한 관리자가 되는 것은 아니었다. 그저 해야 하는 일이기에 일정을 잡을 뿐.

나는 몇 년에 걸쳐 한결같이 일대일 회의에 최선을 다했다. 습관이었을까? 그럴 수도 있다. 이 책이 소개하는 작은 원칙들을 설명하기에는 '리더의 습관'이라는 용어가 더 적절할 것이다. 내가 소개하는 작은 행동의 목록과 습관 사이에는 비슷한 점이 있다. 뭐라고 부르든 상관없다. 이 모든 것이 당신의 제2의 천성이 되기 전까지는 내 목록에서 아무것도 배우지 못할 것이라는 사실이 중요하다.

내가 수백 번의 일대일 회의를 하고 난 뒤 확실하게 깨달은 것은 그 회의가 한 주 중 가장 강도 높은 신호를 발산한다는 점이다. 중요한 주제에 관한 진정한 대화가 이뤄졌고, 다른 어떤 검증된 방법으로도 획득하지 못하는 정보를 주고받는 쌍방향의 대화가 가능했다.

내가 일대일 회의에 그토록 높은 가치를 두는 까닭은, 그리고 매주 무슨 일이 있어도 30분짜리 일대일 회의를 포기하지 못하는 이유는 무엇일까? 이제까지 내가 수천 번의 일대일 회의를 했다는 것에 그 답이 있다. 나는 모든 일대일 회의를 생산적인 시간으로 만드는 법을 배웠다. 또한 그런 시간에 회의적이었던 엔지니어가 그 시간을 고대하도록 만드는 방법도 터득했다. 뿐만 아니라 일대일 회의가 궤도를 이탈할 때 궤도로 어떻게 되돌리는지도 안다. 심지어는 누군가가 다짜고짜로 일대일 회의를 거부하는 이유에 대해서도 척하면 척이다. 일대일 회의가 내게는 습관이지만, 습관이라서 일대일 회의가 중요한 것은 아니다. 회의를 한 번 할 때마다 경험치가 생기고, 그런 경험이 점차 누적되어 융합된 가치가 나의 진짜 스승이 되었다.

나는 일대일 회의가 팀 구성원들과 업무상의 신뢰를 구축하고 상호 존중을 이끌어내는 최고의 방법이라는 것을 경험으로 배웠다. 그러나 아무리 강조해도 지금은 내 말을 진심으로 믿지 못할 듯싶다. 200번 정도, 직접 일대일 회의를 진행해보고 그 결과를 직접 눈으로 확인해본다면 저절로 무릎을 치게 될 것이다.

혹시 갈 길이 정말 멀다고 생각하는가? 충분히 이해한다. 실제로도 할 일이 첩첩산중이다.

처음에는 이 책의 제목을 '리더십 해킹hacking 기술'로 지을 생각이었다.[1] 어느 정도는 맞는 이야기였으니 적절한 제목으로 보였다. 나는 엔지니어링 리더이고, 주위에는 해킹 기술 개발에 자부심을 느끼는 엔지니어가 넘쳐난다. 게다가 나는 리더십에 관한 글을 쓰고, 지혜를 알리는 데 많은 시간을 들이는 사람이다. 리더십을 해킹한다는 개념은 앞의 두 가지를 종합한 효율적이고 익숙한 개념으로 느껴졌다.

하지만 이 제목에는 문제가 있다. 리더십은 해킹할 수 있는 기술이 아니기 때문이다.

해커hacker라는 용어는 매사추세츠 공과대학교(MIT)에서 탄생했고, 흥미롭거나 창조적인 고강도의 일을 하는 사람을 가리킨다. 컴퓨터 프로그램을 작성하는 것부터 전교생에게 놀라움과 즐거움을 안겨주는 기발한 장난을 치는 것까지에 적용된다. 간단한 예를 들어보자. 2009년 MIT에서 일단의 대학생들이 인간의 달 착륙 40주년을 앞두고 축하하기 위해 달 착륙선 실물을 1/2 크기로 축소한 모형을 만들어 학교의 상징 건물인 그레이트 돔Great Dome에 전시했다.

기발했고 놀라운 행동이었다. 그러나 리더십은 아니었다.

---

1   옮긴이_ 초기의 '해킹'은 개인의 호기심이나 지적 욕구의 바탕 위에 컴퓨터와 컴퓨터 간의 네트워크를 탐험하는 행위를 지칭했다. 오늘날에는 의도와는 상관없이 다른 컴퓨터에 침입하는 모든 행위를 일컫는다. 이는 컴퓨터 지식을 이용하여 타인의 정보 체계에 침입하거나 범죄를 저지르는 행위인 불법적인 크래킹(cracking)과 구분된다. 한편 '해커'는 컴퓨터 시스템 내부 구조와 동작 따위에 심취해 이를 알고자 노력하는 사람으로서 대부분 뛰어난 컴퓨터 및 통신 실력을 갖춘 사람으로 정의된다.

복잡한 모든 기술이 그렇듯, 리더십은 해킹의 대상이 될 수 없다. 오히려 리더십을 익히려면 사려 깊고 끈질긴 노력이 필요하다. 리더십은 일련의 관행을 토대로 만들어진다. 대학들이 권위 있는 리더십 학위를 제공하지 않는 주된 이유 중 하나도 이러한 이유와 무관하지 않다. 요컨대 리더십이란 해킹이나 탁상공론이 아니라 현장에서의 실질적인 경험을 통해 배우고 익혀야 하는 일련의 기술이다. 몸에 익은 특정한 습관을 언제 사용하고 발휘할지 선택하는 판단력 역시나 리더십의 기술에서 온다.

안타깝게도, 현시대를 살아가는 우리에게 해킹은 무언가를 신속하게 달성하거나 습득하는 방법으로 보인다. 게다가 우리는 간단하고 기발한 방식으로 시간을 절약해준다는 아이디어에 중독되었다. 그러나 이 책은 리더십을 간단하게 해킹하는 것에 관한 내용이 아니다. 이 책은 실천을 반복함으로써 오랜 시간에 걸쳐 지속 가능하고 자기를 계발하는 리더십을 형성하는 데 기여할 습관과 관행에 관한 것이다. 작은 습관이나 행동을 선택해 3개월 동안 실천해보자. 그 습관이 당신을 더 나은 리더로 만들어주는 방법을 직접 확인하자.

구미가 당긴다고? 그렇다면 오늘 당장 시작하라.

이 책을 유익하게 활용하는 방법

이 책은 두 가지 방식으로 읽을 수 있다. 무작위로 선택해 읽는 방식과 순서대로 읽는 방식이다. 먼저 무작위적인 방법부터 알아보자.

예전 책과 마찬가지로 이 책의 장들 역시 각각 독립적인 주제를 다룬다. 지난 수십 년간 블로그에 글을 써온 경험 때문일까. 나는 각 장이 완전히 독자적인 주제를 다루는 구조를 좋아한다. 각각의 장은 적어도 한 가지의 작은 행동이나 습관을 포함한다. 당신이 맨 처음 실천할 습관이나 행동을 선택하는 데 도움을 주고자 이 책에 포함된 작은 습관과 행동 전부를 모아 목록을 만들었다('30가지 리더십 비법' 절에 그 목록을 실었으니 참조하라). 특정한 작은 행동이나 습관의 도움을 받고 싶다면 목록을 살펴보고 당신에게 영감을 줄 장으로 직행해도 된다. 직원 회의가 약간 따분하다고 생각되는가? 혹시 당신이 대화를 독식하는가? 그렇다면 13장으로 넘어가서, 반복해 나오는 의제를 추가해서 뒷담화를 촉진하라는 조언을 확인해보자.

한편 이 책을 순서대로 읽는다면 서술적인 줄거리를 발견할 수 있다. 이 책은 3개의 부로 구성되는데, 관리자^{manager}, 임원^{director}, 경영자^{executive}다. 각 부는 리더십 경력에서의 핵심적인 단계를 의미한다. 각 부는 각 역할에 대한 진정한 가르침을 주었던 회사의 역사를 간략하게 소개하는 것으로 시작된다. 넷스케이프, 애플, 슬랙이다. 마지막으로 각 부의 서두에서 관리자, 임원, 경영자의 각 단계에서 리더의 책임을 간단히 정의하고 설명한다.

장을 읽어나가며 당신은 '좋은 아이디어네.'라며 고개를 끄덕일 수도 있고, '정말 바보 같은 아이디어야. 난 절대 시도하지 않겠어.'라며 고개를 저을 수도 있다. 예를 들어보자. 어쩌면 당신은 굳이 시계를 쳐다보지 않고도 시간을 알아맞히는 놀라운 재주를 가졌을 수도 있다. 부럽다. 내게도 그런 능력이 있으면 좋았겠지만 없는 게 현실이다. 그래서 나는 차선책을 강구했다. 회의를 시작할 때마다 가장 먼저 시계를 내 쪽으로 돌려놓는 것이다. 이러한 행동을 통해 회의의 흐름을 방해하지 않고 자연스럽게 시간을 확인할 수 있다. 당신에게 해당되지 않는 장이라면 과감히 뛰어넘어도 좋다. 걱정하지 마라. 그렇게 한다고 해도 서술적 맥락을 놓치지 않을 것이다.

다시 한번 말하지만, 이 책은 내가 지난 30년간 리더로 살아오면서 수집한 작은 습관과 행동을 정리한 광범위한 목록을 소개한다. 솔직히 오늘날 나는 그런 모든 습관과 행동을 적극적으로 실천하지는 않는다. 게다가 당신이 현재 처한 상황과 깔끔하게 맞아떨어지지 않는 습관이나 행동이 많을지도 모르겠다. 기업마다 문화가 제각각인 것은 물론이고 각 팀과 팀 구성원 각자의 문화도 천차만별이다. 일례로, 회의를 정각에 시작하는 것은 내게 타협의 여지가 없는 철칙이다. 그러나 회의 시간보다 2분 일찍 도착해서 회의를 정시에 시작하는 풍조를 만들려고 아무리 시도해도 늘 5분 늦게 회의를 시작하는 기업 문화가 더러 있다.

　　이 책의 구성과 관련해 미리 양해를 구하고 싶은 또 다른 요소가 있다. 책 전반에서 많은 이름이 등장하는데, 모두를 가상 인물로 생각해도 무방하다. 단, CEO나 기업의 창업자, 멘토는 실존 인물이다. 비슷한 맥락에서, 이 책에 소개된 모든 교훈을 특정한 기업에서 재직할 당시와 연결시켰지만, 교훈을 설명하기 위해 사용한 이야기도 모두 가상이다.

　　마지막으로, 이 책 전반에서 나 자신을 때로는 롭Lopp으로, 때로는 온라인상의 필명인 랜즈Rands로 지칭했다. 전자는 나의 진짜 이름이고, 후자는 1990년대 중반에 온라인 활동을 시작한 후로 사용해온 이름이다. 내가 운영하는 블로그 'Rands in Repose'(https://randsinrepose.com)에서는 거의 대부분 그 이름을 사용한다.

30가지 리더십 비법

관리자로서

1. 일대일 회의를 가지라. 모든 회의를 배움의 기회로 생각하라. 중요한 신호에 귀를 기울이는 방법을 배울 수 있다.

2. 회의 과부하를 피하라. 스스로 감당할 수 있는 업무의 양이 얼마인지 정확히 계산할 수 있는 리더가 되어야 한다.

3. 위기 상황에 맞닥뜨리면 단계별 행동 수칙을 따르라. 측정 가능한 접근법으로 대처하는 것이 가장 중요하다.

4. 분위기를 읽고 행동하라. 팀원에게 현재 가장 필요한 것이 무엇인지를 알아채야 한다.

5. 육감을 믿으라. 종종 실시간으로 얻는 지혜가 되어준다.

6. 직업적 성장에 얼마나 투자하고 있는지를 매달 자문하라.

7. 매달 한 차례씩 관리자와 대화하며 업무 수행에 관한 피드

백을 구하라. 또한 성과의 기대 수준과 실제 수준 사이의 격차에 대해 당사자와 토론할 수 있는 몇 달의 시간을 허락하라.

8. 브라우저, 휴대전화, 이메일에서 시간을 절약할 방법을 찾아 실천하라.

9. 리더이므로 모든 것을 해결하고 통제해야 한다고 착각하지 마라. 다른 사람들의 의견을 수용해 생각을 수정하라. 다양한 사람들로 팀을 구성하라.

임원으로서

10. 모든 것이 무너진 듯한 기분이 들 때는 인내심을 가지라. 시간이 약이다.

11. 고통스러울 때까지 위임하라. 일을 믿고 맡기는 과정에서 팀원과의 신뢰감이 쌓이는 법이다.

12. 신입 직원을 채용하기 위해 매일 그 일에 시간을 투자하라. 건강하고 생산적인 팀을 구축하는 일은 좁게는 당신의 팀, 넓게는 당신 회사의 성패를 판가름한다.

13. 주간 성과 측정 기준을 다루고, 팀에서 생성되는 무작위 주제를 포함하며, 구성원이 회사에 돌아다니는 뒷담화에 대해 공개적으로 언급할 수 있는 회의를 개최하라.

14. 진심 어린 칭찬은 구성원을 춤추게 한다. 시기적절한 칭찬으로 공짜 점수를 얻으라.

15. 구성원들이 서로 힘든 말을 편하게 할 수 있는 팀을 구축하라. 제대로 피드백하고, 제대로 피드백을 수용하는 것은 중요하다.

16. 업무 방식을 지속적으로 진화시키라. 실패를 통해 배워야만 한다.

17. 누군가에게 당신의 조직을 설명해준다고 가정하고 조직도를 그려보라. 상대방이 조직도를 제대로 이해하는지 직접 확인하라.

18. 분산 팀의 구성원을 위해 소통 세금을 줄이는 데 투자하라.

경영자로서

19. 묻지 말고 행동하라.

20. 서로를 이해하는 팀을 구축하라.

21. 조직 문화를 이해하기 위해 구성원들의 이야기를 귀담아들으라.

22. 무계획적인 개인 시간을 생산적으로 쓰라.

23. 팀의 누구라도 리더의 역할을 할 수 있다는 점을 명확히 하라.

24. 떠도는 소문 속에서 진실을 찾으라.

25. 재앙을 예방하기 위해 최선을 다하라.

26. 고품질의 신호를 보내는 구성원들을 발굴하고 육성하라.

27. 가짜 생산성의 달콤함에 빠지지 마라.

28. 당신만의 멘토를 찾고 그와의 관계를 발전시키라.

29. 관리자로서 당신이 믿는 가치를 글로 작성하라.

30. 언제, 어디서나, 한결같이, 친절하라.

목차

3부　슬랙 시절: 경영자는 화재 예방 전문가다

1부
넷스케이프 시절:
진정한 관리자 세상에 눈뜨다

넷스케이프와 떼려야 뗄 수 없는 사람의 이야기부터 시작해보자. 제임스 H. 클라크James H. Clark가 그 주인공이다. 1982년, 클라크는 대학 동기들과 실리콘 그래픽스Silicon Graphics를 공동 창업했고 회사의 성공으로 돈방석에 올랐다. 그러다가 경영진과의 불화로 1994년에 회사를 떠났는데, 이참에 새로운 일에 투자하겠다는 생각으로 많은 사람들을 만나 조언을 들었다. 마침내 그는 소프트웨어 개발자 마크 앤드리슨Marc Andreessen과 연이 닿았다. 그는 밝고 총명한 기운이 넘치는 사람이다. 클라크와 앤드리슨은 먼저 닌텐도와 관련된 일을 추진하려 했지만, 뜻대로 풀리지 않았다. 앤드리슨은 클라크에게 일리노이 대학교 어배너–샘페인University of Illinois at Urbana_Champaign(UIUC)에서 시작해 추진 중인 프로젝트에 동참하지 않겠냐고 물었다. 모자이크Mosaic라는 이름의 **웹 브라우저** 프로젝트였다.

1994년 당시 모자이크 팀의 구성원 대부분은 UIUC에 있었다. 클라크는 그 팀의 엔지니어 전부를 창립 멤버로 고용하고자 앤드리슨과 함께 일리노이주로 날아갔다. 다행히도 모두가 클라크의 제안을 받아들였고 샌프란시스코 베이 에어리어로 이사했다. 그리하여 넷스케이프가 탄생했다. 그들은 한두 차례 죽음의 행진death march[1]

---

1   옮긴이_ 본래 전쟁 용어이나, 여기서는 프로젝트 참가자에게 지속하기 어려운 과도한 노력을 요구하는 프로젝트를 일컫는다.

을 경험한 후에 마이크로소프트의 윈도우, 애플의 맥 OS, 유닉스 등의 운영체제에서 사용할 수 있는 브라우저의 초기 버전을 출시했다.

넷스케이프는 이를 무료로 배포했다.

모든 플랫폼에서 사용 가능한 소프트웨어를 연이어 출시하고, 인력을 지속적으로 충원하고, 사무실 공간을 확충하고, 스타트업 특유의 짜릿한 스릴을 추구하는 분위기 속에서 죽음의 행진이 몇 차례 더 이어졌다. 마침내 넷스케이프는 1995년 8월에 기업 공개initial public offering (IPO)를 단행했다. 이후 모든 것이 바뀌었다.

나는 넷스케이프가 IPO를 실시하고 1년 후인 1996년에 합류했다. 넷스케이프가 최고 전성기를 구가하던 시절이었다. 내 업무는 첫 번째 직장에서 했던 일과 조금도 다르지 않았다. 나는 캘리포니아 대학교 샌타크루즈University of California, Santa-Cruz에서 컴퓨터 공학을 전공했고 졸업 후 소프트웨어 업체 볼랜드Borland에 엔지니어로 입사했다. 하지만 마이크로소프트의 독점으로 볼랜드는 파산 직전으로 몰렸고, 나는 초기 실리콘밸리의 또 다른 유망 스타트업이었던 시만텍Symantec으로 이직했다. 하지만 IT 세상에서 넷스케이프라는 광풍에 비할 수 있는 곳은 없었다.

새내기 엔지니어 시절의 어느 날, 내 생애 처음 만난 관리자였던 토니가 회갈색의 칸막이가 쳐진 내 사무실을 찾아왔다. 당시 내 사무실은 캘리포니아주 마운틴뷰의 미들필드에 위치한 넷스케이프

본사 건물의 2층에 있었다. 토니는 다짜고짜 내게 "관리자 일을 한 번 해보겠습니까?"라고 물었다.

나는 곧바로 대답했다. "네, 기회만 있다면 꼭 해보고 싶습니다."

넷스케이프는 IT 분야에서 나의 네 번째 직장이었다. 시만텍에서 관리자의 제안으로 나는 별 볼 일 없는 테크 리더tech leader를 맡게 되었고 그 직위는 관리자가 되기 위한 경로, 즉 관리자의 전 단계로 간주되었다. 그러나 나는 시만텍에서 관리자의 역할을 담금질할 시간이 없었는데, 개별 기여자individual contributor(IC)[2]로 넷스케이프에 합류했기 때문이다. 그리고 넷스케이프가 경이로운 성장을 기록한 덕분에 입사 후 반년도 지나기 전에 내게도 관리자 세상의 문이 열렸다.

관리자라, 나는 얼떨결에 **관리자**가 되었다. 개별 기여자에서 관리자로 승진했으니 개인적으로는 장족의 발전처럼 보였다. 그러나 팀, 조직, 회사가 성장하는 데 중대한 역할을 하는 직책치고는 (엄밀히 말하자면) 아무런 교육을 받지 못했다. 게다가 이제부터는 관리자로서의 역할을 정확히 알고 일하는 것처럼 보이도록 행동해야 한다는 부담감이 생겨 심란했다. "네, 그럼요. 내가 HR 부서를 찾아가서 인력 충원 요청서를 제출하죠." 멋지게 대답하고는 이렇

2   옮긴이_ 관리 책임 없이 자기 분야에만 집중하는 실무자

게 생각하곤 했다.

'잠깐만, 우리 부서를 전담하는 HR 담당자가 누구지? 도대체 인력 충원 요청서는 어떻게 작성하고, 직원 회의는 또 어떻게 하는 거야? 직원 회의는 어떻게 진행해야 하지? 나더러 이 회의에 참석하라는 이유는 무엇일까? 이 회의에서 내 역할은 뭐지? 업무 수행평가 보고서는 또 뭐고, 잘 쓰려면 어떻게 해야 해? 업무 수행평가 과정에서는 팀에 얼마나 깊이 관여해야 하지? 팀을 성장시키려면 어떻게 해야 할까? 잠깐만, 나 자신을 성장시킬 방법도 제대로 모르는 판국에 팀을 어떻게 성장시키란 말이야?'

신참 관리자로 보낸 몇 년 동안, 명확한 길을 잡아주는 지원을 거의 받지 못했고 혼자서 우왕좌왕하며 좌절의 시간을 보냈다. 지금 당신 손에 들려 있는 이 책은 그 절망적인 시절을 견뎌낸 경험의 직접적인 결과물이다. 관리자의 올바른 역할을 알아내는 최선의 방법은 경험을 통해 체득하는 것이고, 운이 좋으면 우연히 알게 되는 것이라고 속 편히 생각할 수도 있었다. 그러나 그런 막연한 생각이 엔지니어인 내 관점에서는 끔찍할 만큼 비효율적이었다. 어느 날 내 앞에 등대로 삼을 만한 인물이 나타났다. 넷스케이프 최초의 엔지니어링 관리자였던 톰 패퀸Tom Paquin이었다. 그는 관리자로서의 역할에 대해 믿을 수 있고 유익한 피드백을 준 고마운 사람이다. 관리자의 세상에 입문한 후로 무려 5년이 지났을 때였다. 여담을 덧붙이자면, 패퀸은 훗날 나의 첫 스타트업에 컨설턴트로 합류해 다시 한솥밥을 먹게 된다.

패킨의 말을 그대로 옮겨보려 한다.

"롭, 당신은 이미 좋은 엔지니어입니다. 그리고 앞으로 훌륭한 관리자가 될 겁니다. 당신은 사람들의 마음을 쉽게 읽는 능력이 있기 때문입니다. 회의에서 당신은 누군가가 무슨 말을 꺼내기도 전에 현재의 상황을 정확히 이해하더군요. 게다가 누구에게 무엇이 필요한지, 누가 화나 있고 누가 지루해하는지, 회의에서 생산적인 결과를 이끌어내려면 앞으로 30분간 무엇을 어떻게 해야 하는지도 정확히 포착하죠. 당신이 이런 일들을 본능적으로 할 수 있어서 그것이 딱히 귀중한 기술이라고 생각하지 않을 뿐입니다. 하지만 이 모두가 관리자에게 필수적인 기술입니다."

"아, 그렇군요."

1부에서 관리자의 세상을 본격적으로 해부하기 전에 몇 가지 상황을 가정하자. 당신은 1년차 관리자다. 1년이란 시간은 당신이 무슨 일을 하고 있는지 안다고 확신할 만큼 충분히 긴 시간이다. 그러나 당신은 팀원 각자와 일대일로 대화하는 것이 왜 중요한지, 당신에게 멘토가 필요한지 아닌지, 성과 관리가 정확히 어떤 것인지, 왜 그렇게 회의를 많이 하는지 등에 대해서는 여전히 의문이 많을 것이다.

1장

모든 회의가 배움의 기회

매일 아침 나는 일을 시작하기 전에 다음과 같은 일종의 의식을 치른다. 이름하여 '일정표 뽀개기'다.

1. 일정표를 펼쳐 하루의 전체 일과를 면밀히 살펴보라.

2. 예정된 회의는 몇 건인지, 아무 일정이 없는 여유 시간은 얼마나 되는지 확인하라. 빈 시간이 전혀 없다면, 마음을 약간 비워보자.

3. 각 회의와 관련해 스스로에게 물어보라. "이번 회의는 어떻게 준비해야 할까?" 그런 다음 당신의 대답을 행동으로 옮

기라. 세부 사항을 다시 확인해볼까? 2분기 목표치를 살펴봐야 할까? 먼젓번 회의에서 결정된 행동 방침들을 이번 회의 전에 반드시 실행해야 할까? 아니면, 직원들에게 그 조치들을 명확히 알리는 것으로 충분할까? 컴퓨팅 용어를 빌려 설명하자면 프리 캐싱pre-caching[3]과도 같은 이 과정은 회의 준비에 필수적이다. 나는 회의 중에는 캐싱하지 않는다. 회의의 목적을 기억하느라 다른 사람의 귀중한 시간을 낭비할까 염려되기 때문이다.

4. 여기까지 마치면 일정표 뽀개기는 거의 끝난다. 이제 마지막 과정만이 남는다. 바로 주관적 평가다. 이것은 3단계로 이뤄진다. 먼저, 매일 아침 그날 예정된 모든 회의를 주관적으로 평가한다. 이 회의가 얼마나 많은 가치를 창출할까? 그런 다음 이 평가를 토대로 하루가 얼마나 생산적일지를 지극히 주관적으로 예상해본다. 마지막으로, 이런 평가와 예상을 종합하여 일과를 시작하기 전에 그날 하루가 강력한 에너지를 발산하는 진전의 시간이 될지 아니면 무미건조한 시간으로 점철될지를 알아낸다.

---

3   옮긴이_ 요청 시에 신속히 처리할 수 있도록 특정 데이터를 임시로 저장하는 것을 뜻한다.

가치를 창출하지 못하는 무의미한 회의를 피할 길은 없다. 하지만 그런 회의를 사전에 확인한다면, 가치 있는 시간으로 만들기 위해 발상을 전환할 기회가 생긴다. 나는 매우 효과적인 작은 규칙 하나를 발견했다. **모든 회의를 배움의 기회로 생각하라.**

지금부터 가정적 시나리오를 통해 이 규칙이 어떻게 작동하는지 알아보자. 내가 신뢰하는 어떤 사람이 우리 회사에서 일하고 싶은 누군가를 소개해주었고, 그 사람과 면접을 보게 되었다. 그런데 문제가 생겼다. 그가 우리 팀이 아닌 다른 부서에서 일하고 싶어하는 것이다. 내가 아는 한 가지의 확실한 사실은 그 팀에는 현재 공석이 없을뿐더러 빠른 시일 안에 공석이 생기지 않는다는 것이다.

주관적 평가를 해보자면, 이 면접은 매우 제한적인 가치만을 창출할 것이다. 애초에 그에게 제안할 만한 일자리가 없으므로 사실상 취업 면접이 아니기 때문이다. 또한 나는 그 사람을 평가할 자격도 없다. 그와 나는 일하는 분야가 다르기에, 그가 가진 기술들은 나의 전문 기술들과 다르기 때문이다. 그렇지만 그를 소개해준 내 친구를 봐서라도 그를 힘닿는 데까지 도와주고 싶다. 어차피 대부분의 채용은 소개와 추천을 통해 이뤄진다. 게다가 나는 우리 회사를 대표할 책임도 있다. 이런 이유로 내 일정표에 이 면접이 포함된 것이다.

더 중요한 사실도 있다. **세상에 완벽히 무의미한 시간이란 없다.** 사적으로나 직업적으로, 매분 매초에 최대한의 열정과 호기심을 발휘하고 생산적인 추진력으로 상황을 진전시키는 것은 리더로서 내가 가진 책임이다. 가치가 명확히 보이지 않는 상황에 맞닥뜨리면 나는 가치를 찾으려 노력한다. 본래 가치란 어떤 상황에도 존재하기 때문이다.

"캐시, 레이와는 어떻게 아는 사이인가요? 신기하네요. 레이와 당신은 공통점이 전혀 없는 부서에서 각자 일했는데요. 어쩌다가 함께 일하게 되셨죠? 세상에, 정말입니까? 법률 전문가와 엔지니어가 그런 일로 협업하는지는 미처 몰랐네요. 자세한 이야기를 들려줄 수 있나요?"

나는 질문 세 개를 통해 내게 교훈을 줄 이야기를 끄집어냈다. 캐시는 내 친구 레이와 함께 회사의 행동 강령을 작성했던 시절에 얽힌 이야기를 들려주었다. 나는 행동 강령이 얼마나 중요한지 잘 알지만, 강령을 직접 작성해본 적은 없다. 그런데 내게 그 일을 어떻게 하는지 가르쳐줄 수 있는 누군가가 지금 내 앞에 있다. 정말 굉장한 일이다.

인생은 짧지 않다. 그러나 우리에게 주어진 시간은 유한하다. 리더로서 당신이 한정적인 시간 자원을 활용해서 해야 하는 일은 명백하다. 매 순간 교훈을 배울 수 있는 이야기를 찾고 그 시간을 유의미하게 만드는 것이다. 그런 이야기를 찾아 가르침을 얻으라. 그런 이야기는 당신이 찾아주기를 기다리며 언제나 그 자리에 있다.

2장

회의 과부하

수요일 오후 3시 30분, 나는 타니아와 함께 제품과 엔지니어링 요소가 포함된 복잡한 정치 시나리오와 씨름 중이다. 악의는 전혀 없다. 그저 복잡할 뿐이다. 게다가 변수도 많다. 이런 식의 대화가 벌써 오늘만 다섯 번째다.

여기서는 화이트보드가 내 구세주다. 화이트보드에 그 상황의 핵심적인 요점들을 설명하는 그림을 그린다. 대화마다 다른 요점이 나타나고, 대화 중에 새로 드러난 현실을 반영해 그림을 수정한다.

여기서 문제는, 내가 그린 그림이 나의 현실은 반영하지만 대화 상대방의 현실은 반영하지 못한다는 점이다. 복잡한 정치 시나리오와 관련해서는 누가 무엇을 아는지 추적할 필요가 있다. 이 역시도 불법적인 요소는 전혀 없고, 불손한 의도도 없다. 그저 이야기를 효과적으로 전개하기 위한 정직한 시도일 뿐이다.

타니아가 중요한 어떤 말을 한다. 정말 중요한 정보다. 아이디어의 가치를 측정하는 리히터 척도가 있다면 타니아의 정보는 높은 등급에 속할 것이다. 따라서 그녀가 준 정보를 반영해 내 생각 전체를 당장 손볼 필요가 있다. 그런데 여기에서 복병이 등장했다. 나는 오늘 하루 비슷한 대화를 벌써 다섯 차례나 반복했다. 누가, 언제, 어디서, 무슨 말을 했는지 하나도 기억나지 않는다.

회의의 과부하 세상에 온 걸 환영한다.

과유불급

리더로서 당신은 팀과 회사의 발전에 과할 만큼 깊숙이 관여한다. 지극히 당연하다. 당신은 각 팀의 대표자가 모이는 많은 회의에 참석한다. 대표자 회의에서는 현재 회사의 일선에서 벌어지는 일들에 관한 통합된 정보가 오간다.[4]

이런 모든 정보에 접근할 수 있는 데다가, 일을 직접 처리해야

---

4 그래서 팀장 회의 후에는 반드시 회의 내용을 팀원들에게 알려주어야 한다. 회의에서 무엇을 논의했는가? 이 일에서 무엇을 배워야 하는가? 이후에는 어떤 일이 생길까? 팀원 모두는 팀장급 회의가 열렸다는 사실을 알 뿐 회의에서 '무슨 일이' 있었는지는 모른다. 회의 내용을 팀원들과 공유하라. 리더로서의 '점수'를 거저로 딸 기회다.

직성이 풀리는 성격 탓에 당신은 많은 일을 떠안는다. 때로는 너무 많은 일을 자청하는 무리수를 두기도 한다. 당신의 임무가 실제로 일을 처리하고 완수하는 것이다 보니 가끔은 할 일이 과도하게 많다는 사실을 부인할 것이다. 그렇다면, 스스로가 과부하 상태인지 알 수 있는 방법은 없을까? 과부하가 초래하는 예상치 못한 결과는 무엇일까? 지금부터 그 상황을 진단하는 나름의 방법과 그것의 끔찍한 결과에 대해 이야기해보자.

회의가 그토록 많은 이유는 잠깐 잊어버리자.[5] 지금은 당신의 정신 상태, 당신의 머릿속에서 벌어지는 일에만 집중할 것이다. 당신은 총명하고 정서 지능이 뛰어난 사람이다. 회의실에 들어갈 때 머릿속에는 이미 참석자 각각에 대한 확실한 프로필이 정리되어 있다. 그들이 회의에 참석한 이유는 무엇이고, 무엇을 원하는지. 오늘 회의에서 다룰 안건을 어떻게 생각하는지. 모든 정보가 머리의 맨 앞 자리에 저장되어 필요할 때면 곧바로 떠오른다.

이것이 바로 리더가 하는 일이다. 리더는 이러한 순간을 그러모아서 회사의 현 상태에 관한 거대한 내면의 이야기로 엮어낸다. 리더는 정보에 입각한 이런 이야기를 나쁜 의도가 아니라 좋은 의도

---

5   말은 그렇게 했지만, 사실은 회의에 대해서도 성찰할 필요가 있다. 하루에 참석하는 회의가 몇 개인가? 참석자는 몇 명인가? 모두가 꼭 참석할 필요가 있을까? 아니면 그들은 회의를 앞으로 나아가는 전진의 수단, 즉 승진의 사다리로 생각하는가? 마지막 질문에 대한 답이 '그렇다'라면 문제가 있다.

로 사용한다.

그렇다면 회의 과부하는 언제 발생할까? 더 이상 이런 프로필을 처리할 수 없을 때다. 다르게 표현하자면, 입력되는 데이터의 양이 스스로 처리할 수 있는 능력을 초과할 때다. '잠깐만, 타니아는 이 내용을 알고 있을까? 아냐, 이건 스티브가 오늘 아침에 말해준 정보야. 그 일에 대해서는 아직 아무도 몰라. 그렇겠지? 혹시⋯'

엄청나게 헷갈린다.

'요즘 할 일이 많아. 그런데 이 일까지 맡게 됐지. 잠깐 헷갈리는 것뿐이야. 일시적인 회로 장애 같은 거지.'

아니다, 그렇지 않다.

만약 과부하에 걸린 정신 상태를 지금 인지하지 못한다면, 미래의 어느 날 꼭두새벽에 이 사실을 깨닫게 될 것이다. 새벽 3시 13분에 눈이 번쩍 뜨이고 타니아와 한창 회의 중인 것 같은 착각에 빠질지도 모른다. 내가 정보를 처리하면서 문제를 해결하려고 애쓰는 동안 뇌 역시 완전히 그 일에 몰입한다. 사실 뇌가 밤새 그 문제와 씨름해온 것이 틀림없다. 그러다가 새벽 3시 13분에 이르러 정보를 처리하는 작업이 너무 복잡해지자 잠든 나를 깨운 것이리라.

수년 전부터 새벽 3시 13분에 울린 모닝콜의 이유를 **스트레스**로 진단했다. 근본적인 원인은 **나쁜 리더십**이다.

운영 효율성이 관건이다

지금 당장은 수면 부족의 유해한 영향까지 생각하지는 말자. 대신에 회의 과부하가 어째서 리더십의 실패를 의미하는지에 관해 이야기해보자. 변화 없이 이대로 지속된다면 조만간 핵심적인 리더십 규칙 하나를 위반하기 십상이다. **당신은 많은 일을 떠안고 끝까지 완수한다. 그것도 매번 그렇게 한다.**

회의 과부하 상태가 되면 재설정이 필요하다. 당신은 하다못해 책무 하나라도 줄일 필요가 있다. 스스로에게 숨 쉴 여유를 주기 위해 다른 누군가에게 일을 위임하거나 다른 프로젝트를 연기해도 괜찮다. 시간을 절약할 방법은 얼마든지 있다. 그렇더라도, 애초에 이런 상황에 몰린 이유가 리더십 실패라는 사실은 변하지 않는다. 이런 사태가 벌어진 것은 **당신이 무엇을 할 수 있고 없는지를 판단하는 유효한 내적 기준이 없기 때문**이다.

리더는 팀에서 무엇이 용인되고 용인되지 않는지를 가르는 기준을 설정한다. 그리고 리더는 말을 통해 명시적으로, 행동을 통해 좀 더 미세하게 기준을 정의한다. 회의 과부하 상태에 이르렀을 때 전개될 수 있는 두 가지 잠정적 시나리오가 있다. 하나는 아무것도 바꾸지 않아서 업무 모두를 제대로 해내지 못하는 것이다. 다른 시나리오는 업무의 일부를 내려놓는 것이다. 이는 일부의 책무를 유기하는 것과 같다. 두 시나리오가 야기하는 직접적인 결과도 나쁘지만, 더 나쁜 결과는 따로 있다. 둘 중 어느 쪽을 택하더라도 팀원들에게 그런 명백히 나쁜 결과들이 팀 내에서 용인된다는 신호를 보내게 되는 것이다.

가혹하다고? 안다. 조금 감정이 격해졌다. 우리가 대수롭지 않다고 합리화하는 행동의 영향력을 리더들이 심히 과소평가한다는 생각이 미치자 약간 흥분했다. 다시 한번 정리해보자. 나는 책임감 있고 이타적이라고 생각하기 때문에 일을 자발적으로 맡는다. 그리고 매번 이런 식이어서 결국 너무 많은 일을 떠안게 된다. 시간이 흐르면서 내가 업무 과부하에 걸렸다는 사실을 깨닫고, 몇몇 책무에서 손을 뗀다. 여기서 문제가 무엇일까? 애초에 스스로 감당할 수 있는 업무의 양이 얼마인지 정확히 계산하지 못해 너무 많은 일을 떠안았고, 결국 일부 업무를 등한시함으로써 되려 팀원들에게 책무를 등한시해도 괜찮다는 신호를 보내고 말았다.

너무 극단적인 사례가 아니냐고?

맞다. 내가 상황의 복잡성을 크게 단순화했다. 당연히 어떤 상황이든 많은 변수가 작용한다. 게다가 각 상황마다 미묘한 차이와 정치적 음모가 언제나 존재하는 법이다. 실제로 일을 해봐야만 알게 되는 복잡성도 늘 있기 마련이다. 어떤 상황에서든 불확실할 수밖에 없는 미지수가 작용한다는 점에서 볼 때, 신뢰성 있는 리더가 명확히 이해해야 하는 핵심 변수는 바로 자신의 능력과 역량이다.

3장

위기 상황

부담감이 어깨를 무겁게 짓누른다. 직원 회의에서 쥐 죽은 듯한 적막이 흐르는 것을 보고 문제가 있음을 직감한다. 지난 주말을 어떻게 보냈냐는 둥 서로의 안부를 묻는 가벼운 잡담도 없다. 모두가 주변을 조용히 둘러보며 눈치를 살피고 긴장감의 원인에 대해 생각한다. 나는 묵묵히 화이트보드에 회의 의제를 적는다. 하지만 오늘 회의에서 의제를 제대로 다루지 못할 거라는 사실을 잘 안다. 위기 상황이 생겼기 때문이다.

24시간 전, 누군가가 위기 상황을 발견했다. 이런저런 대화를 나누던 중에 난데없이 위기 상황이라는 불청객이 찾아온 것이다.

폭탄을 터트린 사람은 자신이 어떤 뇌관을 건드리고 있는지조차도 몰랐다. 그러나 마테오는 그 대화에서 직감했다. '위기 상황의 냄새가 나는데.'

마테오는 곧장 에리카에게 이를 알렸다. "내가 생각하는 것이 맞죠?"라고 그가 물었다.

"이게 그 문제예요?"라고 에리카가 다짐을 받듯이 되물었다.

"네, 확실해요."라고 마테오가 딱 잘라 말했다.

"그게 정말이라면 단순한 위기가 아닌데요. 완전한 재앙이네요. 적색 경보를 내려야 해요. 커다란 구조선이 필요할 거 같아요. 모두에게 이 사태를 알리세요." 에리카가 돌발 상황이라고 확실히 도장을 찍어주었다.

마테오는 다른 사람들과 그 상황의 중대성을 삼각측정법triangulation[6]을 통해 삼중으로 확인했다. 회의가 시작되었을 때 모두가 꿀 먹은 벙어리가 된 데는 바로 이런 속사정이 있었다. 참석자 모두가 그 위기 상황에 대해 잘 알고, '모두에게 적색 경보를 내릴' 엄중한 재앙 상황임이 확인되었을 때는 내게 그것을 알려야 한다는 사실도 잘 안다. 위기 상황은 리더인 내가 나서서 해결해야 하는 일이기 때문이다.

---

6   옮긴이_ 특정 주제의 타당성과 신뢰성을 높이기 위해 관점, 시간, 공간, 상황이라는 상이한 세 가지 조작적 정의에 입각해 자료를 수집하는 연구 기법으로 다각화 기법이라고도 한다.

나는 의자에 앉아 속으로 셋을 센다. "자, 이제 무슨 일인지 말해보세요."

마테오가 화이트보드로 눈을 돌려 오늘 회의에서 결코 다루지 못할 의제를 슬쩍 쳐다본 뒤 어깨를 으쓱하더니 입을 연다. "회의를 시작하기 전에 드릴 말씀이 있습니다. 위기 상황이 발생한 거 같습니다."

"자세히 설명해보세요." 내가 채근한다.

마테오가 약 7분 30초간 자신이 발견한 사실과 나름대로 분석한 결과를 발표하고, 참석자들이 그 내용을 소화할 시간을 주기 위해 말을 멈춘다. 이번 회의의 부의장 격인 베스가 그 상황을 타개할 해결책을 제시한다. 꽤 괜찮은 아이디어다. 그런데 마테오가 곧바로 이의를 제기한다. "이것은…" 그러고는 주의를 환기시켜 효과를 높이려 뜸을 들인다. "저런 뜻입니다."

"빌어먹을." 좀체 험한 말을 쓰지 않는 베스가 몸을 의자 뒤로 기대며 내뱉는다.

37초 동안 침묵이 흐른 뒤 내가 마테오에게 질문 세 개를 연달아 던진다. "이게 그런 뜻이라면, 그것은 이런 뜻인가요?", "네, 맞습니다.", "언제나 그런가요?", "네, 그건 제가 처음에 확인한 것이고 세 번이나 재차 확인했습니다.", "그렇다면 우리가 다른 이것을 시도했을 때 그것이 발생했나요?", "아닙니다."

"좋습니다. 결정을 내렸습니다. 이렇게 하도록 하죠."

모두가 안도의 한숨을 내쉰다. 무거운 공기가 일순간 걷히고 상쾌한 공기가 회의실을 가득 채우며 천사들이 상투스를 노래한다. 가벼워진 분위기 속에서 내가 말한다. "자, 그 위기 상황은 이렇게 정리하고 다음으로 넘어가죠."

무슨 말을 하고 싶은지 안다. 위기 상황이 이런 식으로 말끔히 '해제'되는 경우는 절대 없다. 현실에서 이런 시나리오는 불가능하다.

재앙 발생

아니, 말을 고쳐야겠다. 소소한 위기라면 이런 식으로 해결되기도 한다. 그러나 엄중한 재앙적 상황일 때는 절대로 그렇지 않다. 대면 보고, 이메일, 사내 메신저 등을 통해 맞닥뜨리는 작은 위기일 경우 경험과 판단력에 의지해 단호하게 결단을 내릴 수 있다. 그 결정을 정당화할 근거가 필요하다고? 문제없다. 내가 14번이나 말한 이야기가 바로 그 증거다. 그 이야기는 이처럼 특정한 상황에서 사리 판단력을 기르기 위해 경험을 축적하면서 사용한 수단들을 설명해준다. 나는 그 이야기를 기쁜 마음으로 한 번 더 하려 한다. 우리 모두가 일을 더 잘할 수 있는 방법이기 때문이다. 사실 모두가 자신의 경험을 이야기로 공유한다. 각자가 모든 상황을 직접 경험하는 것보다 타인에게서 이야기를 듣는 것이 더 효율적이기 때문이다.

본격적으로 이야기를 풀기 전에 미리 경고하자면, 위협적인 재앙에는 쉬운 답이 존재하지 않는다. 위기 상황은 복잡한 괴물과 같고, 회의실에서 모두가 조개처럼 입을 다물고 침묵을 지키는 이유는 사실상 '듣도 보도 못한' 사건이라 도대체 무슨 일이 벌어질지 알 수 없어서다.

나는 위기 상황에서 결정을 내릴 때면 아래의 단계별 행동 수칙을 따른다. 여덟 단계의 수칙을 따르는 것은 많은 노력이 요구되는 만만찮은 일이다. 모든 상황에서 모든 단계를 따라야 하는 것은 아니며, 어떤 단계는 여러 번 반복해야 하기도 한다. 아래의 단계들을 어떤 식으로 따를지는 각 단계에서 발견하는 사실, 의견, 거짓말, 상황이 어떻게 전개되는지에 따라 달라진다. 자문하기 좋도록 단계별 행동 수칙을 간단히 정리해보았다.

1. **내가 이 상황을 처리할 적임자인가?** 이 상황을 해결하는 것이 당신 직무 범위에 포함되는가? 아니라고? 그렇다면 이 상황을 해결할 적임자는 누구이며, 가능한 한 신속하게 이 상황을 일임하려면 어떻게 해야 하는가?

2. **이 상황의 맥락을 완벽히 이해했는가?** 당신은 문제의 위기 상황과 연관된 근본적인 사실과 의견과 거짓말을 전부 확인했는가? 이 상황을 우려할 뿐 아니라 이 상황의 영향을 받는 중대한 이해 관계자를 빠짐없이 열거했는가? 관련된

사실 모두를 다각화 기법으로 검증했는가? 상황을 여러 다른 관점에서 두루 고려해보았는가? 해당 관점에 입각해서 사실을 살펴보았을 때 사실에 변화가 있었는가? 다시 말해 그 사실이 옳음을 확인하거나 그 사실에 반하는 무언가를 발견했는가? 이런 다각적 검증을 통해 당신에게 정보를 알려준 사람에 대해 어떤 사실을 알게 되었는가?

3. **정보원의 과거 전적은 어떠한가?** 당신은 정보원을 신뢰하는가? 그 사람과 이전에 얽힌 경험이 있다면 이로 인해 그가 제공한 정보가 달라지는가? 그 사람이 정보에 대해 어떤 편견을 가지고 있는지 정확히 이해하는가? 정보를 알려줌으로써 그가 잃거나 얻는 것이 무엇인지 당신은 명확히 이해하는가? 우리가 토론하던 중에 그가 그런 잠재적 손실이나 이득을 인정했는가? 또는 스스로 밝혔는가?

4. **일련의 사실에서 일관적이지 못한 어떤 모순점을 발견했는가? 나는 그런 모순점의 본질을 이해하는가?** 당신이 원하는 것은 모순점을 해결할 방법이 아니다. 그저 배경적 맥락과 자초지종을 알고 싶을 뿐이다. 그 사람이 원칙과 관련해 다른 목소리를 낸다. 그는 근본적인 사실을 전부 확인하지 못했고, 그래서 살짝 거짓말을 보태는 것처럼 보인다.

5. **이 상황을 풀어내는 다양한 관점을 조리 있게 설명할 수 있**

는가? 당신이 중립적인 제3자에게 관점 하나를 설명한다면 어떤 일이 벌어지겠는가? 그런 다음 그 관점과 상충하는 관점을 설명하면 어떻게 될 것 같은가? 당신이 감정을 철저히 배제하고 양 관점의 입장에서 상황과 그 복잡성을 효과적으로 설명할 수 있다면 상황은 진전될 것이다.

6. **이 상황과 관련해 어떤 편견을 갖고 있는가?** 만약 이 상황에서 결정을 내려야 할 사람이 당신이라면, 당신의 편견을 확인하는 것도 그 상황을 정확히 이해하기 위해 해야 하는 일의 일부다.[7] 당신의 편견을 감안할 때, 이번 상황과 관련해 결정권자로서 당신보다 더 적합한 사람이 있지는 않은가?

7. **이 상황에 대한 감정 상태는 어떠한가?** 당연히 감정은 판단력에 영향을 미친다. 이 상황에 대한 당신의 감정은 긍정적일 수도 부정적일[8] 수도 또는 둘 다가 섞여 복합적일 수도

---

[7] 글로 표현하기는 쉬워도 행동하기는 어렵다. 편견을 완전 정복하고 싶다면, 놀랄 준비를 하고 위키피디아(Wikipedia)에 올라 있는 광범위한 목록(*https://oreil.ly/Sscl7*) 하나를 참조하라. 그 목록을 읽으면서 얼마 만에 '어, 나도 저런데. 하지만 내가 저런 줄 몰랐어'라고 생각할지 정말 궁금하다.

[8] 화난 상태일 때는 아무것도 결정해서는 안 된다. 판단력이 흐려지고 대신에 에너지가 온몸의 혈관을 질주하기 때문이다. 그 순간 절대적으로 옳아 보이는 결정을 한다면 기분이야 좋아지겠지만, 결정 자체가 잘못된다. 단순히 틀린 것이 아니라 지독히 틀린다. 단 한 번도 예외가 없었다.

있다. 그러나 확실한 것은 편견이 그렇듯, 해당 사안과 당신의 감정을 분리하는 것은 거의 불가능하다는 점이다. 이번 결정에서 감정이 어떤 영향을 미칠지 정확히 이해하는가? 부정적 영향을 미칠 것 같다면, 감정을 식힐 냉각기를 어느 정도 가져야겠는가? 아니라고? 그렇다면 좋다. 이 상황에서 결정을 내릴 중립적인 제3자는 누구인지 생각해보자.

8. 마지막 단계는 첫 단계로 돌아간다. **내가 이 상황을 처리할 적임자인가?** 위의 일곱 단계를 통해 검증한 후에도 여전히 당신이 결정하고 행동할 최고의 적임자라고 생각하는가?

위기 상황에 맞는 결정

위기 상황이 나타나면 에너지가 넘쳐흐른다. 사람들은 끓어오르는 의욕을 주체하지 못하고 상황에서 한 발짝도 벗어나지 못하며 머릿속은 온갖 궁금증으로 가득 찬다. '어쩌다가 이런 일이 생겼지?', '우리가 어쩌다 이걸 놓친 걸까?', '일을 얼마나 망쳤을까?', '앞으로 어떻게 해야 하지?' 위기 상황에 직면하면, 흥분에 사로잡혀 일을 제쳐두고 비상 회의부터 소집해 전시 체제로 돌입하기 쉽다.

그러나 대부분의 위기 상황은 모든 것을 잠식할 만큼의 관심이 필요하지 않다. 위기 상황이 긴박하게 닥친다고 해서 언제나 긴박하게 행동해야 하는 것은 아니다. 힘든 노력을 요하는 여덟 단계를 거쳐 얻고자 하는 것은 크게 두 가지다. 먼저 당신이 위기 상황의 맥락과 자초지종을 이해하게 되는 것이다. 둘째, 심하게 요동치는 기업의 혈관에 인내심이라는 진정제를 투여하는 것이다. 요컨대 **누군가가 위기 상황을 해결하기 위해 아주 신중하게 노력하고 있다고 느끼게 하는 것이다.**

상황에 기반하여 실시간으로 결정을 내리는 능력이 아주 탁월한 리더들이 있다. 그들은 벌겋게 타오르는 상황을 냉철하게 직시하고 즉각적으로 결정을 내린다. 이제까지 그들이 위기 상황을 슬기롭게 헤쳐 나왔다면, 이유는 둘 중 하나다. 뛰어난 판단력의 소유자이거나 억세게 운이 좋은 행운아거나.

운이 좋은 리더보다는 실력이 받쳐주는 리더가 되고 싶지 않은가.

4장

분위기를 읽고 행동하라

내가 연휴를 좋아하는 이유 중 하나는 한동안 조용한 시간을 가질 수 있어서다. 사내 메신저도 잠잠하고 집도 고요하다. 조용한 시간이 사흘 정도 유지되면 마침내 내 머리도 적막에 싸인다.

조용함은 내적 성찰과 반성을 가능케 한다. 최근의 삶에서 중요한 부분들을 반추하면서 한 걸음 물러나 방관자의 눈으로 삶을 관찰한다. 이런 시간을 통해 가끔 나는 그 상황에 반응하는 것이 아니라 성찰적 교훈을 얻는다.

최근에 있었던 긴 연휴도 내게는 깨달음의 시간이었다. 구체적으로 말하면, 최근에 회사에서 벌어진 여러 사건을 돌아보다가 세 가지 교훈을 발견했다. 그런 교훈을 아주 오래전에 깨우쳤더라면 얼마나 좋았을까 싶다. 어쨌든 세 가지 교훈의 중심에는 공통점이 있다. 모두가 '조용함'과 관련이 있다는 것.

행동은 맨 마지막에

포커에서는 최대 10명이 한 테이블에 앉는다. 그 후 둥근 플라스틱 버튼의 왼쪽에 앉은 사람부터 베팅을 시작한다. 누가 딜러인지를 알려주는 버튼은 딜러 버튼이라고 불리며, 매 게임마다 시계 방향으로 옆 사람에게 돌아간다. 딜러 버튼을 가진 사람이 맨 마지막에 베팅한다. 그렇다면 누가 제일 유리할까? 당연히 맨 마지막에 베팅하는 사람이다. 각 플레이어가 게임에 임하는 전략이 무엇인지 파악할 수 있기 때문이다. 베팅 결정에 필요한 정보를 가장 많이 획득할 수 있는 것이다.

선뜻 이해가 안 되지만, 직장에서도 포커 게임과 같은 상황에 처할 때가 있다. 모든 참석자가 회의 탁자에 둘러앉은 가운데, 한 사람씩 돌아가며 중요한 주제에 관해 의견을 발표한다. 아주 많은 상황에서, 발표 순서를 가능한 한 뒤로 미루는 것이 현명한 선택이다.

정보가 쌓여 맥락이 만들어지고, 맥락은 아이디어의 배경을 이루며, 사람들은 그런 맥락을 통해 아이디어를 이해할 수 있다. 아이디어에 대해 견해를 제시하는 사람이 많을수록 당신은 더 많은 맥락을 수렴하고, 그리하여 더 나은 의견을 정립해서 마침내 차례가 되었을 때 '짜잔' 하고 멋진 의견을 제시할 수 있다.

외향적인 사람들은 실시간 대화에서 분출되는 에너지를 자신에게 끌어오기를 좋아한다. 그들은 대화를 시작하기가 무섭게 자신의 카드를 사용할 가능성이 높다. 포커와는 달리, 대화에서 이런 행동은 종종 새로운 아이디어를 제안하는 적절한 방법이다. '선발자 우위first-mover advantage'라는 효과다. 매력적인 아이디어로 선수를 쳐서 회의의 의제를 정하고 싶은 사람에게는 선발자 우위가 회의의 포문을 여는 아주 좋은 전략이다. 문제는 먼저 행동하는 것이 회의의 분위기를 주도할 수는 있을지 몰라도 아이디어 자체에 타당성을 더해주는 것은 아니라는 사실이다. 아이디어는 합의를 통해 더 좋아지는 것이 아니다. 오히려 토론을 통해 발전한다. 요컨대 다양한 사람들이 그 아이디어를 조사하고 정보에 입각한 각자의 독특한 관점을 공유할 기회가 있을 때 아이디어가 발전한다.

결국 이러한 질문으로 귀결된다. '언제 행동해야 할까? 맨 먼저 패를 보여야 할까? 아니면 맨 나중에 움직여야 할까?' 쉽게 대답하기가 힘들더라도 고민해볼 가치가 있는 질문이다. 이 질문에 답하기 위해 해야 하는 일이 있다.

분위기 탐색전

모든 프레젠테이션에서 내가 가장 먼저 하는 일은 현장의 분위기를 읽는 것이다. 이는 다시금 까다로운 숙제를 안겨준다. '오늘 참석자들의 기분이 어떨까?' 점쟁이도 아니고 다른 사람들의 기분을 어떻게 아느냐고? 물론 대답할 수 없는 질문같이 들리겠지만 고민해볼 가치가 있다. 10명이나 50명 또는 500명으로 구성된 집단의 구성원 모두를 행복하게 하거나 슬프게 하는 것은 무엇일까? 그들의 기분이 어떨까? 잠깐, 혹시 이쯤에서 이런 생각이 들지 않는가? 내가 왜 참석자들의 기분을 살펴야 하지? 그들의 기분이 왜 중요하지?

다수로 구성된 집단의 바탕에 깔린 기분에 신경을 쓰는 이유는 그들과 해야 할 일이 있어서다. 그들에게 꼭 해야 하는 말이 있거나 일대일로 마무리 지어야 하는 사안이 있다. 또는 교차 기능적 회의cross-functional meeting[9]에서 토론해야 하는 긴급한 주제가 있다. 그 집단이 자아내는 분위기는 당신의 일을 완수하기 위해 어떤 접근법이 필요한지를 알려주는 중대한 신호다. 따라서 그들의 기분을 일찍 파악할수록 당신이 어떻게 접근할지를 빠르게 결정할 수 있다.

회의든 프레젠테이션이든 현장의 분위기를 읽기 위해 가장 먼저 할 일은 다음과 같다.

참석자를 참여시키는 활동으로 대화의 포문을 열어보자. 예를 들면, "자신이 외향적이라고 생각하시는 분, 손을 들어주세요. 이번에는 자신이 내성적이라고 생각하시는 분, 손을 들어주세요."라고

---

[9] 옮긴이_ 교차 기능이란 조직에서 여러 부서나 기능이 공통의 목표를 달성하기 위해 각자가 지닌 핵심 역량을 투입, 연계하는 것을 말하며 다기능이라고도 한다.

요청할 수 있다. 참석자가 자신의 성격을 어떻게 생각하는지 알아야 할 특별한 이유가 있을까? 아니, 사실 전혀 관심이 없다. 그렇다면 왜 이러한 요구를 할까? 기꺼이 손을 드는 사람이 얼마나 많은지를 알고 싶어서다. 숫자 자체는 의미가 없다. 가령 500명 중에서 자신이 외향적이거나 내성적이라며 손을 든 사람이 겨우 100명 남짓이라도 하등 문제될 게 없다. 확실한 한 가지를 알았으니 원하는 것을 100% 달성했다. 바로 그들이 경계심이 많고 방어적이라는 사실이다. 나로서는 이유를 알 도리가 없다. 이유가 무엇이건 그들이 나에게 거리감을 느끼는 것은 확실하고, 그래서 나는 그들과 가까워지기 위한 나름의 노력을 시작할 것이다. 어떻게 하느냐고? 나를 좀더 친숙하게 생각하도록 내 성장 배경과 이번 회의에서 바라는 목표에 대해 설명한다.

한편 일대일 만남일 경우에는 "요즘 어떻게 지내세요?"라고 물은 다음 상대방의 대답에 진지하게 귀를 기울인다. 그들의 입에서 무슨 말이 제일 먼저 나올까? 직접적인 대답을 피하고 유머 있게 받아칠까? 그런 질문에 으레 하는 즉흥 대답일까? 아니면 그런 대답과는 다른 걸까? 다르다면 뭐가 다를까? 상대방이 어떤 단어를 선택했고, 얼마나 빨리 말했는가? 대답하기까지 얼마나 뜸을 들였는가? 심지어 그토록 단순한 질문에조차 대답을 기피했는가? 혹시 눈치챘는지 모르겠지만, 상대방이 어떤 대답을 하는가는 중요치 않다. 대답 내용은 그저 기분을 전달하는 수단, 다른 말로 기분을 담는 그릇일 뿐이다. 중요한 것은 그릇에 담긴 내용물인 상대방의 기분이다. 상대방의 기분에 따라 당신이 적절한 의제를 결정하기 때문이다.

내친 김에 난도를 높여 다수가 참여하는 회의에 대해 알아보자. 자신이 회의 주최자가 아닌 단순한 참석자라고 상상해보자. 주최자가 아니기에 가장 먼저 질문을 할 수 없고 그래서 회의의 전체적인 기조를 정할 수도 없다. 이런 경우는 회의를 시작하면서 전체적인 분위기를 읽기가 더 어렵다. 그러나 근본적인 사실은 변하지 않는다. 내게 필요한 신호는 모두가 여전히 그 공간 안에 있다는 점이다. 회의를 주재하는 사람은 누구인가? 회의를 어떻게 시작하는가? 이른바 분위기 메이커는 누구인가? 휴대전화에 연신 코를 박고 있는 사람은 누구인가? 주제가 바뀔 때 참석자 각자의 태도와 행동은 어떻게 변하는가? 나는 참석자 각자에 대해 무엇을 아는가? 또 그들에 대한 정보는 주제에 따라 바뀌는 그들의 기분 변화를 읽는 데 어떤 도움이 되는가?[10]

사람들의 기분을 읽는 것은 내성적인 사람들이 아주 잘하는 특기다. 그들은 배경적 맥락을 파악하는 행위에서 마음의 위안을 얻기 때문이다. 배경적 맥락을 알면 이번 회의가 어떻게 진행될지를

---

10   정말 피곤할 것 같지 않은가? 이제는 내가 왜 머리를 싹 비우는 데 꼬박 3일씩이나 걸리는지 이해했으리라 본다.

보여주는 지도를 손에 쥔 것 같은 든든함이 생긴다. 그러나 내성적인 사람들에게 전적으로 불리한 상황도 있다. 모두가 입을 다무는 대신에 귀를 활짝 열어 배경적 맥락을 더 많이 수집하는 데 열을 올리는 때다. 이럴 때는 배경적 맥락을 얻기란 불가능하다.

간을 보기

개중에는 사소한 것까지 일일이 챙겨야만 직성이 풀리는 관리자가 있다. 당신은 그런 '좀생이' 관리자의 어떤 점이 싫은가? 사람마다 다르겠지만, 나는 어떤 유형의 리더를 싫어하는지 정확히 말할 수 있다. 사람들이 즉흥적으로 행동하거나 반복할 수 없도록 또는 피드백의 여지를 주지 않으려 행동 하나하나를 짚어주는 리더가 싫다. 여기에는 당연히 나름의 이유가 있다. 리더가 그렇게 할 때 사람들은 모욕감을 느끼고 사기가 저하되는데, 정작 리더는 자신의 그 행동이 문제라는 것을 인식하지 못한다. 그런 상황에서 팀원이 일을 망친다면, 다시 말해 팀원이 리더의 지침을 귀담아듣지 않아서 중요한 무언가를 망친다면, 어떻게 될지 불을 보듯 뻔하다. 독재자의 불호령을 피할 길이 없다. 그러나 팀원은 그런 '사고'를 치기 전에는 무엇을 어떻게 하라는 지시를 일일이 받을 필요가 없다. 그냥 일단은 묵묵히 지켜보면서 수프의 간을 보면 된다.

경력 전반에 걸쳐 당신은 많은 수프를 먹게 된다. 토마토 수프, 닭고기 수프, 감자 수프 등등 수없이 다양하고 많은 수프를 먹는다.

심지어 다양한 방식으로 조리하고 응용한 수프도 먹게 된다. 굵은 국수를 넣은 닭고기 수프, 독특한 향미의 크림을 얹은 토마토 수프 등등. 이런 수프 기행을 통해 수프에 대해 많은 것을 배운다. 그리하여 이제 처음 보는 수프더라도, 첫술을 떠서 맛을 보는 순간에 판가름할 수 있게 된다. 맛을 보고 나면 의식이 저절로 가동된다. '이 수프는 왜 이런 맛이 날까? 대체 뭘 넣은 걸까?'

개인이나 팀이 복잡한 아이디어나 프로젝트를 제안하는 회의에서 리더의 올바른 역할은 수프의 맛을 보는 것이다. 수프를 어떻게 만들었는지 또는 어떻게 만들 수 있을지를 대략적으로 이해하기 위해 그 아이디어의 중대한 요소들을 '시식'한다는 뜻이다. 중요한 사람은 누구이고, 중대한 요소는 무엇이며, 중요한 결정은 어떤 걸까? 나는 모른다. 다만 리더로서 당신에게는 확실한 무기가 있다. 바로 축적된 경험이다. 축적된 경험이야말로 리더가 반드시 갖춰야 하는 자질이다. 이제껏 당신이 시도했던 많은 일 중에는 기억에 남을 성공을 거둔 것도 있고 참담한 실패로 끝난 것도 있을 것이다. 이런 시도를 통해 축적한 총체적인 교훈은 당신의 수프 시식 능력을 결정한다. 팀원들이 리더인 당신에게 검토해 달라며 주제를 제안할 때, 당신은 축적된 경험을 소환해서 수프에 관한 중요한 질문을 할 수 있다.

매사 사소한 것까지 관리하고 통제하도록 '기본값'이 설정된 리더는 속 빈 강정이다. 팀원들이 자기만의 경험을 구축하는 기술에 관해 하나도 배울 게 없기 때문이다. '내 말대로만 하라.'며 일방적으로 지시하는 리더십 유형은 인간만이 지니는 천부적 능력인 영감과 창의성을 고사시키는 유해한 환경을 조성한다. 그렇다면 리더가 팀원들이 유익하고 교훈적인 호기심을 갖도록 촉진하는 환경을 창출하려면 어떻게 해야 할까? 적절하고 타당한 경험을 토대로 사소하되 중대한 질문을 하면 된다. "당신은 왜 이 디자인을 선택했죠?", "이 측정 기준으로 우리는 무엇을 알 수 있을까요?", "당신은 사용자가 이 순간에 어떤 생각을 할 거라고 생각하세요?"

조용함의 대척점은 소음이다. 그리고 비즈니스는 소음의 하나다. 비즈니스는 먼저 행동부터 취하고 주변 사람들의 기분을 무시하며 어떤 수프도 맛을 보지 않는, 그러면서도 어쩌면 이런 각각의 행동을 통해 짜증날 만큼 성공한 사람들로 가득한 세상이다. 당신이 살아오면서 들었던 모든 조언이 그렇듯이 내 조언이 유익할지 아닐지는 상황에 달려 있다. 그러나 한 가지는 분명히 약속한다. 내가 하는 조언은 나 자신이 리더로서 귀중하게 여기는 가치에 토대를 둔다.

사람들이 자기 생각을 거리낌없이 나누도록 멍석을 깔아주자. 획기적인 아이디어가 언제 나올지 아무도 모른다. 팀원들이 리더인 당신의 아이디어에 반박할 공산이 낮다는 사실을 명심하라. 이것은 리더가 나중에 행동해야 하는 또 다른 명백한 이유다.

모두가 각자의 삶을 살아내느라 바쁘다는 사실을, 그래서 가끔은 토론회나 일대일 회의 또는 직원 회의에서도 그런 순간을 살고 있음을 이해하라. 그들 각자의 삶이 언제나 비즈니스와 찰떡궁합은 아닐지 몰라도 리더로서 당신은 할 일을 해야 한다. 그들에게 무엇이 필요한지 알기 위해 그들의 기분과 전체의 분위기를 읽으라.

적절한 질문을 하여 팀원들을 존중한다는 사실을 행동으로 보여주고 호기심을 가지라. 당신은 경험을 통해 교훈을 배웠다. 이제는 교훈을 팀원들과 나눌 차례. 질문하면 된다. 가끔은 질문이 일방적인 설교를 늘어놓는 것보다 교훈을 공유하는 더 효과적인 방법이다. 게다가 당신은 어떤 수프를 맛보게 될지 결코 알지 못한다.

5장

육감의 놀라운 힘

당신은 구내식당에서 제임스와 우연히 마주친다. 몇 주 만에 처음이다. 몇 해 전부터 한솥밥을 먹고 있지만 업무 영역이 다르다보니 몇 주씩 못 보고 지나간다고 해도 대수로울 건 없다.

"제임스, 잘 지냈어요?"

"이게 누구신가요, 오랜만입니다! 그렇잖아도 방금 당신 생각을 했는데요."

"정말요? 근데 무슨 일로요?"

"착수 회의launch meeting 때 랜디가 당신한테 전화를 하길래요. 랜디 말로는 프로젝트가 일정보다 한 달이나 뒤처졌다고 하던데,

잘되고 있는 거죠?"

　당신의 머리는 제임스가 말을 채 끝내기도 전에 감정적 반응을 감지한다. 랜디의 전화 때문에 생긴 감정적 반응이 아니다. 또 프로젝트가 한 달이나 지연된 것이 불러올 후폭풍에 대처할 로드맵도 아니다. 예전에도 정확히 이런 일이 있었다는 기시감이다. 그때와 지금의 '가해자'는 다르지만 결과는 같다. 부사장이 자기 기분 내키는 대로 당신을 버스 아래로 내동댕이쳤다. 그것도 사람들이 다 보는 앞에서. 더욱이 정말 아무런 상관이 없는 일인데도 당신을 곤경에 빠뜨렸다. '도대체 무슨 꿍꿍이야?' 당신은 그의 노림수가 무엇인지 아직은 모른다. 하지만 아주 익숙한 기분이 들고 머릿속에서 경고음이 요란히 울린다.

　그렇다. 지금 나는 육감Spidey-sense[11]에 대해 말하고 있다.

육감에 대한 고찰

육감은 실시간으로 얻는 지혜다. 당신은 크고 작은 경험을 통해 지혜를 축적하고, 경험은 당신이 감을 얻고 의견을 구체화하며 교훈을 얻는 토대가 된다. 경험을 다른 사람들과 나눠보면 한 가지가 확실해진다. 사람마다 당신의 경험에 각기 다른 가치를 부여한다

11　옮긴이_ 원문에서는 마블 코믹스의 스파이더맨이 위험을 감지하는 능력을 가리킨다. 이 책에서는 '육감'으로 옮겼다.

는 사실이다. 그러나 이런 상이한 관점이 이해력을 넓혀주고 교훈을 가르쳐준다. 당신은 접근법, 태도, 감정, 사용하는 단어 등등 상대방의 모든 것을 면밀히 관찰한다. 이를 통해 지속적으로 배우고 그런 교훈에 일일이 색인을 달아 체계적으로 분류한 다음 정리해 둔다.

이런 지식 저장소가 커짐에 따라 뇌는 흥미로운 양식을 발견한다. 'X 상황이 발생할 때는 그것의 여파로 한 달 후에 Y 상황이 나타나던걸. 희한하지만 분명 그랬어.' 그리고 당신이 축적하고 관찰한 양식들이 판단력으로 화려하게 변신한다.[12] 시간과 꾸준한 연습이 필요하지만 어쨌든 당신은 새로운 상황에 직면할 때 이런 판단력에 기초해서 결정을 내리는 일에 점차 익숙하고 편안해진다. 그 결정의 추론적 근거를 설명하고 옹호할 수 있다. 이런 식의 시나리오를 이미 42번이나 경험했으니 반(半) 달인이 되었다. 이런 유형의 상황에서 저런 유형의 사람들이 어떻게 행동하는지를 봐왔고 그래서 잠재적인 결과를 육감적으로 이해한다. 자신의 결정을 옹호하고 명확히 설명할 수 있다. 결정이 옳고 그른지는 현재의 단계에서는 단언할 수 없다. 오직 시간만이 대답해줄 수 있는 문제다. 하지만 어떤 경우에서든 당신은 결정에 따른 결과와 그것의 영향력을 관찰하고 교훈을 얻는다. 그리고 그 모든 과정이 반복된다.

---

12   판단력은 편견으로 점철되지만, 어차피 당신의 뇌도 편견으로 가득하기는 매한가지다.

위 두 문단은 대학들이 리더십에 유의미한 학위를 제공하지 않는 주된 이유다. 유능하고 실천적인 리더가 필수적으로 갖춰야 하는 기술 대부분은 책상머리에서 얻는 것이 아니다. 그런 기술을 획득하고 개발할 방법은 하나뿐이다. 현장에서 벌어지는 무수한 시나리오를 수년에 걸쳐 의도적이고 계획적으로 경험하는 것이다.

시간에 맡기라고요? 퍽이나 고맙군요, 롭

조금만 인내심을 가져달라.

앞서도 말했지만 육감은 실시간으로 얻는 지혜. 경험, 교훈, 관찰 결과, 사람, 성격, 단어 등을 처리하던 중에 어느 순간, 당신은 이처럼 양식을 일치시키는 일종의 패턴 매칭pattern matching[13] 과정을 시작할 것이다. 이것은 당신의 선택과는 상관없이 본능적으로 이뤄지는 일이며 예외도 없다. 게다가 리더에게는 이런 과정이 훨씬 잦다. 리더는 더 많은 정보에 접근할 뿐 아니라 그런 정보를 활용해 중대한 결정을 해야 하기 때문이다. 사실 이는 리더의 숙명이라고 할 수 있다.[14]

---

13 옮긴이_ 두 양식 또는 특징을 비교하여 둘이 동일한지 여부를 가늠하는 방법을 뜻한다.

14 '어렵고 더러운 일은 아랫사람에게 굴러 떨어진다(shit rolls downhill)'는 우스갯소리가 있다. 그 반대도 엄연한 현실이다. '불은 언덕 위로 더 빨리 번진다(fires burn faster uphill).' 조직의 사다리를 더 높이 올라간다는 것은 언덕을 더 높이 올라간다는 뜻이고, 그곳에는 인화성 물질이 훨씬 더 많다. 작은 불길은 종종 당신이 미처 알아차리기도 전에 팀 차원에서 성공적으로 진압된다. 그러나 당신이 있는 언덕 위로까지 번진 불길은 맹렬한 기세로 타오르고 때로는 진압할 수 없는 큰 화재가 된다.

육감은 편집증이 아니다. 물론 둘은 관련이 있고 육감을 따르다 편집증에 빠지는 사람도 더러 있다. 그러나 편집증을 키우는 것은 통제할 수 없는 불길한 운명이 임박했다는 두려움이다. 이럴 때 육감이 발동하면서 당신의 머리 뒤쪽에서 갑자기 질문 하나가 떠오른다. '잠깐만, 저게 뭐지? 뭔가 있는 것 같은데.'

육감은 당신이 수프의 맛을 볼 때(4장을 참조하라) 언제라도 찾아올 수 있다. 육감은 당신의 경험이 외치는 소리이며, 영감의 순간이요 직감의 순간이다. 게다가 마치 마법처럼 느껴지기도 하는데, 찰나의 순간에 난데없이 불쑥 통찰력이 생기기 때문이다. 따라서 육감을 믿어야 한다.

육감을 믿으라

내가 예전 직장에서 경험한 이야기를 들려주려 한다. 아무런 징조가 없다가 어느 날 갑자기 퇴사하는 직원들이 자꾸 생겼다. 회사는 빠르게 성장했고 회사의 전망도 밝아 보였다. 그런데 웬일인지 매달 생각지도 못한 직원들이 사표를 냈다. 우리는 안타까운 마음에 퇴사 이유를 물었지만, 그들의 대답에서 특정한 양식을 찾지 못해 혼란스러웠다.

석 달 후 나는 스프레드시트 하나를 만들어서 '육감'이라는 제목을 달고, 직원 회의에서 이렇게 설명했다. "이 스프레드시트 제목은 육감입니다. 여러분과 함께 일하는 동료 누군가에게 이상한 낌

새가 감지되면 여기에 그 사람의 이름을 적어주기 바랍니다. 무슨 일인지 알려고 하지 말고 그저 이름만 적으면 됩니다. 어째서 그런 느낌이 드는지는 기재해도 좋고 기재하지 않아도 됩니다. 그리고 매주 이것을 다 같이 검토해보죠."

더 많은 설명을 재촉하듯 직원들이 나를 조용히 응시했다.

"번아웃이 의심되면 그렇다고 기록하면 됩니다. 툭하면 일대일 회의를 땡땡이치는 등등 옳지 않거나 잘못된 일이 있어도 적으세요."

그 주에 세 사람의 이름이 적혔다. 그 가운데 두 사람에게는 논리적으로 상당한 근거가 있었지만, 나머지 한 사람에 대한 설명은 명확하지 않았다. 그 사람의 이름을 적은 이유로는 '분명 뭔가가 있는데 그게 뭔지는 모르겠다.'가 적혀 있었다.

그다음 주에 똑같은 이유로 한 사람의 이름이 추가되었고, 지난 주 '요주의' 인물에는 좀 더 다채로운 이유가 달렸다. '그녀가 매사 지루해하는 게 그냥 느껴진다.' 이는 문제가 되지 않는다. 지루해하는 사람과는 함께 일할 수 있다.

우리는 반년 동안 육감 스프레드시트를 운영했고, 얼마 지나지 않아 새로 추가되는 모든 이름에 설명이 붙었다. 이는 우리가 서서히 자신의 직감을 설명하는 일종의 언어를 만들어낸 덕분이었다. 우리는 번아웃, 지루함, 성격 차이 등은 물론이고, 업무 수행과 관련된 다양한 사안에서 복잡한 양식을 하나둘 확인하기 시작했다.

결과적으로 말해, 육감 스프레드시트에 오른 많은 이름은 회사가 아무런 조치를 취할 필요 없이 목록에서 저절로 빠졌다. 알고 보니 우리의 육감이 틀렸던 것이다. 그래도 우리가 그 목록에 이름을 올린 대다수 직원은 공통점이 있었다. 조기 경보 신호를 발산하고 있었다는 점이다. 일이 터진 후에 피해를 통제하려고 종종걸음치는 것보다 선제적으로 조치를 취하는 것이 절대적으로 중요했다. 당연한 말이지만 이후에도 회사를 그만둔 직원이 많았다. 그러나 이제 우리 눈에는 그들의 움직임이 뚜렷이 보였다. 그래서 우리가 뒤통수 맞는 일이 크게 줄었다.

뭔가가 있는데 그게 뭔지 모르겠어

육감은 한마디로 느낌이다. 그렇다 보니 우리는 육감 레이더가 꿈틀댈 때 처음에는 그 육감을 믿지 않는다. 리더십이란 리더인 당신과 팀 모두의 효율성을 극대화하기 위해 따르는 명확히 정의된 견고한 일련의 규칙이다.

치사하다, 틀렸다, 역겹다. 무미건조하고 따분하다 등의 단어에도 진실이 담겨 있다. 먼저 일련의 원칙을 선택하고, 그런 다음 행동을 통해 그 원칙을 명확히 보여주자. 그러나 오랫동안 리더로 활동해온 사람으로서 말하자면, 리더의 역할은 경중을 따질 수 없는 두 영역으로 나뉜다. 하나는 명확히 정의된 일련의 원칙을 따르는 것이다. 다른 하나는 한창 전쟁이 벌어지는 중에 사실에 근거한 정보가 거의 없거나 아예 없는 상태에서 찰나의 결정을 하는 것이다.

다시 말하건대 육감은 느낌이다. 어째서 그런 느낌이 드는지 몰라 육감의 소리에 귀를 기울이기가 주저될 수도 있다. 또한 힘겹게 얻은 지혜에서 나온 느낌과 비이성적인 감정에 의해 촉발된 느낌을 구분하지 못해 육감을 무시하고 싶을 수도 있다. 하지만 실시간으로 얻는 지혜인 육감과 비이성적인 감정에 근거한 느낌은 확연히 다르다. 그 차이를 배울 수 있는 길은 하나뿐이다. 먼저 귀를 기울이고 그런 다음 행동으로 옮기는 것이다.

6장

직업적 성장을 평가하라

당신이 직업적으로 얼마나 성장했는지를 언제 평가한다고 생각하는가? 아마 지금은 당신 조직의 업무 수행평가 기간이 아니지 싶다. 그랬더라면 이 책을 읽을 마음의 여유를 내지 못했을 테니 말이다. 지난 30년간 내가 몸담았던 기업 중 상당수는 연 1회 3주에 걸쳐 공식적인 업무 수행평가를 진행했다. 좀 더 진취적인 기업은 두 가지 방법을 병행하기도 했다. 연 1회 대규모 평가를 실시하고, 반년 뒤 소규모로 평가하는 식이다. 이는 정기 승진과는 별도로 성과 우수자를 특별 승진시키고, 채용 과정에서 벌어진 직무 평준화의 실수를 바로잡으며, 반년을 더 기다릴 수 없는 여타의 성과 관리 업무를 수행하기 위해서다.

1년 중 딱 3주다. 그 기간에 당신은 자기 평가서를 작성하고 동료들에게서 피드백을 수집한다. 어쩌면 승진에 필요한 '자기 홍보 자료'를 수집하고 마침내 관리자에게 서면과 구두로 피드백을 받는다. 한편 소규모 평가 기간에는 준비할 일이 약간 적을 것이다. 가령 대규모와 소규모 평가 주기를 병행하는 조직에서 소규모 평가 기간이 2주라면, 이는 실질적인 업무 수행평가 기간이 총 5주라는 뜻이다.

일 년의 52주에서 딱 5주다. 확률적으로 볼 때 이 책을 읽고 있는 지금은 업무 수행평가 기간이 아닐 확률이 크다.

속지 마라. 순 거짓말이다.

일 년 열두 달 365일이 **언제나** 업무 수행평가 기간이다.

직업적 성장을 가늠하는 질문

당신이 직업적으로 얼마나 성장했는지 어떻게 알 수 있을까? 여기에 직업적 성장을 가늠해볼 수 있는 유효한 질문들이 있다. 아래의 목록에 담긴 질문들을 자신에게 던져보라. 오늘 한 번으로 끝내서는 안 된다. 나는 아래의 질문들을 일 년에 여러 번 반복해서 해야 한다고 생각한다. 한술 더 떠서, 질문에 대한 답을 매번 글로 써보길 추천한다. 나중에 적어둔 대답을 검토해보면, 시간이 흐름에 따라 대답이 변해가는 모습이 대답 자체만큼이나 흥미로울 것이다.

아래의 질문들에는 정답도 오답도 없다. 점수도 매기지 않는다. 이 훈련의 목적은 크게 세 가지다. 첫째, 당신의 직업적 성장에 대해 스스로 생각하도록 자극한다. 둘째, 당신이 현재 업무에서 얼마나 만족하는지를 이해하도록 돕는다. 셋째, 잠재적인 미래의 역할을 탐색할 기회를 제공한다. 아래의 목록에 포함된 19개 질문 중 대다수 질문에 대답하려면 깊이 생각할 필요가 있다. 나는 이 훈련을 시작하기 전에 당신에게 두 가지를 당부하고 싶다. 각 질문에 답하기 전에 먼저 목록 전체를 훑어보라. 또한 모든 질문에 답해야 한다는 압박감을 가지지 마라.

이 훈련이 끝난 후에도 당부하고 싶은 것이 있다. 만약 대답을 글로 작성했다면 후속 조치로서 최소 한 번 이상 아무 때나 점검해보라. 만약 여의치 않다면 관리자에게 그 일을 부탁하는 것도 좋다.

자, 이제 당신이 직업적으로 얼마나 성장했는지 알아보자.

자기 평가 질문

- 강점은 무엇이고, 이유는 무엇인가?
- 개선이 필요한 점은 무엇이고, 왜 그렇다고 생각하는가? 그 점을 개선하기 위해 어떤 노력을 하고 있는가? 회사가 도움을 주는가?

- 마지막으로 언제 승진했는가? 그 승진에서 무엇을 알 수 있었는가? 당신이 승진할 수 있었던 가장 큰 이유는 무엇이라고 생각하는가?

- 최근에 임금이 인상된 때는 언제였는가? 여기서 임금은 기본급과 상여금 그리고/또는 주식을 합친 것을 뜻한다.

- 당신의 임금에 만족하는가? 만족하지 않는다면 얼마를 받는 것이 적정하다고 생각하는가? 어떤 사실을 토대로 그 금액을 산정했는가? 당신이 생각하는 적정한 임금을 관리자에게 말해본 적이 있는가?

- 관리자에게서 유익한 피드백을 받은 가장 최근 시기가 언제였는가?

- 업무와 관련해 어떤 칭찬을 받고 싶은가?

- 관리자에게서 보고 배울 점이 있는가? 최근에 관리자에게서 배운 가장 큰 교훈은 무엇이었는가?

- 업무에서 이룬 최근의 성과 중에 당신이 즐겁게 한 일은 무엇이었는가?

- 최근에 업무에서 크게 실패한 일은 무엇이었는가? 그 경험에서 무엇을 배웠는가? 그 실패의 근본적인 원인을 명확히 이해하는가?

- 최근에 (누구에게서든) 받은 피드백 중에 당신의 업무 방식을 크게 변화시킨 피드백은 어떤 것이었는가?
- 당신의 멘토[15]는 누구인가? 멘토를 언제 마지막으로 만났는가?
- 최근에 360도 평가[16]를 받은 것은 언제였는가? 그 평가에서 얻은 가장 큰 교훈은 무엇이었는가?
- 최근에 직업을 바꾼 것은 언제였고, 이유는 무엇이었는가?
- 최근에 회사를 옮긴 것은 언제였고, 이유는 무엇이었는가?
- 현재 업무 중에서 미래 업무에도 적용하고 싶은 것은 어떤 측면인가?
- 당신이 꿈꾸는 직업(역할, 회사 등)은 무엇인가?
- 당신이 존경하는 회사는 어디인가? 그 회사의 어떤 점을 존경하는가?

---

15 내가 생각하는 멘토란 당신과 같은 팀이 아니거나 당신의 팀과 밀접한 관계가 없으면서 당신이 정기적으로 만나는 사람이다. 멘토는 대개 당신보다 경험이 많은 중립적인 제3자이면서 공명판과 현명한 조언자의 역할을 한다. 멘토에 대해 상세히 알고 싶으면 28장을 참조하라.

16 360도 평가는 중립적인 제3자가 관리자, 동료 등등 당신의 업무 영역 내에 있는 사람들에게서 피드백을 수집하는 과정이다. 그리고 당신이 관리자라면 직속 직원들의 피드백도 포함된다. 나는 가급적 3년마다 360도 평가를 실시하려 노력한다. 360도 평가에서 얻는 통합된 피드백은 언제나 새로운 통찰로 보답하기 때문이다. 360도 평가에 대한 상세한 정보가 필요하다면 28장을 참조하라.

- 당신이 존경하는 리더는 누구인가? 그 리더의 어떤 점을 존경하는가?

매일 더 나아지고 있어

위의 질문들에 대한 답을 얼마나 자주 검토하고 수정해야 할까? 일 년에 네 번? 아니면 다섯 번? 정답은 없다. 원하는 대로 하면 된다. 단, 회사의 공식적인 평가보다는 횟수가 좀 더 많아야 한다. 우리는 **매일** 직업적으로 성장하고 있기 때문이다. 대부분은 하루하루가 조용히 지나가고 그런 성장이 뚜렷하게 보이지 않는다. 당신의 일과는 예측 가능하고 명확히 이해하는 일련의 일상적인 업무로 이루어진다. 깜짝 놀랄 만한 큰 사건이 전혀 없다. 오히려 매일 업무에서 얻는 교훈은 섬세하고 소소하다. 게다가 이미 발견한 교훈과 가치를 섬세하게 강화하는 것에 지나지 않을 수도 있다. 예를 들어보자.

"사람들이 야무지게 일을 잘해서 미더우면 감사하지."

"나는 추정치를 계산하는 일을 정말 못해. 언제나 25퍼센트를 더해야 해."

"사람들은 정말이지 알다가도 모르겠어."

대부분이 그런 평범한 날인가 하면, 드물지만 아주 특별한 날도 있다. 그런 날에는 당신의 경력 경로를 급격하게 변경할 기회가 나타난다. 가령 관리자와 일대일로 한창 회의 중인 와중에 뜬금없이 "이번 프로젝트에서 테크 리더를 해보겠어요?"라고 제안하는 식이다.

　이런 관리자의 제안에 (다른 말로 이번 기회에) 당신은 어떻게 반응해야 할까? 이 질문은 단순히 '예' 또는 '아니오'로 대답할 성질의 것이 아니다. 당신은 스스로에게 이렇게 물어야 한다. '테크 리더가 되면 포괄적인 내 경력 계획에 어떤 보탬이 될까?'

　경력 계획이라고? 당신의 경력 계획은 관리자가 신경 쓸 일이 아니냐고? 전혀 틀린 말은 아니다. 하지만 관리자에게 당신의 경력 계획을 일임할 때 필히 고려해야 하는 문제가 있다. 그들이 언제까지 당신의 관리자일 거 같은가? 기껏해야 2~3년을 넘기기 힘들다. 반면에 당신은 언제까지나, 영원히, 당신이다. 당신은 당신의 경력 계획과 관련해 축적된 정보가 가장 많은 사람이고, 이는 이번 기회에 대한 당신의 분석과 결정 모두가 절대적으로 중요하다는 뜻이다.

　그 기회를 잡을 거라면 정보에 입각한 '예스' 결정을 내려야 한다. 이번 기회의 어떤 점이 당신이 도약하는 데 발판이 되어줄까?

성장 기회 포착하기

위의 가상 시나리오처럼 경력 경로를 변경할 기회의 순간은 실망스럽게도 매우 드물다. 그런 중대한 순간이 회사의 공식적인 업무 수행평가 기간과 긴밀히 연관되기 때문이다. 그러나 말이 좋아 공식적인 업무 평가이지, 회사의 편의대로 관리하려는 업무 태만에 불과하다. 미리 결정된 업무 수행평가 기간이 성장 기회를 촉진하는 효율적인 강제 함수 forcing function[17]라는 논리는 터무니없는 낭설이다. 성장 기회는 연중 내내 나타난다.

앞의 목록에 있는 질문에 모두 답하면, 현재 역할을 수행하며 어떻게 느끼는지와 다음에 무슨 일을 할 것인지, 즉 현재와 미래에 대한 생각을 구체화할 수 있다. 그리고 이런 많은 생각들 중, 나중에 관리자와 논의할 주제를 최소 하나 이상 정하길 바란다.

당신이 성장할 수 있는 기회를 포착하고 그 기회를 촉진하는 것은 당신의 관리자가 할 일이다. 그렇지만 기회가 언제 어디서든 나타날 수 있으니 당신도 숙제를 철저히 해두어야 한다. 위의 질문으로 당신의 현재 상황을 점검하고 미래 로드맵을 그려놓으면, 그런 기회가 나타났을 때 신중하게 귀를 기울이는 데 도움이 되는 법이다. 또 그런 기회를 신속하고 더 효과적으로 평가할 수 있는 척도도 갖게 되니 일석이조다.

---

17   옮긴이_ 시스템에 작용하는 외부의 영향. 쉽게 말해 사람이 무언가를 강제적으로 할 수
      밖에 없게 만드는 기능을 뜻한다.

7장

성과 관리가 능사는 아니다

리더로 살다 보면 언젠가는 성과를 관리해야 하는 상황에 놓이기 마련이다. 이에 대해 제일 먼저 해주고 싶은 조언은 '성과 관리'라는 두 단어를 머릿속으로 떠올리지도 입에 올리지도 말라는 것이다. 솔직히 이 조언은 성과 관리의 방법론 중에서 실천하기가 가장 어렵다. 아니, 거의 불가능하다. 그러나 설명을 듣고 난 후, 당신은 이 조언대로 하려고 열심히 노력하게 될 것이다.

성과 관리란 무엇일까? 많은 대가를 치르고서야 나름의 정의를 내릴 수 있었다. 나는 성과 관리를 2단계로 구성된 유기적인 업무 흐름이라고 생각한다. 명확히 정의되어 관리 대상자가 확실하게 이해할 수 있어야 한다. 그리하여 그 사람의 성과를 향상시키든, 조직을 떠나게 만들든 둘 중 하나의 결론을 도출해야 한다.

리더인 당신이 성과 관리라는 말을 내뱉거나 머릿속으로 생각하는 바로 그 순간에 고행의 문이 열린다. 그때부터 관리자와 피관리자 사이의 교전규칙rules of engagement이 돌변한다. 둘 사이에서 자연스러웠던 상호작용과 소통 방식이 딱딱해지고 부자연스러워진다. 이는 성과가 관리되기 때문이다. 술술 풀리던 대화에 갑자기 격식이 끼어들고, 신기하게도 시간의 제약을 받으며, 이상하게 마무리된다. 카리스마 있는 영리한 사람은 '이것이 관리자의 숙명'이라고 말할 것이다. 전혀 틀린 말은 아니다. 리더는 성과 관리를 통해 업적을 인정받아야 하기 때문이다. 하지만 리더의 궁극적인 업적은 일찍 행동하고 **성과 관리가 리더십의 종착지가 아닐 때** (이것이 내 두 번째 조언이다) 달성할 수 있다.

성과를 관리할 필요가 있는 상황은 그 상황에 처한 사람들만큼이나 다양하다. 그러나 내가 해주고 싶은 조언은 어느 상황에든 적용된다. 성과 관리의 대상자는 위험을 회피하고 두려워하게 된다. 일단 성과 관리의 세상에 발을 들이고 나면 현실이 변하니 두려운 것은 당연하다. 따라서 리더는 상대방이 그런 상태가 되지 않도록 모든 노력을 다해야 한다.

성과 관리의 사전 단계

당신과 내가 일대일 회의를 시작한다고 가정하자. 당신이 먼저 말한다. "넬슨이 우리 팀에 합류한 지도 벌써 반년이 지났군요. 그런데 지금까지 보면 그의 생산성은 들쑥날쑥하여 일정하지 못합니다. 그래서 내가 생각하는 것은…"

당신 입에서 성과 관리라는 말이 튀어나오기 직전이다. 나는 가만히 듣고만 있을 수가 없어 실례인 걸 알면서도 말을 자르며 끼어든다. 집게손가락을 세우며 중요한 한 가지를 묻는다. "지난 몇 달 동안, 넬슨과 일대일 대화를 몇 번이나 해봤습니까? 여러 번 해봤나요? 그와 얼굴을 맞대고 이야기하면서 기대하는 성과 수준과 실제 성과 수준 사이에 격차가 있음을 분명히 설명하고, 넬슨도 당신의 주장에 동의했습니까? 또한 당신과 넬슨은 그 격차를 메울 측정 가능한 구체적인 조치에 합의했습니까?"

상당히 의미심장한 이 질문에는 사람들이 잊거나 무시하고 싶은 중대한 단어와 개념이 들어 있다. 당신이 그 단어와 개념이 무엇인지 알아내는 수고를 덜어주기 위해 내가 이 질문에 담긴 중요한 핵심 몇 가지를 대신 짚어주겠다.

- **여러 번**의 대화. '성급함'은 성과 관리의 문을 여는 전형적인 방식이다. 가령 의욕적인 한 관리자가 어떤 직원에게서 단점을 발견한다. 그는 이 단점이 진지하게 대화할 타당한 이

유가 된다고 생각한다. 그들은 껄끄러운 대화를 시작하지만 대화가 잘 풀리지 않는다. 그러자 관리자는 한 번의 대화를 끝으로, 이제는 성과 관리가 필요한 시점이라고 단정한다.

안 된다. 절대 안 된다. 진지한 일대일 대화를 최소 세 번은 한 뒤에 결정해도 늦지 않는다. 당신에게도 직원에게도 시간이 필요하다. 당신은 문제의 상황을 명확히 설명할 시간이 필요하고, 직원에게는 당신의 주장에 대해 생각하고 명료화 질문clarifying question[18]을 해볼 충분한 시간이 주어져야 한다. 상대가 신참 관리자인 경우, 당신이 말하려고 한 내용이 당신이 실제로 말하거나 상대방이 들은 내용과 다를 공산이 크다. 특히 그 내용이 중요한 피드백일 경우 더욱 그렇다. 따라서 소통상의 오류를 바로잡기 위해서는 두세 차례의 후속 대화가 필수다.

- **대면** 대화. "나는 직원들에게 피드백을 이메일로 써서 보냈습니다." 정말 해서는 안 되는 행동이다. 당신은 토론하고 논의할 기회를 일절 허락하지 않고 일방적으로 이메일을 보냈다. 성과에 관한 피드백은 반드시 양방향 소통으로 이뤄져야 한다. 아무리 불편하더라도, 복합적이고 건설적인 피

---

18 옮긴이_ 간단한 사실을 진술하여 답변할 수 있는 질문으로 필요한 지식이나 정보를 얻어내기 위한 질문을 말한다.

드백을 제공하는 자리를 만들어야 한다. 그러면 상대방이 피드백을 어떻게 받아들이는지를 당신 눈으로 직접 확인할 수 있다. 이처럼 양방향 소통은 중요한 교육적인 효과를 제공한다. 하지만 이메일, 슬랙 메신저 등등 그 외 비대면 소통 수단은 그런 효과를 활용할 기회 자체를 차단한다.

- **몇 달**의 시간. 나는 오래전에 한동안 비행기 공포증이 있었다. 특히 이륙할 때는 공포심이 극에 달했다. 내가 임박한 죽음에 대한 공포심을 지워버리기 위해 궁여지책으로 생각해 낸 방법은 무작위로 큰 숫자를 선택해 7까지 거꾸로 세는 것이었다. 이 방법이 효과가 있었냐고? 잠시 신경을 분산시키는 효과는 있었다. 비행기 공포증을 극복하는 데 실질적으로 도움이 된 것이 무엇이었는지 아는가? 그건 바로 비행기를 타는 것이었다. 수년에 걸쳐 비행기를 아주 많이 타다 보니 공포심이 사라졌다.

사람이 지닌 문제를 바로잡기 위해서는 때로는 뿌리 깊은 행동이 실질적으로 변화되어야 한다. 즉 그 문제에 대해 반복적으로, 다양한 맥락에서, 여러 달에 걸쳐 대화한다는 뜻이다. 이러한 대화는 자연스럽게 성과 관리로 이어진다.

- **명확히** 설명하라. 성과와 관련된 눈앞의 사안이 무엇이건 명백한 해결책이 있다면, 당신은 정공법을 택할 것이다. "내가 요구한 것은 XYZ였는데 당신은 ABC를 가져왔습니다. 우리가 이 문제를 함께 조사해서 왜 이런 결과가 나왔는지 알아보죠." 현재 당신의 상태에서는 앞으로 무엇을 어떻게 해야 할지 명확히 알지 못한다. 당신이 시간을 들여 상황을 분명하게 설명해야 하는 이유가 바로 이것이다. 말로 설명하기 전에 글로 작성해보라. 그런 다음 신뢰하는 누군가에게 설명을 들려주고 핵심이 정확히 전달되었는지 확인하라. 그러고 나서 당사자에게 상황을 확실하게 설명하라.

  효과가 있었냐고? 내 경우에는 그랬다. 당신에게도 효과적인지를 직접 확인할 수 있는 쉬운 방법이 있다.

그 격차를 메울 측정 가능한 구체적인 조치에 합의하라는 마지막 절이 가장 중요하다. 직원이 당신의 상황 설명에 동의하지 않으면 도로아미타불이기 때문이다. 그 사람은 문제의 상황을 바로잡기 위해 어떤 행동도 하지 않을 것이다. 그렇다면 그가 동의하는지는 어떻게 알 수 있을까? 직접 물어보라.

"내가 무슨 이야기를 하는지, 또 그 일을 해결하기 위해 내가 제안한 조치를 정확히 이해하셨죠? 이상하거나 이해가 안 되는 점은 없죠? 내 생각에 동의하나요?"

이때 주의할 점이 있다. 이런 질문은 상대방이 리더로 성장하도록 돕는 정상적인 과정의 일환으로 해야 한다. 그런데 성과 관리라는 분위기를 풍기며 묻는다면, 질문은 전혀 다른 뜻으로 해석된다. 당신이 구조화된 방식으로 딱딱하게 격식을 차려 성과에 대해 묻는다면, 상대방은 질문을 오해할지도 모른다. 당신은 이 대화가 공적이고 체계적으로 이뤄지기를 기대한다고 말이다. 아니다. 결코 아니다. 또 그렇게 되어서는 안 된다. 이런 상황에서는 평가자가 아니라 지도자가 되어야 한다. 이는 당신이 지도자다운 태도를 갖추고 행동을 취해야 한다는 의미다. 당신이 성과 관리자 상태로 돌입하는 순간, 당신의 언행은 저승사자의 언행이 된다. 이것은 다시, 상대방에게서 둘 중 하나의 반응을 촉발한다. '오, 이제 알겠다. 내

가 뭘 해야 할지 이해했어.' 아니면 '오, 이제 알겠다. 다른 직장을 알아봐야겠어.'

상대방이 당신의 평가에 동의하지 않으면 어떻게 해야 할까? 전혀 문제될 게 없다. 토론을 시작하면 된다. "내가 말한 내용 중에서 이해되지 않는 부분이 있나요? 모든 부분을 이해했나요? 혹시 내가 모르고 있는 데이터가 있다면 알려줄 수 있나요? 당신과 내가 아는 사실이 서로 다르지는 않나요? 우리가 사용할 만한 다른 접근법이 있을까요?" 이제 대화는 새로운 국면으로 접어들었고, 명료화하는 건전한 대화의 문이 열렸다. 이런 대화의 목적은 해고 여부를 결정하는 것이 아니라 어떻게 하면 더욱 효과적으로 소통하고 일을 더 잘할 수 있는지를 알아내는 것이다.

당신의 평가에 대한 논리석 근거를 명확히 밝힌 다음에도 상대방이 여전히 동의하지 않으면 어떻게 해야 할까? 이 또한 문제가 되지 않는다. "오늘 토론은 이쯤에서 마치면 어떨까요? 우리 둘 다 오늘 대화에 대해 찬찬히 고민해볼 시간이 필요할 것 같네요. 일주일 후에 다시 만나 토론을 이어가죠. 어차피 시한이 정해져 있는 일도 아니니까요. 프로젝트를 진행한다고 편하게 생각합시다."

만약 시간을 두고 심사숙고한 다음에도 상대방이 **여전히** 동의하지 않으면 어떻게 해야 할까? 이럴 경우는 선택의 여지가 없다. 성과 관리를 시작하는 것 외에 다른 도리가 없다. 그렇지 않은가? **그렇지 않다.** 물론 리더로서 당신은 문득 정신을 차리고 보니 한 치의 진척도 없고 출구도 보이지 않는 대화를 두 달째 계속하고 있을 수 있다. 이런 교착 상태가 벌어지는 이유는 둘 중 하나다. 당신이 상황을 명확히 설명하지 못하거나, 당신이 꼭 해야 하는 말을 상대방이 듣기 싫어하기 때문이다. 그래도 아직은 성과 관리 카드를 잠시만 보류하자.

끝으로 하나만 더 시도해보라. 당신의 피드백을 글로 적으라.[19] 이것은 성과 관리로 나아가는 공식적인 단계처럼 느껴질지도 모르겠다. 하지만 아직은 그 단계가 아니다. 현재는 그 상황에서 대인 관계의 역학을 제거하고 문장으로 표현할 때 중대한 생각을 전달하는 단어들에 집중하는 단계다. 당연히 피드백을 서면으로 작성해서 제공하는 것은 어느 정도 공식적인 행위다. 그러나 나의 경험에 따르면, 서면 피드백은 서로가 사안을 명확히 이해할 가능성을 높여주는 효과가 있다.

성과 관리의 스위치는 꺼두자

당신이 리더인 이상, 언제나 성과를 관리해야 하는 것은 엄연한 현실이다. 리더로서 당신의 존재 자체가 성과 기준의 잣대가 된다. 당

---

19 앞서 내가 이메일이나 슬랙 메신저 등등 디지털 소통 방식으로 피드백을 제공하지 말라고 조언했다는 사실을 잘 안다. 그러나 지금은 대면 대화가 교착 상태에 빠져 실마리가 풀리지 않은 지 두세 달이 지난 시점이다. 이런 경우에는 피드백을 글로 작성한 다음 인쇄해서 다음 번 일대일 회의 시간에 직접 전달하는 것이 유익하다.

신이 어떻게 행동하고 어떤 말을 하며 사람들을 어떻게 대하고 어떻게 일하는지 등등. 이처럼 리더로서 당신이 어떤 사람인지를 보여주는 모든 요소가 팀원들의 업무 수행 방식에 영향을 미친다. 그런 요소가 당신이 리더로서 무엇을 높이 평가하는지를 은연중에 드러내는 까닭이다. 요컨대 리더인 당신은 걸어 다니는 성과 기준이다.

성과 관리 태도와 관련해 내가 리더들에게 마지막으로 해주고 싶은 조언이 있다. 성과 관리의 '스위치를 딸깍 올린 채'로 팀원들을 대하지 마라. 이런 태도는 "자, 이제 심각한 얘기를 해봅시다."라고 대놓고 말하는 것과 다르지 않다. 이런 태도는 '이 사람을 성장시키려면 어떻게 해야 할까?'가 아니라 '어떻게 하면 이 사람을 내보낼 수 있을까?'를 생각하는 관리자의 전형이다.

물론 해고만이 정답인, 매우 확실하고 명백하며 급박한 상황도 있다. 가령 당신에게서 무언가를 훔치고 가로챘다면 해고가 답이다. 하지만 성과와 관련된 거의 모든 상황에는 코치와 선수의 관계 역학이 존재한다. 코치가 선수를 지도하듯 지도가 가능하다는 말이다. 지도자 역할은 복잡하고 불편하며 시간 소모적일 뿐 아니라 가끔은 측정하기도 어렵다. 그럼에도 불구하고, 힘들고 껄끄러운 대화를 통해 자신과는 다른 다양한 관점의 가치를 배우고 소통 능력과 공감 능력을 키우며 더 나은 지도자이자 리더로 성장할 수 있다.

8장

IT 시대의 시간 절약 비법

당신에게 가장 귀중한 자산은 시간이다. 8장에서는 시간을 절약하는 비법을 대방출한다. 유한한 삶 속에서 귀중한 시간을 아끼고 싶은 사람이라면 아래에서 소개하는 일련의 행동이 도움될 것이다. 게다가 이런 행동을 습관화하면 시간 절약 외에도 커다란 이점을 얻게 된다. 스트레스를 줄이고 집중력을 향상시키며 궁극적으로는 산출물의 품질을 개선함으로써 생산성을 크게 증가시킬 수 있다.

아래에 소개한 행동 강령에는 시간 절약이라는 즉각적인 이득을 돌려주는 것도 있고, 바라는 결과를 얻기까지 장시간에 걸쳐 작지만 지속적인 투자를 해야 하는 것도 있다. 또한 파괴적이라고 느껴지는 강령도 있고, 매일 사용하는 애플리케이션과 서비스의 목적에 역행하는 노력을 요하는 강령도 있다. 이는 모든 애플리케이션과 서비스의 목적이 당신이 지향하는 목적과 가끔 달라서다. 모든 행동 강령에 공통점이 있다면, 바로 당신의 자제력을 요구한다는 점이다.

당신은 나름의 근거에 기반해 아래의 행동 중 하나 이상에 강한 반발심이 생길 수 있다. 강렬한 반응에 겁먹지 마라. 오히려 시간을 어떻게 소비하는지에 관심을 기울이고 있다는 명백한 증거다. 속이 부글부글 끓고 화가 나더라도 나를 믿고 계속 읽어가길 바란다.

브라우저

마음을 단단히 먹으라. 이중 몇 가지는 분명히 고통스러울 것이다.

- 즐겨찾기를 전부 복사해서 다른 어딘가 안전한 곳에 저장하라. 그런 다음 현재의 즐겨찾기를 모조리 삭제하라. 의자에 앉은 채 약간 뻐근할 정도로 몸을 비틀어보고 심호흡을 하라.

- 기억을 더듬어 즐겨찾기를 다시 등록하되, 서두르지 말고 한 번에 조금씩 며칠에 걸쳐 해보라. 인터넷 기반의 도구와 중요한 문서로 연결되는 링크는 브라우저 툴바에, 뉴스나 블로그처럼 매일 방문하는 사이트는 피드 리더feed reader에

등록하라. 브라우저의 목적은 필요한 정보를 탐색하는 브라우징이지 읽기가 아니기 때문이다.

- 피드 리더가 없으면 어떻게 하냐고? 환경을 설정하고 유료 서비스인 피들리feedly[20]를 설치하라. 단축키 사용법을 배우라.[21]

- 광고 차단 애플리케이션을 설치하라. 다만, 자주 방문하는 사이트에 대한 차단을 해제하는 것 정도의 아량은 베풀어도 된다. 성에 차지 않겠지만, 이는 지금 당신에게 허락된 가장 '사치스러운' 거래다.

- 이메일, 캘린더, 피드 리더 등등 당신의 '머스트 해브' 브라우저 툴을 좋아하는 브라우저에 고정시키라. 이것은 그런 툴을 당신이 쉽게 접근할 수 있는 익숙한 곳에 고정시키는 편리한 방법이다. 하지만 브라우저 툴은 5개를 넘기지 마라. 한 주간 사용하지 않은 툴은 해제하라. 나는 지속적으로 4개의 툴만 고정시키고 나머지는 정리하는 습관이 있다. 사내 이메일, 캘린더, 외부 이메일, 피드 리더다.

---

20 옮긴이_ 웹에서 발행된 글들을 한 곳에서 볼 수 있게 해주는 RSS 리더를 가리킨다.

21 지속적으로 키보드의 바로가기 명령어를 배워야 하는 이유는 무엇일까? 수학적으로 생각하면 이유는 단순하다. 각 행동을 신속하게 수행할수록 전체 일을 완수하는 시간이 준다. 동일한 작업을 수행할 때 단축키를 활용하면 더 빠르게 일할 수 있다. 전체 작업 시간이 줄어드는 것은 당연지사다.

- 당신이 좋아하는 브라우저에서 탭을 사용하라. 단축키를 활용해 새로운 탭을 설치하고 활용하며 닫는 법을 배우라.

- 한 번에 하나의 브라우저 창만 열고, 열려 있는 브라우저 탭은 항상 10개 이하로 제한하라. 조금만 방심하면 이 두 가지 원칙을 어기기 십상이다. 자책할 필요는 없다. 다만 한 가지, 당신이 열어둔 페이지와 탭이 주의를 분산시키고 보이지 않는 스트레스를 유발한다는 사실을 명심하라.

- 즐겨찾기를 클라우드에 저장하면 모바일 브라우저에서도 똑같이 설정된다. 당신의 목적은 당신이 좋아하는 기능 대부분을 디지털 장치와 데스크톱 컴퓨터에서 공유하는 것이다.

> ### 습관의 놀라운 힘
> 첫째, 10분 안에 당신의 모든 소모성 기능을 '제거하는' 능력이 생긴다. 둘째, 뒤죽박죽 섞인 기다란 즐겨찾기 목록에서 해방된다. 그런 목록은 스트레스를 가중해 결국에는 한 달 보름마다 한 번씩 즐겨찾기 파산을 선언하게 만든다.

휴대전화

고생했다. 그래도 지금 앉은 자세 그대로 조금만 더 버텨보자. 이제는 휴대전화와 관련된 나쁜 사용 습관을 없앨 차례다.

- 만약 휴대전화의 연락처에 VIP 표시를 지원하는 기능이 있다면 표시해보라. VIP로 표시한 연락처가 7개를 넘는다면 그것은 더 이상 VIP가 아니다. 그저 또 다른 즐겨찾기(자주 연락하는 사람) 목록이 만들어졌을 뿐이다.

- 이번에는 중요하지 않은 알림을 전부 꺼버릴 차례다. 그 전에 드라마든 예능이든 평소 좋아하던 TV 프로그램을 틀어 마음을 가라앉히고 편안한 자리에 앉으라. 중요한 알림이란 지인이나 VIP로 등록된 사람에게서 온 연락이다. 중요하지 않은 알림도 필요할 때가 있을 거라고 속삭이는 내면의 목소리가 들린다면, 계속 무시하라.

- 스팸 차단 기능이 있는 애플리케이션을 구매해서 설치하고, 모든 스팸 전화와 문자를 차단하라.

- 편안한 자리로 돌아가 이번에는 다른 TV 프로그램을 틀라. 그런 다음 최근에 사용하지 않은 애플리케이션을 모조리 삭제하라. 당신 내면에서 상충하는 두 목소리가 들릴 것이다. '언젠가는 필요할지도 모르잖아.'와 '내 휴대전화에서 애플리케이션을 삭제한다고 세상에서 이 애플리케이션이 완전히 지워지는 건 아니야.'라고 말하는 목소리다. 앞의 목소리는 무시하고, 뒤의 목소리에 귀를 기울이라. 그리고 그 말을 꾸준히 반복해서 되뇌라.

> ### 습관의 놀라운 힘
> 3분 징도 여유 시간이 생겨도 이제 너는 본능적으로 휴
> 대전화에 손이 가지 않는다.

이메일

아래의 정리 규칙을 염두에 두고 받은 메일함을 살펴보라.

- 읽고 싶은 이메일이라면 즐겁게 읽으라.

- (업무와 관련 없는) 외부인이 보낸 이메일인 데다 읽고 싶은 내용도 아니라면 반드시 다음의 규칙 중 하나를 따르라.

  - 수신 거부 기능이 있다면 수신을 거부하라. 이것은 앞으로 수신하는 이메일에도 적용된다.

  - 수신 거부 기능이 없다면, 방법이 있다. 이미 수신을 거부하려고 시도한 것이 확실하다면 또는 이 이메일에 넌더리가 난다면, 스팸으로 신고하라. 이것이 바람직한 일이라고 스스로를 다독이라.

- 업무와 관련된 이메일이지만 (일정 알림, 코드 체크인, 시스템 통지 등) 시스템이 자동 발송한 것이라면, 약간의 노력과 시간 투자가 필요하다. 어느 아침 반나절의 시간을 내서, 받은 메일함에서 시스템이 생성한 이메일만 자동으로 걸러내 유용한 별도의 장소로 옮기는 방법을 배우라.

- 아직 시작하지 않았다면 좋아하는 이메일 애플리케이션의 단축키 활용법을 배우라.

습관의 놀라운 힘

나는 이 규칙을 적용해 업무용과 개인용 이메일의 받은 메일함을 깨끗이 비워 인박스 제로inbox zero 상태로 만들 수 있었고, 지금도 매일 그 원칙을 고수한다. 내가 이메일에서 필터를 수정하고 죄책감 없이 스팸으로 당당히 신고하기까지는 수개월이 걸렸다. 더욱이 스팸 신고는 내게 하나의 종교 의식 같았다. 그러나 그 고행의 시간이 가져다준 열매는 정말 달콤했다. 나는 받은 메일함에 내게 필요하고 중요한 이메일만 남길 수 있게 되었다. 이런 일은 수년 만에 처음이었다. 물론 나는 슬랙 메신저로 많은 업무를 처리한다. 따라서 보통 사람들보다 수신하는 업무 관련 이메일이 훨씬 적은 편이다. 그래도 하루에 수백 통의 이메일을 꾸준히 수신한다.

삶

가끔 시간의 우선 순위를 어떻게 정하느냐는 질문을 받는다. 내가 일을 많이 한다는 인식이 있어서다.[22] 당연한 말이지만, 나도 다른

22 생산성을 높여주는 유익한 도구가 많다. 그런데 혹시 눈치챘는지 모르겠지만, 나는 지금까지 생산성 애플리케이션(productivity application)에 관한 이야기를 한마디도 하지 않았다. 오해하지 마라. 나는 새로운 글꼴이나 편집 기능, 생산성 도구를 접하면 꼭 시도해본다. 하지만 지난 한 해에 새로운 경험을 했다. 작년 내내 슬랙 메신저의 기능과 위에

사람들과 똑같이 하루가 24시간이다. 다만 내 시간을 적절하게 사용하는 것에 가혹할 만큼 엄격하다. 내가 위에서 소개한 기법 하나로 아낄 수 있는 시간은 겨우 10초에 불과할지도 모른다. 그러나 다음 달에 그 행동을 천 번 반복한다면, 그 10초는 엄청난 시간으로 불어난다. 내 인생에서 약 160분 또는 3시간 가까이를 아낄 수 있다. 그야말로 티끌 모아 태산인 것이다.

3시간이면 나는 자전거로 64킬로미터를 달리고, 900미터의 산을 오르며, 요즘 읽고 있는 책의 상당한 분량을 읽을 수도 있다.[23] 심지어 8장의 초고를 쓸 수도 있는 긴 시간이다. 여담이지만 2시간만 더 있으면 8장을 완성할 수도 있다. 언제 그런 경지까지 이를지는 장담하지 못한다. 그러나 내가 매분 매초를 사용하는 것에 많은 신경을 쓰기 때문에 머지않아 그런 날이 올 거라는 사실은 안다.

당신도 노력하면 그렇게 될 수 있다.

서 소개한 기법만으로 모든 일을 처리한 것이다. 당연히 생산성 도구로도 충분히 할 수 있었던 일이었다. 어떻게 한 것일까? 먼저 나는 규칙적으로 만나는 모든 사람과 일대일 소통 창구를 유지하고, 우리는 그 공용의 공간을 서로의 할 일 목록으로 대신한다. 그리고 내 경험으로 보건대, 일반적으로 생산성 애플리케이션에 저장할 업무의 대부분을 이런 방법으로 처리할 수 있었다. 뿐만 아니라 나는 받은 메일함이 대개는 비어 있기 때문에 그 메일함을 작은 할 일 목록으로도 활용할 수 있다. 그래서 결론은? 나는 생산성 애플리케이션이 필요하지 않다.

23   유익한 습관 하나를 추가로 제안하자면, 침대 옆에 놓인 디지털 화면에 아무것도 띄우지 마라. 대신에 책 한 권을 두라.

9장

신참 관리자가 죽음의 나선을
피하는 방법

출발 총성이 울린다. 당신은 총성이 울리자마자 달리기 시작한다. 관리자의 세상에 새롭게 입성한 당신은 총성에 깜짝 놀랐지만 앞만 보고 달린다. 마침내 당신에게 기회가 찾아온 까닭이다. 당신은 관리자로 승진했고, 이 자리를 지키고 싶다. 이 경주는 당신을 반짝반짝 빛내줄 기회이고, 그래서 당신은 무작정 달린다.

　리더가 아무리 좋은 의도와 잘 훈련된 본능으로 무장해도 탈선의 여지가 곳곳에 도사리고 있다. 설상가상으로 그런 의도와 본능이 되려 당신의 신뢰성을 갉아먹고 팀의 성장을 방해할 수도 있다. 심지어 관리자에 대한 잘못된 통념을 강화하기도 한다. 대부분의 관리자가 권력에 굶주린 머저리들이며 자신에게 주어진 권한만 주장하고, 한심할 만큼 불완전한 데이터에 의거해 주관적인 판단을 내린다는 인식이다. 그렇다면 관리자로서 나쁜 의도와 본능의 희생양이 되지 않으려면 어떻게 해야 할까? 9장에서 그 비법을 함께 알아보자.

나는 이러한 현상을 '신참 관리자의 죽음의 나선New Manager Death Spiral'으로 부른다. 개인적으로는 유감스러운 일이지만, 그 나선을 제대로 설명하기에 나만큼 적임자도 없지 싶다. 내가 죽음의 나선에 휘말렸다가 살아남은 생존자일 뿐 아니라 도돌이표처럼 그 나선으로 자꾸 되돌아갔던 장본인이기 때문이다.

현실과의 정면 충돌

내가 여기서 설명하는 것은 신참 관리자가 직면하는 죽음의 나선을 총망라한 통합본이다. 다시 말하자면, 리더로서 당신이 저지를 수 있는 모든 리더십 실수가 합쳐져 거대한 소용돌이를 만들고, 폭포수같이 아름다우면서도 무서운 혼란을 지속적으로 야기한다는 뜻이다. 당신이 이런 죽음의 나선의 살아 있는 완벽한 표본이 될 가능성은 없을 것이다. 그러나 당신이 그 나선의 일부가 될 것은 불 보듯 뻔하다.

그 나선은 하나의 대담한 생각에서 출발한다. '나는 이 모든 걸

다할 수 있어. 나는 리더니까.'

　　신참 관리자로서 스스로를 증명하고 싶은 의욕을 갖는 것은 당연하다. 그래서 당신은 모든 일을 자발적으로 떠안고 주구장창 야근을 하며 무리수를 둔다. 게다가 생전 처음으로 직속 직원들이 생겼으니, 그들에게 당신의 지위를 각인하는 동시에 좋은 첫인상을 주려고 젖 먹던 힘까지 짜낸다. 관리자가 되기 전 개별 기여자였을 때는 이런 접근법이 매우 효과적이었을 것이다. 그래서 당신은 팀의 리더일 때도 이 방법이 효과적일 거라고 단정짓는다. 아뿔싸, 바로 여기서 죽음의 나선이 시작된다. 이는 관리자의 출발선에 섰을 때 당신의 마음가짐에서 비롯한다. '**나는** 이 모든 걸 다할 수 있어. 나는 리더니까.'

　　당신은 당신의 일을 손바닥 보듯 완벽히 파악하고 제 손에 물을 묻히는 것에 익숙하다. 이는 어쩔 수가 없다. 개별 기여자 시절에는 당신에게 효과적이던 생존방식이었으니 말이다. 관리자가 되었다고 해서 갑자기 누군가에게 당신의 일을 위임하려니 본능적으로 꺼려진다. 위임은 힘과 맥락을 잃는다는 뜻인 데다 당신은 그런 상실에 익숙하지 않다. 이 자체도 충분히 어리석은 판단인데 당신은 한 술 더 뜬다. 예전에 개별 기여자일 때 한 일이니 관리자가 된 지금도 이 일의 적임자가 바로 자신이라고 생각한다.

　　이때는 스스로를 증명하기 위해 열정을 다해 노력하는 것이 되려 문제가 된다. 당신은 당신이 감당할 수 있는 수준 이상으로 많은 일을 자발적으로 떠안았고, 이는 당신의 첫 번째 실패 유형으로 귀결된다. 바로 당신이 맡은 일의 질적 하락이다. 그 이유를 짐작하는 건 어렵지 않다. 일을 올바르게 완수할 수 있는 시간이 부족하다. 마감 시한을 놓치고, 책무를 소홀히 하고, 절반 정도 완성된 일을 최종 산출물인 양 눈 가리고 아웅하는 등. 이제까지 당신 사전에 없었던 일이 벌어진다. 사실 이런 사례는 당신이 처하게 될 난감한 상황의 일부에 지나지 않는다.

죽음의 나선은 이제 속도를 내기 시작한다. 당신 눈에도 실패의 낌새가 보이기 때문이다. 당신은 긍정적인 확언으로 자기 최면을 강화한다. '**나는** 이 모든 걸 다할 수 있어. 내가 리더니까 내가 다 **통제**해야 해.'

이제 당신은 당신이 처한 상황이 어떠한지를 처음으로 인정한다. 그제서야 팀의 누군가에게 비교적 덜 중요한 소규모 프로젝트를 맡긴다. 그러나 아직까지 통제력이나 맥락을 완전히 넘기지는 않는다. 반쪽짜리 위임이다. 어차피 그들에게는 통제력이나 맥락이 필요하지 않다고 생각한다. 리더는 당신이니까 말이다. 그들이 알아야 할 게 있으면 당신이 어련히 알아서 말해줄 텐데, 뭐 어떻다는 말인가.

당신과 마찬가지로 이제는 팀도 실패하기 시작할 것이다. 이유는 둘 중 하나다. 팀원들은 자신들에게 프로젝트의 진행 과정을 변화시킬 권한이 없다고 생각한다. 그렇지 않다면, 그들은 프로젝트의 전체 맥락을 완벽히 이해하지 못하고 첫날부터 잘못된 방향으로 들어섰다. 다행히 그들은 죽음의 나선에 휩쓸리지 않았고, 그래서 그들은 당신에게 보고한다.

1단계: 그들이 당신에게 알린다

바로 이때 죽음의 나선이 고통을 야기한다. 죽음의 나선은 잘못되었을 가능성이 있는 모든 결정의 합작품이라는 사실을 명심하라.

실패의 길로 접어든 프로젝트 추진 팀이 회의를 요청하고 회의 석상에서 의견을 밝힌다. "우리는 프로젝트에서 이 부분이 더 중요하다는 사실을 이해하지 못했습니다. 그래서 이 부분에서 다시 시작했습니다. 그런데 돌아보니 그것 자체가 잘못된 출발점이었습니다. 확실합니다."

낭패감에 휩싸인 당신은 비록 입 밖에 내지는 않아도 이렇게 생각한다. '출발점이 잘못되었다는 말은 맞네. 내가 직접 이 프로젝트를 추진했더라면 지금 이런 난항을 겪지는 않았을 테니 말이야.' 옳은 말이다. 그런데 크게 틀린 부분도 있다. 당신이 이 프로젝트를 직접 이끌었다면 당신의 오랜 경륜이 프로젝트의 진행에 도움이 되었을 테니, 그런 점에서는 옳다. 그러나 신참 관리자의 죽음의 나선을 가속하는 최악의 요인을 생각하면, 틀린 말이다. 성공적인 위임을 통해 상호 신뢰를 구축해야 함에도 그 반대의 전략을 선택하는 우를 범한 것이다.

속은 쓰리겠지만, 당신은 나약하게 보이는 것을 용납할 수 없다. 당신의 자기 최면을 떠올려보라. '**나는 이 모든 걸 다할 수 있어. 내가 리더니까 내가 다 통제해야 해.**' 여기서 잘못된 삼단논법이 작동된다. 전략을 바꾸는 것은 실패를 인정하는 것이고, 실패는 나약함을 상징한다. 그런데 당신은 리더이므로 나약하지 않다. 당신은 '특명'을 내린다. 그러나 아무리 좋게 생각해도 사태를 바로잡을 조언은 아니다. '직접 해결할 방법을 찾으시지. 안 그랬다가는 두고보자고.' 물론 당신은 이 말을 절대 입 밖으로 내지 않을 것이다. 그렇지만 말로 안 한다고 모를까. 다른 식으로 그 메시지를 전달할 방법은 아주 많다. 나 역시도 말 한 마디 없이 그 메시지를 명확히 전달할 수 있다.

회의실 문을 나서는 팀원들의 머릿속을 들여다보자. '실패는 이미 정해진 사실이군. 팀장은 미쳤고 꽉 막힌 사람이야. 아예 우리 의견에 귀를 기울일 마음이 눈곱만큼도 없는걸.' 죽음의 나선은 바로 이 순간부터 새로운 차원으로 돌입한다. 팀원들이 당신에게 입을 닫고 그들끼리만 소통하기 시작했다.

2단계: 그들끼리만 소통한다

당신이 귀담아듣지 않으므로 이제 팀원들은 그들끼리만, 혹은 외부 팀과만 소통하기 시작한다. 그들은 스스로 고치려는 자정 노력을 기울일 것이다. 아니, 이것은 희망사항일지도 모르겠다. 이것이 죽음의 나선이라는 점을 주목하라. 이는 그들이 그렇게 하지 않는 다는 뜻이다. 그들은 실패했다. 이런 실패는 유독 안타깝다. 그들은 이미 성공에 필요한 모든 데이터를 손에 넣었고 그들에게 필요한 것은 딱 하나, 넛지nudge라고 불리는 리더의 부드러운 개입이었기 때문이다. 리더인 당신이 귀를 닫았기에 그들은 아무 말도 하지 않았고 결과적으로는 애꿎은 프로젝트가 실패했다.

모두의 사기가 떨어지고 스스로를 실패자로 생각한다. 심지어는 그 누구도 진실된 소통을 하지 않아 온갖 종류의 사사로운 의견이 사실로 굳어지기 시작한다. 가령 당신은 이 모든 문제의 책임을 팀원에게 전가한다. 그래서 팀을 새로 구성하면 더 나은 결과를 얻을 거라고 자신에게 속삭인다. 이제까지 조직 개편으로 고치지 못한 문제가 없으니 이번 일도 마찬가지일 거라는 속내가 깔려 있다. 한편, 팀원들은 실패의 원인을 당신에게서 찾는다. 당신이 고집스럽게 정보를 공유하지 않고 자존심만 내세웠으며, 귀를 기울이지 않고 버티면서 자신들에게 배경적 맥락을 알려주지 않아서 프로젝트가 실패했다는 나름의 결론을 내린다.

그들은 계속해서 판단하고, 이윽고 당신과 당신의 리더십 스타일을 평가해 자신들의 입장에서 바라본 진실을 만들어낸다. 당신은 한 명이지만 그들은 '입'이 훨씬 더 많다. 따라서 당신이 생각하는 진실보다 그들이 생각하는 진실이 더 빠르게 퍼진다. 마침내 당신이 귀를 기울이고 신뢰하는 사람의 입을 통해 당신의 리더십 부족에 관한 왜곡된 진실 하나가 귀에 들어온다. 결국 큰 충격을 받게 된다.

조용히 혼잣말을 한다. "이건 **내가** 아냐. 난 이런 사람이 아니라고."

축하한다. 서투른 의사소통, 형편없는 판단력, 팀원들의 체계적인 사기 저하가 교묘히 합쳐져 파괴적인 결과물을 만들어냈다. 당신 손으로 프로젝트에 실패의 멍에를 씌웠다. 또한 당신과 팀원들 간의 관계와 당신의 신뢰성에 복구할 수 없는 막대한 피해를 입혔다.

당신 말이 옳다. 그것은 리더의 모습은 아니다. 오히려 현재 당신의 모습은 리더와는 정반대다.

관리자가 된다는 것은 승진과는 다르다

맡은 일을 성공적으로 수행한다면 당신은 승진으로 보상을 받는다. 많은 기업에서 승진자에 대한 기대치는 명백하다. 다음 번 승진 때까지 더 높은 직급에서 일을 잘하리라고 기대한다. 조직이 아무나 승진시켰을 리는 만무하다. 따라서 당신은 직임에 맞는 새 역할을 수행할 준비가 되어 있을 것이다.

그렇다면 관리자로서 당신은 어떤가? 당신은 관리자가 될 준비를 모두 마쳤는가? 관리자 세상에서 당신의 첫 번째 역할은 새로운 경력 출발선에서 다시 시작하는 것이다. 당신은 이제까지 팀의 일원으로 활동한 경험을 통해 대인 기술을 익혔다. 하지만 새로 관리자가 되면 당신을 승진시켜준 바로 그 숨은 공신이 당신을 그릇된 방향으로 이끌 수도 있다. 왜 그럴까? 신참 관리자의 죽음의 나선에 그 답이 있다.

당신이 신참 관리자의 죽음의 나선에서 모든 단계를 경험하지 않을 것은 확실하다. 그러나 9장을 읽다가 고개를 절로 끄덕이며 '맞아, 내가 저랬었지.' 하고 생각한 순간이 있었을 것이다. 당신이 죽음의 나선에서 하나의 단계만 경험하든 모든 단계를 두루 거치든 결국 교훈은 똑같다. 내가 처음으로 관리자가 되었을 때 누군가가 이 교훈을 가르쳐주었다면 얼마나 좋았을까. 나처럼 후회하는 신참 관리자를 구제하기 위해, 사소하지만 매우 중요한 세 가지 교훈을 알려주려 한다.

- **사람들의 이야기에 마음을 열고 필요하다면 당신의 생각을 바꿀 줄도 알라.** 당신은 한 명이고 그들은 여러 명이다. 팀원들의 인맥을 전부 합치면 당신의 인맥보다 더 넓고, 따라서 산술적으로만 봐도 그들의 정보가 더 많다는 것은 명백하다. 다양한 정보에 귀를 기울이고 필요하다면 당신의 관점과 결정을 바꾸라.

- **인적 구성이 다양한 팀을 구축해서 당신의 명백한 약점과 불분명한 약점을 모두 보강하라.** 당신에게 무조건 동의하는 '예스맨'으로만 팀을 구축하는 것은 저항이 가장 적고 쉽기

만 한 길을 선택하는 것이다. 아이디어는 동의를 통해 발전하지 않는다. 아이디어는 건전한 의견 불일치에 부딪힐 때 강력해진다. 가능한 한 넓은 시야와 풍부한 경험을 보유한 인재를 발굴하고 채용하라.

- **고통스러울 정도로 많이 위임하라.** 굳이 선택하라면, 관리자에게는 모자란 위임보다 지나친 위임이 더 낫다. 특정 구성원에게 일을 온전히 맡기는 것은 그 사람의 능력에 대한 신임을 명백히 보여주는 행위다. 이는 또한 팀 내에 신뢰를 형성하는 매우 근본적인 방식이다. 실무 현장에서 물러나는 것은 누구나 힘들다. 그렇지만 관리자의 역할은 직접 비중 있는 일을 수행하는 것이 아니다. 구성원 전체가 양질의 일을 할 수 있는 건강한 팀을 구축하는 것이다.

위의 세 가지 작은 교훈의 중심에는 리더와 팀원들을 단단히 묶어주는 필수적인 매개체가 있다. 바로 신뢰다. 가령 당신이 두 귀를 활짝 열어 적극적으로 경청하고 그들의 아이디어를 받아들여 당신의 결정을 눈에 띌 정도로 바꾼다면, 당신은 신뢰를 구축할 수 있다. 모든 의견이 존중받고 건강한 토론을 촉발할 때 당신은 신뢰를 쌓는다. 당신을 유능한 개별 기여자로 만들어주었던 일을 온전히 위임할 때 그들은 당신을 리더로 신뢰하기 시작할 것이다.

신뢰받는 관리자가 되고 싶지 않은가?

2부
애플 시절:
진정한 임원으로 키워준 요람

나는 혁신적인 기업의 대명사 애플에서 임원의 세상을 맛봤다. 먼저 널리 알려진 이야기부터 해보자. 스티브 워즈니악Steve Wozniak과 스티브 잡스Steve Jobs는 고등학교 친구였다. 한 명은 해킹을 좋아했고 또 한 명은 그런 해킹의 궁극적인 가치를 알아보았다.[1] 워즈니악은 해킹을, 잡스는 판매를 담당했다. 둘은 애플 I을 발명했고 나무 상자에 포장해 판매했다. 시장의 반응과 호응은 후속작 애플 II(애플][로 한껏 멋을 살렸다)를 만들 자금을 마련하기에 충분했고, 그것이 모든 것을 바꿨다. 1977년이었다.

개인 컴퓨터personal computer(PC)의 시대가 도래했고 세상이 PC를, 특히 IBM을 주목했다. 잡스와 워즈니악은 애플의 핵심 아이디어를 바탕으로 자신들만의 독특한 PC를 개발하여 IBM은 물론이고 모두를 경악하게 만들었다. 당시 마이크로소프트가 자체 OS를 보유하지 않았던 IBM에 OS 라이선스를 제공했고, 다른 기업들은 IBM의 PC 디자인을 복제했다. 이로써 PC와 OS의 시대가 활짝 열렸다.

다시 캘리포니아의 쿠퍼티노로 돌아가보자. 애플은 1980년에 애플 III와 1983년에 리사Lisa를 연달아 출시했지만 시장에서 외면 당했다. 안정성 문제가 있었고 가격도 비쌌다. 참담한 실패를 맛본

---

1   옮긴이_ 잡스와 워즈니악은 고등학생이던 1972년에 블루박스(Blue Box)라는 장비를 개발해 대성공을 거두었다. 블루박스는 전화 회선을 해킹해 전 세계 어디서나 무료로 국제 전화를 걸 수 있는 장치다.

애플은 방향을 선회해 매킨토시(일명 맥)를 탄생시켰고 명확한 미래 비전을 구체화했다. 컴퓨터가 일반인은 범접하기 힘든 특정 부류의 고매한 취미가 아니라 친숙하고 유익한 일상의 도구로 자리잡을 것이라는 비전이었다.

비록 시작은 느렸지만, 맥은 메모리 용량과 애플리케이션을 점진적으로 늘렸고 상상력이 풍부한 이들의 '머스트−해브must have' 도구가 되었다. 그러자 IBM의 PC와 복제품들이 애플의 시장에 침입했다. 한편 마이크로소프트는 맥 OS의 우아한 아름다움에 주목했고 마이크로소프트 윈도우를 개발했다. 윈도우는 마이크로소프트의 제품 대부분이 그렇듯, 세 번에 걸친 대규모 출시 후에야 겨우 '촌티'를 벗을 수 있었다.

맥은 독창성이 탁월했지만 기업용 PC가 아니었다. 반면 애플 II는 비즈니스 지향적이었다. 사내 정치와 자존심 그리고 외부인들이 알지 못하는 여러 이유로 잡스는 1985년 애플을 떠나 넥스트NeXT를 창업했고 차세대 운영체제인 넥스트스텝NeXTSTEP을 개발했다. 반면 잡스라는 선장을 잃은 '애플호(號)'는 방향을 잃고 표류했다. 맥을 변형한 무수한 복제 PC들이 시장에서 판을 치는데도 단호히 대처할 능력이 없는 듯 보였다.

1990년, 마이크로소프트는 마침내 윈도우 3.0을 출시했다. 한편 인텔의 중앙 처리 장치central processing unit(CPU)를 내장한 복제 PC들이 IBM의 시장 점유율을 잠식했고, 인텔의 CPU 시장 지배력은 갈수록 강력해졌다. 이토록 컴퓨터 시장이 역동적으로 변화하는 와중에 애플은 목적지도 없이 떠돌면서 추락을 멈추지 못했다. 그렇다면 잡스와 그가 창업한 넥스트의 운명은 어떻게 되었을까? 애플은 여러 제휴 관계와 사내 정치가 복합적으로 작용해 1996년에 넥스트를 인수했다. 그리고 다음 해인 1997년에 특별 고문이라는 직함으로 잡스를 복귀시켰지만, 모두의 기대와 희망은 하나였다. 그가 다시 애플호의 선장이 되는 것이었다. 그리고 잡스는 모두의 염원대로 그 해 7월, 12년 만에 최고 경영자로 구원 등판했다.

잡스는 애플에서 목적이나 방향성이 분명하지 않거나 관리가 미흡한 프로젝트에 철퇴를 가했다. 사랑받던 프로젝트라고 해도 퇴출의 매서운 칼날을 피하지 못했다. 그는 새로운 생산 전략이라며 속상자가 네 개 딸린 커다란 상자 하나를 그려 보여준 후 단호히 선언했다. "이게 바로 지금부터 우리가 만들 제품입니다."

그리고 애플은 잡스의 계획대로 했다.

21세기 초반으로 시간을 빨리 돌려보자. 어느 날 나는 당시 근무하던 스타트업의 CEO와 함께 캘리포니아주 산호세에 있는 멕시코 요리 프랜차이즈 식당에 앉아 있었다.[2] 당시 우리 회사는 침몰 중이었고 세 번째 대량 해고를 눈앞에 두고 있었다. 마르가리타 칵테

---

2   옮긴이_ 롭은 1998년에 넷스케이프를 퇴사하고 2002년에 애플로 이직하기까지 인적자원 관리 솔루션을 제공하는 스타트업 이카리안(Icarian)에서 일했다.

일에 거나하게 취한 우리는 대량 해고 계획을 세우면서 닷컴 버블의 영향에 대해 횡설수설하고 있었다.

그 즈음 애플의 채용 담당자인 패트릭이 전화를 해 대뜸 물었다.

"애플에서 일하실 의향이 있으십니까?"

"애플에서 일하는 것은 어릴 적부터 나의 꿈이었습니다."

스티브 잡스가 조종하던 애플호는 팀 체제를 소규모로 운영했다. 또한 광범위한 소통을 촉진하기 위해 조직 구조는 최대한 수평적으로 유지했다. 직급이나 직함은 허용되지 않았는데, 이전 직장에서 무슨 일을 했든 애플호에 승선한 이상 모두가 동등하다는 뜻이었다.

내 경우는 경력 경로가 좀 묘했다. 직전 직장이었던 스타트업에서는 임원이었는데 애플에서는 고위 관리자였다. 그러나 역할 자체는 같았다. 관리자들을 관리하는 역할이었다. 이로써 나는 또다시 실무 현장에서 일하는 사람들과 멀찍이 떨어진 불편한 입장이 되었다.

나는 이 거리가 당혹스러웠다. 관리자 시절에는 사실상 일선에서 실질적이고 분명한 일을 직접 처리하지 못해 마음이 불편했고, 그런 불편한 마음을 스스로 다스려야 했다. 그러나 그때에는 최소한 곁눈질으로라도 엔지니어의 모니터를 슬쩍 훔쳐보고 일이 어떻게 이뤄지는지 대략 이해할 수 있었다. 그런데 관리자들의 관리자가 되고 보니 상황이 또 달랐다. 이제 나는 일이 어떻게 진행되는지에 관한 정보를 다른 관리자들의 입을 통해 얻을 수밖에 없었다. 이 거리는 나만이 아니라 관리자들의 관리자가 맞닥뜨리는 주요한 도전이다. 이런 도전에는 크게 다섯 가지가 있다.

- 멀찍이 떨어진 채로 복잡한 프로젝트들의 맥락을 수집하고 관리할 수 있을까?
- 상하 의사소통이 자유롭게 이뤄지도록 하기 위해, 팀원들은 물론이고 동료들과 깊은 신뢰 관계를 구축할 수 있을까?
- 특정 팀이 아닌 조직 전체의 비전과 전략을 정의할 수 있을까?
- 그 전략과 비전을 전달할 수 있을까?
- 그 전략과 비전을 달성할 수 있도록 조직을 변화시키려면 어떻게 해야 할까? 필요할 경우, 조직을 변화시키기 위해 완전히 새로운 팀을 구축하려면 어떻게 해야 할까?

당신은 답을 안다. 간단한 질문들이다.

관리자의 역할이 관리자들의 관리자가 되기 위한 준비 과정인 것과 마찬가지로 실무형 관리자인 임원의 역할도 경영형 임원, 즉 경영자가 되기 위한 준비 단계다. 나는 애플에 몸담은 8년간 관리자들의 관리자로서 다양한 역할을 섭렵했다. 그러는 동안 나는 스스로가 신속하게 전진하지 못하고 있다는 기분을 떨칠 수 없었고, 결과적으로 말하자면 그 느낌이 맞았다.

2부에서는 당신이 현장에서 발로 뛰던 노련한 일선 관리자에서 최근에 고위 관리직으로 자리를 옮긴 상황이라고 가정한다. 이미 리더의 역할을 완벽히 통달한 당신의 숙제는 리더로서의 역량을 끌어올리는 것이다. 좋든 나쁘든 이제 사내 정치는 당신의 일상적인 업무가 되었다. 위아래의 수직적 소통은 언제나 중요했지만, 이제부터는 수평적 소통에도 능숙해져야 한다. 이제는 당신의 장난감을 아낌없이 나눠줄 때다.

10장

응급 처치보다는 시간이 약이다

몇 해 전, 나는 집을 수리했다. 아래층에 있던 방 두 개의 벽을 허물고 방을 만들었다. 대규모 공사였다. 몇 달 동안 소음과 비닐 방수포, 먼지에 둘러싸여 살았다. 게다가 결정할 것은 또 얼마나 많은지 머리가 지끈거렸다.

인부들이 석고 보드를 시공하기 시작하니 마침내 다시 집처럼 보이기 시작했다. 이제는 먼지 없는 고요한 시간을 가질 수 있겠다는 희망이 싹텄다. 그런데 '이제 석고 보드를 바르려나?' 하는 생각이 든 순간, 결함들이 눈에 들어오기 시작했다. 공사가 어느 정도 마무리된 상태인데 벽면의 여기저기에 보이는 움푹 파인 작은 흠집들이 눈에 거슬렸다. 다시 보니 제대로 된 것이 하나도 없어 보였다.

아내와 내가 이런 문제점을 제기하자 현장 감독이 청색 테이프 한 통을 급히 꺼내주며 말했다.

1. 수리 공사가 마무리될 때까지는 작업의 모든 과정이 잘못된 것처럼 보일 수 있다. 하지만 걱정할 것은 없다.

2. 신경을 더 써주길 바라는 부분이 눈에 보일 때마다 이 청색 테이프로 표시를 하라.

3. 나중에 청색 테이프가 붙은 곳을 손보겠다.

기존의 세상이 무너진다

맥락이 크게 변하고 나면 불완전성을 포착하는 우리의 레이더가 그야말로 '열 일'을 한다. 집수리는 물론이고 새 집, 새 자동차, 새 직장 등등 모든 상황에서 마찬가지다. 주변의 맥락이 대대적으로 변할 때 당신의 뇌는 고도의 경계 태세에 돌입한다. '모든 것이 달라졌다. 바짝 주의를 기울이라. 중요한 일이 벌어지고 있다.'

왜 이렇게까지 신경이 곤두서는 걸까? 예전의 나는 이런 과민 상태가 큰돈을 지출한 것에 대한 반응이라고 생각했었다. 나간 돈만큼 들어오는 게 있도록, 기필코 본전을 뽑도록 모든 의식이 깨어나는 것이라고 말이다. 아니, 어쩌면 새로운 것이 완벽한 상태를 유지하기를 바라는 비현실적인 기대감이었을 수도 있다. 고가의 물건을 구입할 때 그런 반응을 보이는 것은 당연하다. 그러나 새 직장이나 새 업무에 대해서도 고가의 물건을 구입했을 때처럼 '상황이 달라졌고 이것이 잘못되었다'는 경계심이 고조되는 이유는 무엇이란 말인가?

나는 새로운 일을 완벽하게 이해하려면 최장 90일이 걸린다고 생각한다. 첫 달은 소위 꽃길을 걷는 밀월 기간이고, 이후 한 달은 눈에 씐 콩깍지가 벗겨지는 깊은 절망과 실망의 시간이다. 그리고 둘째 달부터 새로운 역할과 관련해 문제가 있거나 이상하거나 기이한, 크고 작은 모든 것이 선명하게 보이기 시작한다. 더군다나 당신의 뇌는 그 역할을 받아들임으로써 끔찍한 선택을 했다고 당신을 세뇌하기 시작할 것이다.

'자, 똑똑히 봐. 모든 게 엉망진창이 됐잖아. 내가 실수를 저지른 거야.'

고가품 구매와 커다란 직업적 변화에 대한 반응이 비슷한 까닭은 무엇일까? 맥락이 변하기 때문이다. 가령 나는 수리하기 전의 방에 익숙했고 예전 자동차를 어떻게 조작하는지 알았으며 예전 업무가 어떻게 이뤄지는지 훤히 꿰뚫고 있었다.

이런 경험을 수차례 겪으며 나름의 대응 전략이 생겼다. 쉬운 해결책은 참고 기다리는 것이다. 조만간 달라진 모든 것을 정상으로 느끼기 마련이다. 이런 이치를 잘 알기에, 기존 팀원이 신입 팀원에 대한 이런저런 걱정거리를 보고할 때 언제나 부드러운 말투로

"그 팀원이 일을 시작한 지 얼마나 되었지요?"라고 묻는다. 일을 시작한 지 두 달이 채 지나지 않았다면 이렇게 말한다. "파렴치한 행동이 아니라면 눈감아주세요. 한 달은 더 지켜보죠. 그 사람은 새로운 환경에 적응하는 중이고, 우리는 그가 어떤 사람인지 아직 알 수 없으니까요."

새로운 부하 직원을 맞이한 관리자에게는 유익한 조언일지 모르겠다. 그러나 반대의 경우라면 어떨까? 당신이 팀에 합류한 지 채 두 달도 지나지 않은 신참 직원이고 그래서 세상이 무너진 것 같은 절망을 느낀다면 말이다. 이럴 경우 '좀 더 기다려보자'는 조언은 소용이 없다. 아무런 도움도 되지 않을뿐더러 사실 나쁜 조언이다.

당신에게는 청색 테이프가 필요하다.

시간은 모든 것의 해결사

다시 집수리 이야기로 돌아가보자. 현장 감독은 아내와 내가 청색 테이프로 표시해둔 곳마다 문제를 고쳐주었다. 그러자 우리는 청색 테이프로 표시만 해두면 무엇이든 고쳐질 거라는 확신이 생겼고, 그러자 지극히 만족스러웠다. 현장 감독의 청색 테이프 조언을 단순화해 재구성하면 업무적 맥락에도 적용할 수 있다.

1. 새로운 환경에서는 문제가 있다고 생각되는 온갖 것이 눈에 들어올 것이다.

2. 비정상이라고 생각되는 모든 것을 목록으로 작성하라.

3. 한 달 정도 시간적 여유를 갖고 기다리면서 목록에 적힌 모든 것에 관심을 두라.

보다시피, 신입 직원에 대한 내 조언의 핵심은 비정상이라고 생각되는 모든 것을 **고치느라** 애먼 힘을 빼지 말고 그런 것에 **관심을 두도록** 노력하라는 것이다. 관심을 기울인다는 것이 문제를 고친다는 뜻이 될 수도 있다. 하지만 나는 문제를 고치는 것은 옳은 접근법이 아니라고 생각한다. 관심을 가진다는 것은 내가 그렇게 생각한 이유를 명확히 설명하고 그것에 반응하는 것일 수도 있다.

시간이 약이라는 말이 있듯이, 한 달 후 청색 테이프 목록을 살펴보면 깜짝 놀랄 일이 펼쳐진다. 한 달 전에는 긴급해 보였던 많은 일이 더 이상 전혀 중요하지 않은 일처럼 보일 것이다. 당신은 새로운 역할을 수행하는 매분 매초 아주 많은 것을 배우고 아주 많은 맥락을 수집한다. 팀, 역할, 회사에 대한 이해력이 나날이 발전한다. 그렇게 시간이 흘러 또다시 한 달이 지나고 이제는 넉 달째에 접어든다. 지난 석 달간 당신이 수집한 맥락이 완벽하리라는 기대는 어불성설이다. 그러나 한 달 전에 당신이 알고 있던 맥락보다 몰라볼 만큼 완벽해졌을 것이다.

청색 테이프 목록에 기록한 모든 것에 관심을 두라. 모든 항목에 반드시 반응하라. 만약 그 문제를 고칠 생각이라면 언제, 어떻게 고칠 계획인지 설명하라. 고칠 계획이 없다면 그 이유를 설명하라. 그 문제의 상대적 중요성을 정확히 판단하지 못할 경우는 어떻게 하면 그것의 상대적 중요성을 이해할 수 있을지 고민해보라.

맥락이 크게 변하면 마음이 불편해지고 감정적으로 반응하기 마련이다. 익숙했던 일상이 갑자기 전혀 낯선 시간으로 가득 차기 때문이다. 당신의 뇌는 경계 수준을 한껏 높이고, 당신은 큰 스트레스를 받는다. 하지만 그런 민감한 시선을 통해 당신은 기존 구성원들이 더 이상 볼 수 없는 결함들을 발견할 수 있다.

당신에게 필요한 것은 딱 하나, 작은 청색 테이프일 뿐이다.

11장

고통스러울 정도로
많이 위임하라

지금부터 목록 하나를 소개하겠다. 이름하여 리더의 명예 배지merit badge 목록이다. 당신은 중대한 리더십이 요구되는 역할 하나를 완수할 때 아래의 배지 중 하나를 획득한다. 명예 배지를 획득하는 것 자체는 조금도 중요하지 않다. 명예 배지를 받을 수 있는 교훈을 발견하는 것이 핵심이다.

이 책의 구조에서 이미 예상했겠지만, 배지 종류는 세 가지로 나뉜다. 첫 번째는 일선 관리자의 전술을 통해 획득하는 것이고, 다른 하나는 일선 관리자들을 관리하는 고위 관리자 또는 임원으로서 뛰어난 전략을 구사해 거머쥘 수 있다. 마지막 세 번째 배지가 가장 얻기 힘든데, 경영자로서 비전을 추구하는 능력과 관련이 있다.

시작하기에 앞서 양해를 구한다. 이 책은 리더의 명예 배지 목록을 전부 다루지 않는다. 그 목록은 별도의 책 한 권을 할애해야 하는 방대한 주제이기 때문이다. 2부의 두 번째 이야기를 풀어가는 지금은 그중 하나에만 집중하려 한다. 역할과 상관없이 리더에게 가장 중요한 명예 배지인데, 바로 **위임**이다.

믿고 맡기는 것

먼저 정의부터 알아보자. 위임하라delegate. 이 낱말은 행위를 설명하는 동사다. **대개는 아래 직급의 누군가에게 업무나 책임을 맡기는 것**을 말한다. 이 정의에서 핵심은 **맡기는** 것이다. 우선 본격적으로 위임의 세상에 발을 담그기 전에, 초보 관리자로서 모든 것이 장밋빛으로 보였던 시절로 돌아가보자.

신참 리더 시절에 가장 혼란스러운 부분은 책임의 변화일 가능성이 크다. 리더가 되기 전에 당신은 무언가를 책임지고 주도했다. 하나의 영역이거나 기능, 아니면 기술이었을 수도 있다. 그러나 리더가 된 지금은 책임의 범위가 넓어졌다. 리더로서의 책임은 모든 팀원의 모든 책임까지 아우른다. 잠시 9장의 내용을 떠올려보자. 초보 리더 시절 당신의 본능은 모든 팀원의 모든 업무가 당신의 책임이라고 외친다. 전혀 틀린 말은 아니다. 그러나 그런 식의 사고는 위험한 비탈길^{slippery slope}**3**로 각별한 주의가 요구된다.

당신이 이끄는 팀 중 하나에서 문제가 생기면 팀 리더들이 당신만 바라보며 대답을 요구할 것이 뻔하다. 그들의 눈이 당신에게 쏠릴 때 마치 당신에게 모든 책임이 있는 것처럼 느껴지는 것은 당연지사다. 하지만 책임보다 훨씬 더 생산적인 사고 방식은 **책무**를 지는 것이다.

책무^{accountability}는 책임^{responsibility}을 내포하는 상위 개념일 뿐 아니라, 둘 사이에는 중요한 차이가 있다. 책무는 행동과 결정을 정당화할 (다른 말로 설명할) 의지나 의무가 요구된다. 가령 무언가 정상 궤도에서 이탈하고 모두가 당신의 입만 바라보는 상황을 가정해보자. 이럴 경우 책무를 다하는 리더라면, 어쩌다가 그런 상황이 벌어졌고 정상 궤도로 돌아가려면 어떻게 해야 할지를 설명할 수 있어야 한다. '그런데 아무리 책무를 지고 싶어도 산의 정상 부근에 있으면 산 아래에서 대체 무슨 일이 벌어지는지 알 수 없지 않을까?' 쓸데없는 걱정이다. 팀원들이 이미 당신에게 자발적으로 알려주었다.

무언가 정상 궤도에서 벗어나고 하늘이 무너질 때 당신은 그 문제에 대해 잘 아는 사람들을 찾아 동분서주할 것이다. 그들은 당신이 절박한 상황에 처했음을 잘 알고 긴급하게 조치를 취할 거라는

3　옮긴이_ 일단 시작하면 중단하기 어렵고 파국으로 치달을 수 있는 행동 방향을 말한다.

사실도 잘 안다. 그들은 행여 불이익을 당할까 비이성적인 공포심을 느끼고 하나라도 놓칠세라 귀를 쫑긋 세워 **당신의 말 한마디 한마디**를 귀담아듣는다.

이 순간 그 상황에 대한 전적인 책임을 통감하는 관리자라면 '**나는**'이라는 단어를 아주 많이 사용할 것이다. 또한 송곳같이 날카로운 질문을 퍼부을 것이다. 그런 질문에는 그것이 그가 해결해야 하는 **그의** 문제라는 인식이 담겨 있다. 어차피 자신도 윗선에서 어려운 질문을 받을 것이기 때문이다. 그 관리자는 책임감을 느낀다. 그러나 그가 사용하는 단어들 사이에 꽁꽁 숨고 그가 묻는 질문들의 뒤에 음흉하게 감춰진 속내가 있다. 그는 **내가 이 일을 주도한 엔지니어라면 우리는 절대로 이런 상황에 처하지 않았을 것**이라고 생각히는 것이다.

조심하라. 신뢰를 갉아먹는 소리가 들리는 듯하다.

이것은 위임이 리더의 가장 중요한 명예 배지인 이유와 직결된다. 위임 배지를 획득했다는 것은 당신이 리더로서의 여정을 가속할 수 있는 중요한 리더십 교훈을 얻었다는 뜻이기 때문이다.

위임에서 신뢰가 싹튼다

부사장이 당신에게 새로운 프로젝트를 맡긴다. 개별 기여자 시절에 수차례 해봤던 일이다. 만약 단독으로 이 프로젝트를 진행한다면 성공은 따 놓은 당상이다. 그러나 임원인 당신은 직접 코딩할 시간이 없다. 그래서 당신의 책임하에 있는 관리자 중에서 줄리를 골라 그 프로젝트를 맡긴다.

당신은 줄리와의 일대일 회의에서 그 프로젝트에 대해 설명한다. 이 프로젝트를 성공하면 어떤 결과물이 나올지 상세히 설명하고 자원 지원과 일정 계획에 대해서도 심도 깊은 이야기를 나눈다. 줄리는 지금까지 이런 프로젝트를 맡아본 적이 없었던 터라 질문을 쏟아낸다. 당신은 비슷한 프로젝트를 수없이 수행했기에 줄리의 모든 질문에 사실과 정보에 입각한 완벽하고 명확한 대답을 들려줄 수 있다. 줄리는 당신의 대답을 받아 적고 더 많은 질문을 던진다. 그야말로 학구열에 불타는 학생의 모습이다.

90일짜리 프로젝트에서 30일이 지났을 무렵, 팀원들로부터 그 프로젝트의 진행 상황에 대해 걱정하는 이야기를 듣게 된 당신은 줄리에게 다음 일대일 회의에서 그 프로젝트의 상태에 관해 의논하고 싶다고 통보한다. 줄리는 회의에 참석하기 위해 만반의 준비를 해온다. 그녀 역시 사람들이 우려하는 바를 익히 들어 알고 있으므로 그 문제들을 해결할 방법에 대한 아이디어도 나름 준비한다.

결론부터 말하면, 줄리의 아이디어는 틀렸다. 그래도 괜찮다. 그녀는 이런 일을 한 번도 해본 적이 없다. 당신이 대안을 제시하고, 그녀는 열심히 듣는다. 자신의 직관이 틀렸음을 깨달은 데다 당신의 논리적 추론이 타당해 보이는 까닭이다. 그녀는 많은 질문을 퍼붓고, 자신의 사고 방식을 조정한다.

프로젝트가 마무리 단계에 접어들자 최종 결과물이 B학점을 받을 것이 확실해진다. 작동하는 데도 문제가 없고 계획했던 일정도 차질 없이 지켰다. 그러나 얼마 지나지 않아 성능 문제가 발생할 것이 분명하다. 이는 다음 출시 이전에 그 문제를 해결하기 위해 한 달 정도의 시간이 필요하다는 뜻이다. 이는 계획에 없던 일정이다. 결과적으로 이런 모든 상황을 종합해 B학점인 것이다.

당신의 머릿속에서 작은 목소리가 속삭인다. '내가 직접 코딩을 했더라면 A학점의 완벽한 제품이 만들어졌을 텐데.' 잠깐, 속단은 금물이다. 위의 시나리오를 리더십의 측면에서 보면, 리더로서 당신이 한 행동에는 A학점을 줄 수 있다. 신뢰할 수 있는 리더의 모습을 보여주었기 때문이다. 당신이 어디서 점수를 땄는지 하나씩 들여다보자.

첫째, 줄리는 이번 프로젝트가 본인은 물론이고 팀에 벅찬 도전이 될 거라는 사실을 잘 알고 있었다. 이전에는 프로젝트를 맡아서 해본 적이 없으니 당연했다. 줄리 팀이 프로젝트를 맡기에는 능력이 부족하다는 사실을 모두가 잘 알았음에도 불구하고, 당신은 그들에게 프로젝트를 맡김으로써 신뢰를 몸소 보여주었다.

둘째, 그 프로젝트가 암초에 부딪혔을 때 당신은 과민하게 반응하지 않았다. 오히려 이해하려 노력했을 뿐 아니라 리더답게 경험담을 들려주어 그들이 고비를 무사히 넘기도록 지도했다. 이것은 큰 신뢰를 얻을 만한 행동이었다.

셋째, 당신은 세세한 부분까지 챙기는 '좀생이' 관리자가 되지 않는 방법에 관한 귀중한 교훈을 얻었다. 당신은 프로젝트를 위임하면서 줄리에게 많은 지침을 제시했고 그녀의 속사포 질문에도 성실히 답했다. 그런 다음에는 그녀와 팀이 그 프로젝트를 이끌 수 있는 기회를 주었다. 심지어 그 프로젝트가 정상 궤도를 벗어나 갓길로 샜을 때도 책임을 묻는 대신에 리더답게 그들을 대안으로 이끌었다.

넷째, 줄리의 팀은 완주했다. 다시 말해 맡은 프로젝트를 완성했다. 그들은 결과물을 만들어냈고 그 과정에서 귀중한 경험을 얻었다. 당신이 이런 일을 처음 했을 때를 돌아보라. 지금으로서는 상상도 못할 방식으로 일을 망치곤 했을 것이다. 위 시나리오에서 당신은 줄리의 팀이 다음 프로젝트에서 A학점을 받을 수 있는 가능성을 끌어올렸다.

당신이 능숙하게 거뜬히 해낼 일을 누군가에게 전적으로 위임하는 것은 그 사람의 능력을 신임한다는 확실한 증표다. 이것은 팀 내에서 신뢰를 구축하는 근본적인 방법 중 하나다. 실무에서 손을 떼는 것은 어렵고 성공을 보장할 수도 없다. 그러나 리더로서 당신과 다른 사람들의 성장은 뗄 수 없는 관계다. 리더는 다른 사람을 성장시킴으로써 성장한다.

리더십을 확장시키는 기본 기술

위임을 리더의 결정적인 명예 배지로 꼽는 또 다른 이유는 확장 가능한 기술이기 때문이다. 관리자일 때와 임원일 때 필요한 위임 유형은 다를 것이다. 리더의 역량을 담금질할 수 있는 위임 기술의 고급화된 버전을 선보이려면 리더는 그것에 상응하는 고도화된 리더십 기술을 개발해야 한다.

지금부터 소개할 리더의 로드맵은 내가 예전 직장에서 작성했던 리더의 경력 경로에서 발췌했다. 이 내용은 각각의 경험 수준에서 위임 행위를 설명한 내 나름의 정의다.

- **일선 관리자**: 명확히 정의된 작은 프로젝트를 관리 감독이 많이 필요한 팀의 구성원에게 위임하라.

- **고위 관리자**: 중요한 프로젝트를 관리 감독이 약간 필요한 팀의 구성원에게 위임하라.

- **임원**: 대규모 프로젝트를 관리 감독이 거의 필요하지 않은 팀이나 그 구성원에게 위임하라.

- **고위 임원**: 대규모의 복잡한 프로젝트를 관리 감독이 거의 필요하지 않은 팀이나 그 구성원에게 위임하라.

- **경영자**: 대규모의 복잡한 프로젝트를 사내나 외부에서 관리 감독이 거의 필요하지 않은 교차 기능 팀에 위임하라.

이 로드맵은 당신이 리더로 성장하는 과정에서 개발되는 세 가지 기술을 보여준다.

- 팀과 각 구성원의 관리와 감독 강도를 측정하는 기술
- 프로젝트의 규모와 복잡성을 평가하는 기술
- 프로젝트를 수행할 팀의 인적 구성과 규모를 판단하는 기술

내가 자주 듣는 관리자에 대한 전형적인 불만은 이렇다. "관리자는 도대체 온종일 무슨 일을 하나요?" 당신은 좋은 관리자가 무슨 일을 하는지 아는가? 좋은 관리자는 자신의 책임 접시에 올라오는 거의 모든 일을 팀 구성원들에게 위임한다. 왜냐고? 그들의 역할은 프로젝트를 직접 추진하는 것이 아니라, 그 프로젝트를 맡아서 성공적으로 추진할 팀을 구축하는 것이기 때문이다.

누군가에게 위임하는 것은 결코 쉬운 일이 아니다. 혼란스럽고 힘들다. 오늘날의 당신을 만들어주었을 일을 손에서 내려놓는 것과 같으니 혼란스럽고 힘들지 않다면 이상한 일이다. 지금까지 당신은 주어진 일을 수행하며 축적한 경험으로 리더가 될 수 있었다. 이제는 누군가가 그런 경험을 하도록 판을 깔아줄 차례다. 위임은 리더를 성장시키는 방법이 아니다. 오히려 팀 내에서 새로운 리더를 육성하는 방법이다.

12장

인사가 만사,
시작은 채용부터

나는 이제껏 많은 엔지니어링 관리자들과 일해왔다. 그중 채용 분
야에서 최고로 손꼽히는 관리자가 있다. 사만다는 불가능할 거라고
생각했던 채용을 보란 듯이 성사시켰다. 심지어 한 번이 아니라 두
번씩이나 꿈의 인재를 데려왔다. 사만다의 비결은 무엇이었을까?
아래의 일화를 보고 직접 판단해보라.

나: 우리는 iOS⁴ 팀을 구축할 필요가 있습니다. 우리 회사에 훌륭한 엔지니어가 많은 것은 알지만 현재의 팀에게 iOS 훈련을 시킬 시간이 없습니다. 외부에서 채용하는 것이 더 빠르지 싶습니다.

사만다: 좋은 생각이네요. 생각하고 있는 사람이 있을까요?

나: 완벽한 적임자가 한 사람 있긴 합니다. 하지만 우리가 그를 영입할 가능성은 없을 겁니다. 업계에서 알아주는 훌륭한 iOS 전문 엔지니어인 데다 가르치는 일도 대단히 잘하는 사람입니다. 그가 와준다면야 엄청난 횡재죠. iOS 팀을 구축하는 완벽한 출발점이 될 겁니다. 우리에게 꼭 필요한 사람입니다.

사만다: 그토록 완벽하다면 그 사람을 채용하면 되지 않을까요?

나: 어려울 겁니다. 모든 업계에서 그 사람을 영입하려고 안달이 났거든요.

승산이 전혀 없다고 생각했던 나는 그를 채용하겠다는 희망을 아예 포기하고 있었다. 그런데 석 달 후 불가능해 보였던 일이 내 앞

---

4 옮긴이_ 2007년에 애플이 아이폰, 아이팟, 아이패드 등의 모바일 운영체제로 공개하여 2010년 6월까지는 iPhone OS로 불렸다.

에 펼쳐졌다. 나는 그에게 보낼 입사 제안서에 서명했다. 그리고 두 달 후 똑같은 일이 재연되었다. 채용하고 싶지만 공산이 없어 보이는 인재를 사만다에게 슬쩍 언급했는데, 얼마 지나지 않아 그 엔지니어가 우리 회사의 식구가 된 것이다.

오해하기 전에 몇 가지를 짚고 넘어가야겠다. 모종의 '반칙'이 있었을 거라고 의심하는 사람도 있을 듯하다. 엔지니어에게 엄청난 연봉을 제시한 게 아니냐고? 하늘에 맹세코 그렇게 하지 않았다. 통상적인 임금 수준을 제공했을 뿐이다. 혹은 그들에게 지극히 매력적인 역할을 약속했을 거라고 생각할지도 모르겠다. 이 또한 진실이 아니다. 우리의 제안은 단순 명료했다. 유능한 엔지니어들과 손발을 맞춰 iOS 애플리케이션 첫 번째 버전을 개발해 달라는 것이 전부였다.

다시 한번 강조하지만 어떤 술수도 반칙도 없었다. 그렇다면 채용의 비결은 무엇이었을까? 채용을 일상적인 업무로 만들어 매일 시간을 투자하는 것이다.

채용의 첫 단추, 시간을 투자하라

조직에 필요한 인재를 뽑고 싶다면 지금부터 소개하는 규칙으로 채용의 첫 단추를 꿰야 한다. 팀 내에 공석이 생길 때마다 채용과 관련된 활동에 건당 매일 한 시간을 투자할 필요가 있다. 그러나 충원이 필요한 인원이 아무리 많아도 일과의 최대 50퍼센트를 넘겨서는 안

된다. 충원이 필요한 공석이 없다고? 그렇다고 해도 당신이 채용과 관련해 정기적이고 지속적으로 해야 하는 중요한 일이 있다. 이것에 대해서는 나중에 자세히 알아본다.

잠시 위 문단을 찬찬히 음미해보자. 현장에서 발로 뛰는 일선 엔지니어링 관리자 중에는 위 문단에 충격을 받을 사람이 많을지 모르겠다. '내 시간의 절반을 투자하라니, 말이 되는 소리야? 설마 진심은 아니겠지.' 아니, 진심이다. '그러나 우리 회사에는 유능한 채용 전담 부서가 있는걸.' 그런 조직이 있다면야 더없이 좋다. 업무가 한결 수월해질 것이다. 하지만 채용과 관련된 일에 업무 시간의 최대 50퍼센트를 투자해야 한다는 사실은 변함이 없다. 왜 굳이 그렇게까지 해야 하냐고?

인사가 만사라는 말도 있고, 리더로서 당신은 건강하고 생산적인 엔지니어링 팀을 구축하고 유지하고 싶을 것이 아닌가. 이를 위해 당신이 할 수 있는 일은 많다. 무엇보다 팀에 적합한 인재를 발굴하고 모집하며 설득하고 실제로 채용하는 일이 당신 입장에서는 가장 중요할 것이다. 팀원 각자는 팀이 하는 모든 일에 책임을 질 뿐만 아니라 팀 문화의 심장박동과 같은 역할을 수행한다. 이 책은 IT 조직의 문화 이야기에 많은 지면을 할애한다. 하지만 어떤 조직이건 문화의 본질은 같다. 문화란 실제로 일을 하는 실무자들이 구축하고 살뜰히 챙겨야 한다는 것이다. 리더로서 문화를 형성하는 당신의 능력은 그 문화에 합류할 다양한 인재를 채용하는 능력과 상관관계가 있다.

지금부터 좀 더 자세히 알아보자.

초보도 달인으로 만들어주는 채용의 기본 공식

채용이 어떻게 이뤄지는지 이해하는 좋은 방법은 채용 과정의 모든 단계를 철저히 파고드는 것이다. [그림 12-1]은 채용 과정을 간략히 정리한 것이다.

랜즈 소프트웨어 컨소시엄Rands Software Consortium이라는 가상의 조직[5]이 직원들을 채용한다고 가정하자. 아래의 그림은 채용의 각 단계를 설명하는 깔때기 도표funnel chart다. 나는 깔때기 도표를 즐겨 사용한다. 특정 정보를 일목요연하게 분석할 수 있는 다양한 렌즈를 만드는 데 유용해서다. 채용은 다음의 일곱 단계로 구성된다.

서류 지원

개인이 특정한 역할에 지원서를 제출하거나, 내부 또는 외부에서 추천을 받는다.

---

[5] 다시 말하지만 가상 시나리오이고 당연히 데이터도 가짜다. 그러나 경험에 기반한 데이터다. 나는 이 가상의 회사와 관련해 두 가지를 가정한다. 첫째, 기존 직원이 500명 남짓이다. 둘째, 성장가도를 달리는 중이고 신규 채용 예상 인력은 100명 이상이다. 당신의 회사나 팀은 이 가상의 회사와 성장 단계가 다를 것이다. 하지만 여기서 소개하는 채용 전략의 많은 부분은 당신의 회사와 팀에도 효과적일 것이다.

서류 심사

일차 서류 심사 과정을 진행한다.

실전 테스트

좀 더 엄격한 심사 과정을 거친다. 지원자의 기술 능력을 파악할 단서를 수집하기 위해 코딩 과제를 내거나 전화 면접을 실시하는 것도 고려할 수 있다.

면접

공식적인 면접 과정이 시작된다.

초청 면접

본사 건물에서 면접을 진행한다.

입사 제안

입사를 제안한다.

채용 확정

입사 제안을 수락한다.

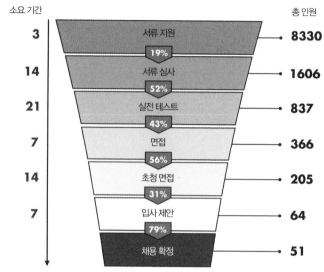

소요 기간   총 인원

소요 기간	단계	총 인원
3	서류 지원	8330
14	서류 심사 (19%)	1606
21	실전 테스트 (52%)	837
7	면접 (43%)	366
14	초청 면접 (56%)	205
7	입사 제안 (31%)	64
	채용 확정 (79%)	51

그림 12-1 깔때기 도표로 정리한 전형적인 채용 과정

　이 시나리오에서는 서류 전형에서 채용 확정까지 대략 6개월
이 소요된다. '소요 기간' 숫자는 각 지원자가 각 단계에서 며칠을 소
요했는지를 평균 일수로 나타낸 것이고, 백분율로 표시된 숫자는
각 단계를 통과한 지원자 비율을 말한다. 그리고 맨 오른쪽의 '총 인
원'은 전체 채용 과정에서 단계별 총 지원자수를 나타낸다.

　시간의 50퍼센트를 어디에 써야 하는지 궁금하겠지만 잠시만
참아보자. 그 전에 당신이 해야 할 일이 있다. 채용 팀과 반드시 다
음 두 가지 사항을 합의하는 것이다.

1. 채용 과정의 전 단계에 합의한다. 위의 도표는 예시일 뿐이다. 당신 조직의 채용 절차는 다를지도 모르겠다. 위의 도표와 다른 단계가 있다면 어떤 것인가? 지원자는 특정한 단계를 어떻게 시작하고 종료하는가?

2. 첫 번째 사항에 합의했다면, 이런 채용 정보에 쉽게 접근할 수 있도록 만든다.[6]

모든 데이터로 완벽히 무장한 이 과정이 순조롭게 진행된다면, 당신은 채용 과정의 다른 부분들이 얼마나 효율적인지를 배우고 정보에 입각하여 질문할 수 있다. "지원자들이 가장 많은 시간을 보내는 단계는 어떤 것이고 이유가 무엇입니까?", "우리는 코딩 실전 테스트와 면접을 통해 지원자의 능력을 가늠할 가장 확실한 단서를 얻습니다. 따라서 그 단계의 합격률을 낮춰야 하지 않을까요?", "각 지원자가 채용 과정의 각 단계에서 소요하는 시간이 얼마입니까?", "그들에게 그런 경험이 꼭 필요할까요?" 등등이다.

12장에서는 당신 조직에 유능한 채용 전담 팀이 있다고 가정한

---

6 대개는 이 부분에서 전체 채용 과정이 허물어진다. 무엇보다 당신은 제품을 만드느라 바쁘고 채용 담당자는 채용하느라 바쁘기 때문이다. 더욱이 채용 정보에 터무니없을 만큼 쉬운 접근성을 제공하려면 유연한 도구들이 지원하는 엄격하고 철저한 절차를 거쳐야 하기 때문이다. 만약 이런 일이 처음이라면, 엔지니어 두어 사람에게 일 년 기한으로 이 프로젝트를 맡길 것을 권한다.

다. 채용 과정에서 당신의 역할을 제대로 수행하기 위해서는 채용 담당자들이 반드시 필요하다. 그들의 역할에는 전체 채용 과정이 얼마나 효율적인지는 물론이고 매 단계에서 각 지원자의 상태에 대해 명확하고 일관된 관점을 제공하는 것도 포함된다. 당신은 채용 담당자들과 긴밀히 소통해야 한다. 관련 데이터를 손에 쥘 때 당신의 시간을 어디에 투자할지 이해하기가 한결 수월해진다.

발견하고, 이해하며, 만족시키라

12장은 전통적인 채용 과정을 다루지 않는다. 또한 당신이 수행 중인 익숙한 채용 업무와도 접점이 없다. 그렇다면 12장의 주제는 무엇일까? 바로 채용 업무에서 당신이 **간과하는** 부분을 집중 조명하는 것이다. 여기서 다룰 신개념의 채용 과정을 **엔지니어링 채용 파이프라인**engineering recruiting pipeline이라고 하자. 이 파이프라인은 앞서 내가 소개했던 깔때기 도표의 맨 위에 놓인다. 엔지니어링 채용 파이프라인에서 각 단계는 지원자의 진척 상황을 측정하는 방법이 아니라 **채용 과정 동안 변화하는 지원자의 마음 상태**를 기준으로 나뉜다. 이처럼 독특한 엔지니어링 채용 파이프라인의 일부로 내가 고려하는 단계는 세 가지다. 발견, 이해, 만족이다.

발견

먼저, 발견 단계는 당신의 조직에 부합하는 자격을 갖추었지만 아직 당신의 팀과 회사가 제공할 기회에 대해 아직 알지 못하는 지원자의 마음 상태를 일컫는다. 그런 지원자를 찾아내 그들이 당신의 회사에서 당신과 함께 일하고 싶은 욕구를 발견하도록 도와주는 것이 당신이 할 일이다.

채용 용어로 그런 지원자를 찾는 사람을 **인재 발굴 담당자** sourcer라고 한다. 그들의 임무는 당신의 직무 기술서job description를 살펴보고 딱 맞는 후보를 발굴하는 것이다. 인재 발굴자들은 그물을 가능한 한 넓게 펼치고 가능한 한 많은 유자격 후보군으로 깔때기를 끝까지 채운다. 한편, 발견 단계에서 인재 발굴은 당신의 임무이기도 하다. 게다가 당신은 인재 발굴 담당자보다 더 유리한 두 가지를 지녔다. 첫째, 해당 직무를 상세히 알고 있으므로 시간을 좀 더 집약해 사용할 수 있다. 둘째가 더 중요한데, 그 일에 맞는 잠재적인 후보들과 직접 일해본 경험이 있을 공산이 크다. 그런 경험을 활용하려면 어떻게 하는 것이 좋을까? 함께 일하고 싶은 사람들로 채용 1순위 목록Must List을 작성해두면 요긴하다.

채용 1순위 목록

이제껏 함께 일해본 사람 중에 다시 손발을 맞춰보고 싶은 사람을 빠짐없이 열거해 목록을 작성하라. 당신은 **무슨 일이 있어도** 그들과 다시 뭉쳐야 한다. 새 파일을 만들어 이름을 적으라. 목록이 길어지면, 여러 방식으로 쪼개고 나눠 목록을 세분화하는 것도 좋다. 그렇게 하면 다양한 데이터를 손쉽게 확인할 수 있을 것이다.

떠오른 사람의 이름을 전부 목록에 적으라. 엔지니어든 아니든 상관하지 말고 그냥 떠오르는 이름을 전부 적으라. 그들이 당신과 다시 일하고 싶어할지 아닐지도 지금은 생각하지 마라. 이름, 현재 근무처, 현재 맡은 역할 등은 물론이고 그들을 목록에 적은 이유도 기록하라. 목록을 작성한 다음에는 하루 정도 '묵혀 두었다'가 다시 살펴보자. 중요한 사람의 이름을 빼먹었을지도 모른다.

나는 채용 1순위 목록을 두 가지 방식으로 활용한다. 첫째, 우리 팀에 빈자리가 생길 때마다 목록 파일을 열어 그 자리에 어울릴 만한 사람이 있는지 살펴본다. 그런 다음 이메일이나 문자로 친근함을 담아 짧은 메시지를 보낸다. "안녕하세요? 잘 지내시죠? 우리 팀에 당신한테 딱 어울리는 빈자리가 생겨 연락 드립니다. 당신과 다시 함께 일할 기회가 있었으면 좋겠습니다. 커피 한잔 어떠신가요?" 대부분의 경우, 최근에 연락을 주고받은 적이 있든 없든 그리고 상대방이 내가 제안한 자리에 관심이 있든 없든 일단 만나게 될 것이다. 그 정도의 시간을 투자할 만큼 **우리는 친분이 있는 사이**이기 때문이다. 게다가 십중팔구 그들은 현재의 자리에 만족하고 있다. 그렇더라도 우리 팀의 빈자리에 어울릴 만한 또 다른 사람을 알고 있는 경우가 종종 있다. 드물지만, 매우 희박하지만, 그 사람이 실제로 면접을 보러 올 수도 있다. 어쨌든 그 사람을 만나고 돌아온 후 나는 파일 목록에 최신 정보를 업데이트한다. 최근에 연락한 일자, 현재 상태, 다음 단계, 그들의 현재 맥락에 대한 설명 등을 기록한다.

내가 채용 1순위 목록을 활용하는 두 번째 방식은 매월 한 번씩 정기적으로 검토하는 것이다. 우리 팀에 적절한 빈자리가 있건 없건, 거의 매달 목록을 살펴보고 지난 석 달 동안 연락하지 않은 사람이 있는지 확인한다. 이메일을 보내볼까? 안 될 거 없지. "안녕하세요? 잘 지내시죠? 커피 한잔 어때요?" 이번에도 그들은 이직에 관심이 없다. 하지만 행여 이직을 고려하는 사람이 있다면, 나는 그 사람을 데려오기 위해 산도 옮기겠다는 각오로 할 수 있는 모든 노력을 다할 것이다.

발견 단계에 투자하는 시간 대비 수익률return on time invested (ROTI)은 다음 두 단계에 비해 훨씬 낮게 느껴질 것이다. 진척 상황을 측정하기가 어렵기 때문이다. 현재 내 목록에 42명의 이름이 적혀 있다. 만약 그들 중 한 사람을 우리 조직에 데려오기까지 일 년이 걸린다면, 생각만 해도 현기증이 난다. 하지만 그들은 이미 나의 인맥 안에 있기 때문에, 내가 그들을 채용할 수 있는지는 우리 관계의 핵심이 아니다. 오히려 인맥에 투자하는 시간은 언제나 채용 여부와 전혀 무관한 여러 방식으로 예상하지 못한 이득으로 돌아온다. 그들은 내 사람일 뿐 아니라 내게 딱 필요하거나 그저 내가 꼭 만나봐야 하는 누군가를 알고 있다. 그들은 흥미로운 방식으로 세상을 관찰하고 나는 그런 관찰 결과를 들을 수 있다.

발견 단계에서는 당신의 인맥 내에서 대상이 설정된 전략적 투자를 하게 된다. 당신이 그들을 목록에 포함시킨 이유는 그들이 할 수 있는 일을 당신 눈으로 직접 보았기 때문이다. 당신은 이미 그들과 유대 관계를 형성했고, 이처럼 짬짬이 시간을 지속적으로 투자하여 그 관계를 공고히 하고 재확인한다. 인맥의 가치는 연결 고리의 개수, 강도와 상관관계가 있다.

이해

발견 단계가 끝나면 이해 단계에 돌입한다. 채용 깔때기의 윗자리를 빽빽하게 채운 지원자들 중에서 서류 전형의 좁은 문을 통과한 지원자는 이제 평가 단계에 이른다. [그림 12-1]의 가상적인 깔때기 도표에서 숫자들을 눈여겨보라. 맞다. 통계적으로 볼 때 서류 심사를 통과한 지원자가 입사 제안 단계까지 이를 확률은 매우 낮다. 하지만 그들이 입사 제안을 받든 받지 않든, 당신은 그들을 이해할 의무가 있다.

이 단계에서 가장 중요한 사안은 그들의 자격 여부다. '그들이 필요한 기술을 갖췄는가?' 면접의 목적은 지원자에게서 이런 정보를 직접 수집하는 것이다. 발견 단계처럼 이해 단계에서도 지원자의 마음 상태를 고려하는 데 초점을 맞춰야 한다. 당연히 그들은 각자의 기술과 적격성에 관한 질문의 융단 폭격을 받지만 그들도 회사와 팀에 대해 궁금한 점이 많기 마련이다. '이 엔지니어링 팀은 어떤

사람들로 이뤄졌을까?', '그들은 무엇을 가치 있게 생각할까?', '그들의 목표는 무엇일까?'

숙제를 해야 한다. 지금 당장 디지털 기기를 내려놓으라. 그런 다음 면접 위원인 엔지니어를 한 명 붙잡고 위의 세 가지를 질문해보라. 그리고 또 다른 엔지니어에게 똑같은 질문을 해보라. 둘의 대답이 어떻게 다른가? 둘의 대답은 맥락이 동일한가? 그들의 주장에 설득력이 있는가?

대개의 경우 엔지니어링 팀의 문화에 대한 설명은 우연히 하게 된다. 면접을 끝내기 몇 분 전쯤 당신은 지원자에게 묻는다. "질문이 있으신가요?" 지나가는 투로 슬쩍 던지는 이런 은근한 질문에는 사실 감춰진 의도가 있다. 지원자에게서 "이곳에서 일하는 것은 어떤가요?"와 같이 평이한 질문을 유도하기 위함이다. 그렇게 되면 당신은 속으로 쾌재를 부르며 열심히 준비한 '공연'을 펼칠 수 있다. "나는 정말 만족합니다!", "우리는 어려운 문제를 해결하는 일을 하죠." 이 두 문장을 읽은 기분이 어떤가? 흥미롭지 않은가? 이런 말은 누군가의 입을 통해 들어도 흥미를 자아낸다.

이해 단계에서 당신은 지원자가 당신의 사명과 문화와 가치관을 반드시 이해하도록 만들 책임이 있다.[7] 지원자는 면접 과정의 특

---

[7] 물론 당신이 당신의 사명과 문화와 가치관을 정의했고 모두가 그런 정의에 동의한다는 전제하에 말이다.

성상 그런 사명과 문화와 가치관에 대해 어느 정도 파악하게 될 것이다. 하지만 당신은 엔지니어링 부문의 전체 이야기를 명확하게 들려줄 책임이 있고, 따라서 누군가에게 그 일을 전적으로 맡겨야 한다. 이것은 면접이 아니다. 핵심은 지원자가 입사 후에 일하게 될 환경의 구조를 분명하게 설명하는 것이다. 게다가 당신은 덤도 얻을 수 있다. 회사의 이모저모에 대해 토론하다 보면 당신도 그들에 대해 자연스럽게 알게 되기 때문이다.

지원자가 이해 단계를 통과하고 나면 다음 행보는 두 가지다. 첫째, 입사 제안을 받는다. 이럴 경우, 이해 단계에 시간을 투자한 만큼 고용 조건에 대한 대화가 순조롭게 풀리고 입사 후 새로운 환경에도 무난하게 적응해 안착하게 된다. 둘째, 입사 제안을 받지 못한다. 그래도 지원자는 이제 당신이라는 사람과 당신의 사명, 팀의 특성을 명확하게 이해한다. 채용 담당자들은 면접에 소요되는 시간을 '지원자 경험candidate experience'으로 부른다. 나는 입사 제안을 받든 그렇지 않든 이해 단계는 지원자에게 특별한 경험의 초석이 된다고 생각한다.

만족

이제 마지막 단계에 도달했다. 축하한다. 당신은 특정 엔지니어에게 입사 제안을 한다. 채용 깔때기에서 소개한 백분율 수치를 다시 살펴보면 이것이 통계적으로 거의 불가능한 성공이라는 사실을 알 수 있다. 다 된 밥에 코 빠뜨리는 일은 하지 말자.

　신참 관리자는 종종 입사 제안을 할 때 마치 채용 과정이 다 끝 난 것으로 착각한다. '우리에게 필요한 직원을 뽑았어!' 반면 경험이 많은 관리자와 채용 담당자는 끝날 때까지 끝난 게 아님을 잘 안다. '아직 저 의자에 앉기 전까지는 우리 식구가 아냐.' 당신과 채용 팀이 임무를 성실히 수행했다면 입사 제안은 형식상의 절차일 뿐이다. 당신은 이미 입사 예정자의 현재 상황과 삶의 목표를 훤히 꿰뚫기 때문이다. 고용 조건을 작성하고 제시하며 협상하는 전 과정은 매 우 중요한 주제이므로, 만약 자세히 소개하려면 온전한 하나의 장 이 필요할 것이다. 여기서는 간단히 핵심 하나만 짚고 넘어가려 한 다. 협상 과정이 예상 밖으로 힘들거나 뜻밖의 놀라운 일이 연달아 벌어진다면, 분명 당신이 지원자 경험의 어딘가에서 중대한 정보를 놓친 것이다.

　그들이 입사 제안을 받아들였다! 야호! 그래도 다 끝난 것은 아 니다. **그들이 아직 저 의자의 주인이 되지 않아서다.** 그들을 환영하 고 그들을 만족시켜주자.

　악몽 같은 시나리오는 지원자가 입사 제안을 받아들였다가 마 음을 바꾸는 경우다. 나는 이것이 직업적으로 무례한 행동이라고 생각한다. 그러나 실제로는 당신이 생각하는 것보다 이러한 낭패가 훨씬 더 자주 발생한다. 잠시 그들의 입장에서 생각해보자. 무엇보 다 그들은 기존의 직장에 미련을 버리지 못했을 가능성이 크다. 모두가 자신의 이름을 아는 데다 좋은 커피숍이 어딘지 손바닥 보듯 훤히 아는 익숙한 환경일 테니 그럴 만도 하다. 전화 면접, 원격 코딩 실전 테스트, 일일 다중 면접, 2회의 전화 통화, 수많은 이메일 교환 등을 거친 후에도 여전히 당신과 엔지니어링 팀은 그들에게 미지의 사람들이다. 한밤중에 그들의 마음에서 의심의 악마가 깨어나면 당신은 불투명한 미래의 상징이 된다. 따라서 만족 단계에서 당신이 할 일은 그들이 당신과 함께 하는 미래를 상상하도록 돕는 것이다.

당신이 이 단계에 있었던 때를 돌아보라. 그 경험을 타산지석으로 삼으라. 예전에 입사 제안을 받아들인 후 어떻게 했었는가? 누구나 입사 제안을 받아 수락하면 처음에는 구름 위를 걷는 듯 들뜨기 마련이다. 처음의 흥분이 가라앉은 후 무엇을 했을까? 입사 제안서를 다시 읽고, 급여 수준과 복지 혜택 등등 고용 조건을 다시 살펴보았다. 또한 회사 웹사이트를 뒤지며 **글자 하나하나까지** 꼼꼼하게 들여다보았다. 나는 무엇을 찾고 싶었을까? 이미 제안을 수락하고도 계속 조사한 이유는 무엇이었을까? 간단하다. 내 결정의 유불리를 면밀히 검토하는 것이었다.

입사 제안서는 중요한 문서다. 그 문서에는 급여와 혜택에 관한 확정된 세부 사항이 빠짐없이 기재되고, 이런 사실 모두가 전부 중요하다. 입사 예정자가 자신의 결정을 최종적으로 고려하는 이런 중대한 시점에 당신은 그 사람의 짐을 덜어줄 필요가 있다. 내가 진짜 입사 제안서^{Real Offer Letter}라고 부르는 문서를 제공하라. 나는 미래의 내 동료가 그 제안서를 보고 만족하기를 바란다.

나는 그들이 출근하기 일주일 전쯤 반드시 아래의 내용이 담긴 진짜 입사 제안서를 보낸다.

1. 우리 회사와 팀은 물론이고 우리가 직면한 공동의 도전에 관한 현재의 내 주관적인 관찰 결과
2. 신입 직원이 참여하게 될 가장 중요한 최고의 프로젝트 3개와 내가 그 프로젝트를 중요하게 생각하는 이유, 신입 직원이 그 프로젝트의 적임자라고 생각하는 이유
3. 신입 직원의 성장 경로를 가급적 상세히 설명한 청사진

진짜 입사 제안서에 새로운 정보가 포함되어서는 안 된다. 솔직히 그 제안서에 놀라운 깜짝 정보가 담긴다면 앞선 채용 깔때기의 어딘가에 실수가 있었다고 볼 수 있다. 진짜 입사 제안서의 목적은 채용 절차가 완벽히 끝났다는 것에 '쾅' 확인 인장을 찍고 이제는 관계를 구축하는 단계라는 사실을 명확히 하는 것이다.

지원자가 입사 제안을 수락하고 나면 대부분의 회사는 축하 인사와 선물을 보낸다. 나는 꽃, 유리 화병, 손으로 직접 쓴 축하 카드를 (감사히) 받았다. 그러나 딱 거기까지였다. 친절하고 무난한 선물이지만 생각이 짧은 선물이었다. 나는 신입 직원이 경력의 변화

를 두고 깊이 고민할 때 큰 그림을 보았으면 좋겠다. 앞으로 함께 일할 사람들과 그들의 사명을 이해하기 바란다. 아울러 자신이 새로운 환경에서 무슨 일을 할지 명명백백히 이해하고 새로운 역할이 자신의 경력에 어떤 잠재적인 이점을 가져올지 이해했으면 좋겠다.

시간의 50퍼센트를 어떻게 써야 할까?

오래 참고 기다려줘 감사하다. 이제 드디어 당신의 궁금증을 풀어줄 시간이 되었다. 인사의 시작인 채용이라는 업무는 공통의 책임이다. 당연한 말이지만 시간의 절반을 투자하지 않고도 성공적인 채용 관리자가 될 수 있다. 또한 채용 깔때기의 모든 업무는 채용 담당자 한 사람이 전담해도 딱히 문제가 되지 않는다. 솔직히 내가 사용하는 최고의 채용 방법론의 상당수는 유능한 채용 담당자들을 관찰한 결과와 그들과 함께 일한 경험을 바탕으로 한다.

내가 채용 관리자에게 당부하고 싶은 것은, 제 기능을 다하는 유능한 채용 팀이 있더라도 채용의 전 과정을 그 팀에 일임하지 말라는 것이다. 당신이 발견, 이해, 만족의 각 단계에서 배우고 발전시켜야 할 중대한 리더십 기술이 있다. 예컨대 발견 단계에서는 우연이 인연으로 이어지는 지속적인 인맥 구축의 힘을 확인한다. 이해 단계에서는 지원자의 이야기를 이해할 뿐 아니라 회사의 이야기를 들려줄 방법을 이해한다. 마지막 만족 단계에서는 입사 예정자의 걱정과 위험 회피 수준이 최고조일 때 그를 만족시킬 최고의 방법을 찾는다.

채용과 엔지니어링은 군사 용어로 전력 증대$^{force\ multiplication}$[8]에 준하는 상징적인 관계가 있어야 한다. 왜 그럴까? 그들이 하는 일이, 달리 말해 건강하고 생산적인 팀을 구축하는 일이 좁게는 당신 팀, 넓게는 당신 회사의 성패를 판가름하기 때문이다. 그러니 당신의 시간을 투자할 가치가 충분하지 않은가.

---

8 옮긴이_ 첨단 기술이나 환경적 이점 등의 요소가 군대의 전투 능력을 배가해주는 효과를 말한다.

13장

뒷담화와 소문 그리고 거짓말

여섯 사람이 한자리에 모였다. 당신과 에번의 직속 관리자들이다. 2주 전에 에번이 폭탄 선언을 했다. "우리 지도부가 정기적으로 만나서 회사의 현안에 대해 기탄없이 토론하는 것이 좋을 듯합니다." 안건도 없이 60분 동안 난상토론을 벌이자고 제안한 것이다. 관리자들의 일정표에는 정기 회의라는 폭탄이 떨어졌고, 오늘이 그 첫날이다.

전부 여섯 명이다. 당신은 그들 모두를 잘 안다. 두 사람과는 매일 업무적으로 긴밀히 협력하는 사이고, 다른 두 사람과는 이따금씩 중요한 프로젝트를 공동으로 진행한다. 그리고 나머지 두 사람과는 복도에서 마주치면 친근하게 이름을 부를 정도의 친분이 있다.

에번은 회의를 시작하면서 일대일로 만나 했던 말과 회의 초대장에 적은 말을 앵무새처럼 되풀이했다. 우리 지도부가 정기적으로 만나서 어쩌고 저쩌고 등등. 에번의 무미건조한 발언이 끝난 후, **모두가 그저 꿰다 놓은 보릿자루처럼 앉아 있다.** 누구 하나 입을 떼지 않는다.

당신의 첫 번째 직원 회의 모습이 어떨지 궁금하다. 부디 이와는 다르길 바란다.

직원 회의는 언제 시작해야 할까?

나는 자타공인, 일대일 회의가 한 주에서 가장 중요한 일이라고 생각하는 사람이다. 간발의 차로 그 뒤를 잇는 중요한 회의는 직원 회의다. 내가 일대일 회의를 직원 회의보다 더 높이 평가하는 데는 두 가지 이유가 있다. 신뢰 구축과 신호의 품질이라는 두 측면에서 더 효과적이기 때문이다. 제대로 운영되는 정기적인 직원 회의에 지속적이고 복합적인 이득이 있음은 틀림없다. 팀 구축, 효율적인 정보 전달, 건전한 토론 등의 이점이 가장 먼저 떠오르지만, 이 외에도 여러 이득이 있다.

먼저 정의부터 알아보자. 나는 직원 회의를 '팀이나 제품 또는 회사나 문제를 대표해서 함께 모인 리더들의 정식 모임'이라고 정의한다. 글자수가 많다. 더 간단하면서 더 직선적으로 정의해보자. '직속 직원들과의 회의'.

대단하다! 당신에게 직속 직원들이 생겼다. 그러니 이제 당신은 직원 회의를 열어야 한다. 아마도 그래야 하지 않을까?

첫 직원 회의를 열 것인지 말 것인지 고민이 된다면, 아래 항목을 자문해보자. 분별 있는 판단이 가능해질 것이다.

- 직속 직원이 몇 명인가? 두 명? 그렇다면 업무 회의는 필요하지 않다. 직원이 세 명 이상인 사람만 다음 질문으로 넘어가자.

- 직속 직원 중에 함께 일하는 직원은 몇 명인가? 전체 직원의 절반 이상이라면 직원 회의를 고려하자.

- 직속 직원 중에 관리자를 직속 직원으로 둔 사람이 있는가? 그렇다면 당신은 한참 전에 직원 회의를 시작했어야 했다.

- 팀이 지난 6개월 동안 얼마나 성장했는가? 25퍼센트를 넘었는가? 그렇다면 직원 회의를 시작하자.

- 지난 한 달 동안 당신이 다룬 소소한 일 중에서 팀원들이 서로 소통했더라면 해결되었을 일이 얼마나 되는가? 그런 일이 당신이 용납할 수 없을 정도로 자주 일어난다면 당장 직원 회의를 열으라.

- 최근에 연쇄적으로 폭증한 무언가가 있었는가? 그렇다면 직원 회의를 시작하되, 아직은 그런 일로 정기적인 회의를

열 필요는 없다.

회의에 대한 선의의 반감

당신이 시도한 첫 직원 회의가 어떤 모습일지 눈에 선하다. 아주 조용할 것이다. 이는 자연스러운 일로 걱정하지 않아도 된다. 회의 자체에 대한 선의의 반감과 생소함이 뒤섞인 유쾌한 합작품일 뿐이다. 13장의 서두에서 예로 들었던 가상 시나리오로 돌아가보자. 에번은 처음부터 회의 분위기를 끔찍하게 만들었다. 그가 회의에서 최악의 실수를 저질렀기 때문이다. 바로 의제가 없는 회의다.

회의 의제에 관한 이야기를 하기 전에, 회의에 반드시 필요한 역할부터 알아보자. 순조롭게 진행되는 직원 회의에서 95퍼센트는 견실한 대화와 토론으로 이뤄진다. 여기서 가장 중요한 단어는 '**견실한**'이다. 참석자 대부분이 대화에 참여하고 대화가 예상치 못한 방향으로 이끌리는 것은 회의가 성공적으로 진행되고 있다는 청신호다. 반면 예상치 못한 방향이 통찰이나 가치를 끌어내지 못하는 것은 대화를 책임지고 주도하는 사람이 없다는 적신호다. 이럴 경우에는 회의 진행자Meeting Runner가 필요하다.

회의 진행자는 의제를 정하고 회의 진행을 관장하는 두 가지 일을 한다. 아직은 회의 의제에 관한 이야기를 할 때가 아니다. 지금은 회의를 관장하는 일에 집중해보자. 회의 진행자는 회의 전반에 걸쳐 수시로 중요한 결정을 해야 하는 책임이 있다. 무엇일까? **특정**

한 대화의 맥락이 더 이상 충분한 가치를 창출하지 못하는 때를 결정하는 것이다. 이는 미묘한 뉘앙스를 포착해야 하는 까다로운 책임이다. 하지만 대화를 관리하는 회의 진행자가 없다면, 직원 회의는 의욕만 앞서고 방향을 잃어 표류하다가 난파될 수도 있다. 다행히도 회의 진행자가 이런 사태를 막기 위해 재량으로 꺼내들 무기가 있는데, 앞서 말한 의제다. 그러나 아직도 의제 이야기를 할 때는 아니다.

회의 진행자의 역할은 해당 회의를 소집한 사람이 맡는 것이 일반적이다. 그리고 대부분은 회의 진행자가 그 팀의 책임자다. 또한 책임자라는 자리가 대개의 경우 회의를 효율적으로 이끌 입지를 제공한다.

순조로운 회의를 위해 필요한 두 번째 역할은 회의 서기Meeting Historian다. 명백히 정의하기가 곤란한 이 역할은 처음 몇 번의 회의에서는 필요하지 않다. 그런 회의는, 말하자면 참석자들이 서로를 알아가는 탐색기다. 그러나 장기적으로 볼 때 서기는 회의에서 꼭 필요한 역할이다. 서기의 주된 임무는 **회의에서 오가는 대화의 맥락을 포착하는 일**이다. 회의에서 언급된 말을 모조리 기억해야 하는 것은 아니다. 참석자들이 논의한 주요 주제와 요점만 알면 충분하다. 요컨대 행동 방침, 유의미한 의견과 아이디어, 농담 등은 서기가 반드시 포착해야 한다.

회의 서기의 역할과 책임에는 분명한 한계가 따른다. 첫째, 회의 진행자가 서기를 겸해서는 안 된다. 진행자는 회의가 올바른 방향으로 나아가도록 관리하는 데 오롯이 집중해야 하기 때문이다. 둘째, 서기는 회의록의 편집 방향이나 큐레이션curation[9]에 대한 책임이 없다. 그들의 역할은 단순히 유의미한 모든 것을 포착하는 것이다. 자칫 수월한 일처럼 보일 수도 있다. 그러나 회의 서기의 역할은 회의 시간에만 국한되지 않는다. 회의가 끝난 후 그런 정보를 조직 전체에 전달하는 일도 서기의 몫이다. 아직도 쉬운 일처럼 생각되는가?

'잠깐만, 뭐라고?'

회의의 전후 사정에 의해 사람들은 복잡다단해진다. 회의에 참석했는데 회의가 기대를 충족해주지 못할 때는 화가 난다. 또 자신이 반드시 참석해야 한다고 생각한 회의에 초대받지 못해도 분노한다. 이런 불확실한 상황도 문제지만 더 커다란 문제가 있다. 회의 참석자가 일곱 명이 넘을 때 회의의 효율이 인원수에 반비례한다는 점이다. 이 둘을 종합하면 결론은 명백하다. 당신은 복잡한 일련의 제약 조건의 노예가 된다. 미쳐 팔짝 뛰겠다고? 병을 줬으면 약을 달라고? 다행히도 이 문제를 해결할 단순한 방법이 있다. 그러나 이 방법은 동시에 논란도 야기한다. 바로 모든 회의에 서기를 지정하

---

9   옮긴이_ 수집한 정보를 분류해서 특별한 의미를 부여하고 가치를 재창출하는 행위를 이르는 말이다.

고 그가 취합한 정보를 회사 전체에 공개하는 것이다.

가령 회의가 잦은 편인데 회의에서 있었던 중요한 사항을 회사 전체와 공유해야 한다는 생각만으로도 모골이 송연해진다면, 이 문제에 대해 고민해보길 바란다. '회의의 논의 중에서 공유할 수 없는 것은 무엇일까?' 당연한 말이지만, 서기는 요약된 회의록을 조직 전체에 공개하기 전에 개인에 관한 기밀 정보는 물론이고 누가 봐도 기밀이 분명한 회사 정보를 회의록에서 삭제할 것이다. 그런데도 아직 마음이 놓이지 않는다고? 솔직히 나는 그런 불안함은 이해가 잘 안 된다. 회의 내용 중에 불참한 팀원들과 공유할 수 없는 것이 무엇인지 잘 모르겠다.

회의는 권력 구조를 생성한다. 그리고 의도했든 하지 않았든 회의는 신분의 척도가 된다. "이번 회의에 참석하세요? 참석하지 않으신다고요? 저는 이번 회의에 참석하기로 되어 있습니다." 앞서 소개한 목록에서 타당한 이유를 찾았다면 회의를 시작해도 좋다. 회의를 시작하고 처음 석 달은 하던 대로 그대로 하면 된다. 문제는 회의를 시작한 지 일 년 이상이 지났을 때 불거진다. 만약 회의를 시작한 당시의 타당한 명분이 사라졌다면, 그런데도 당신이 한때 중요했던 회의를 순전히 관습적으로 계속하고 있다면 상황이 복잡하게 꼬인다.

예외 없는 규칙이 하나 있다. 사람들은 정보가 없으면 그 공백을 진실과는 거리가 먼 최악의 시나리오로 메운다. 당신이 회의를 시작하고 이 년째에 접어들었는데도 아직까지 회의록을 공유하지 않는다면 어떻게 될까? 보나마나다. 회의에 불참했던 사람들은 회의에서 무슨 일이 벌어졌는지에 관해 가장 흥미로우면서도 일말의 진실도 없는 이야기를 하게 될 것이다. 말했지 않은가, 예외 없는 규칙이라고. 하지만 오해하지 마라. 그들이 참석하지 못한 것에 악의를 품고 분풀이하는 것은 아니다. 그저 그들은 회의에서 무슨 일이 있었는지 전혀 모르고, 그래서 회의의 이모저모를 나름대로 유추해 떠벌릴 뿐이다.

회의록을 공유하라. 그러자면, 회의록을 공유하기 전에 스스로에게 물어볼 수밖에 없다. "이 일을 해야 할 가치가 있을까?"

회의에서 다룰 핵심 의제

드디어 회의 의제를 꺼낼 때가 되었다. 회의의 종류를 불문하고 모든 회의가 다뤄야 하는 핵심 의제는 세 가지다.

- 최소한의 성과 측정 기준
- 팀에서 저절로 나타나는 무작위적 주제
- 뒷담화와 소문 그리고 거짓말

최소한의 성과 측정 기준은 회의에 참석한 집단이 반드시 정기적으로 검토해야 하는 성과 측정 기준 목록이 되어야 한다. 내가 최소한의 성과 측정 기준을 회의 의제로 추천하는 이유는 그 기준이 전체 회의의 기조를 놓기 때문이다. 당신은 어째서 이 시점이 직원 회의를 시작할 적기이고 이런 일련의 상황이 직원 회의를 시작할 타당한 의제라고 결정했는지 정확히 알아야 한다. 그렇지 않으면 당신이 검토할 성과 측정 기준이 어떤 것인지에 대해 내가 해줄 말은 거의 없다.

회의 참석자들은 어떤 성과 측정 기준에 책임을 져야 할까? 매출? 애플리케이션 성능? 보안 사고? 보고된 중대한 버그 개수? 이 외에 성과 측정 기준은 끝없이 많다. 그리고 회의를 시작한 초기에는 성과 측정 기준을 명확히 정의하지 않아도 괜찮다. 하지만 한 달이 지난 후에도 여전히 어떤 성과를 측정할지 결정하지 못한다면 애초에 회의를 소집할 필요가 있었는지 의심해봐야 한다. 당신은 어떤 문제를 해결하고 싶은가? 이 말을 오해하지 말기 바란다. 회의를 소집한 것이 미숙한 판단력에서 나온 섣부른 결정이라는 뜻이 아니다. 다만, 검토해야 하는 측정 가능한 일련의 성과를 명확히 정의하지 못한다면 사람들이 정기적으로 만날 이유가 있는지 따져보라는 '충언'으로 봐달라.

가령 참석자들에게서 특정한 이야기를 듣는다고 하자. 당신은 문뜩 궁금한 것이 생긴다. 이럴 경우 당신은 일련의 적절한 성과 측정 기준을 찾았다는 생각이 들 것이다. "지난 주 전체 매출은 X백만 달러이고, 경상 수익recurring revenue 증가분은 Y천 달러입니다. 그 전 주의 매출과 경상 수익 증가분은 A백만 달러와 B천 달러였나요?

그렇다면 매출과 경상 수익에 커다란 변화가 있었다는 건데, 그 이유가 무엇일까요?" 이런 건설적인 질문과 토론은 참석자들을 몰입시키고, 대화 진행 방향의 기본 틀이 된다. 그리고 몇 주 후 결론에 이른다. "트래킹이 증가한 덕분에 매출과 경상 수익이 동반 상승한 것입니다. 이제 이 이야기는 그만하죠." 그러나 석 달이 지나도록 전혀 진척 없이 제자리를 맴돈다면 결론은 둘 중 하나다. 잘못된 성과 측정 기준을 선택했거나 회의를 개최할 타당한 명분이 사라진 것이다.

팀에서 저절로 나타나는 무작위적 주제는 회의의 핵심이다. 처음 몇 번의 회의에서는 리더인 당신이 직접 의제를 설정할 필요가 있다. 의제를 정하기가 어려워서는 안 된다. 어차피 사람들을 한데 모은 절박한 이유가 있지 않은가. 1차, 2차, 어쩌면 3차 회의까지는 당신이 그 절박한 이유를 해결하기 위해 의제를 정할 수도 있다. 하지만 그런 회의를 마칠 때마다 이렇게 마무리해야 한다. "내가 여러분과 공유한 내용이 이 문서에 전부 담겼습니다. 다음 회의에서 다루고 싶은 의제를 추가해주기 바랍니다. 어떤 것이든 좋습니다."

그들은 아무런 제안도 하지 않을 것이다.

당신은 이번 회의를 통해 사회 구조를 구축하고 구성원들 간의 정서적 유대를 형성하고 싶지만 그 바람이 실현되기까지는 시간이 걸린다. 아울러 당신은 처음 몇 번의 회의에서 의제를 정할 뿐 아니라 대화의 방향을 유지하는 데 깊이 관여할 필요가 있다. 당신은 처음 세 번의 회의에서 두 가지 상황이 전개되기를 기대한다.

- 대화가 뜻밖에 유익하고 우회적인 방향으로 흐른다. 처음 몇 번의 회의에서는 당신이 대화의 주도권을 잡을 확률이 크다. 당연하다. 당신이 리더인 데다 어떤 문제를 포착했고 그 문제를 해결하고 싶은 장본인이기 때문이다. 여기까지는 정말 잘하고 있다. 그러나 당신은 아주 신속하게 대화의 주도권을 내려놓을 필요가 있다. 내성적인 리더라면 대화의 주도권을 넘겨주는 데 아무 문제가 없을 것이다. 반면 외향적인 리더라면 자신의 이야기를 주의 깊게 들어주길 바랄 것이다. 그러나 그것은 당신의 회의가 아니라 그들의 회의다. 진정 당신에게는 모든 참석자가 각자의 경험을 공유하고 궁금한 것을 스스럼없이 질문하며 호기심을 드러내고 추진력을 발휘하는 회의가 필요하다. 한편 참석자들에게는 자신의 생각을 편안히 공유할 수 있는 회의가 되어야 한다. 리더인 당신이 말을 멈추지 않는다면 그들은 말을 시작하지 않을 공산이 크다.

- 참석자들이 의제를 자발적으로 제안한다. 당신이 의제를 요청하는 것이 아니라 그저 대화 중에 자연스럽게 의제가 나타난다. 이처럼 무작위적인 의제가 추가되는 것은 눈여겨봄직하다. 참석자 모두가 이 회의에서 실질적인 결과가 만들어진다는 사실을 인지했음을 나타내기 때문이다. 또한 회의

의 건전성을 보여주는 긍정적인 신호이기도 하다.

직원 회의는 1시간 내외로 끝나지만, 아주 긴 시간처럼 느껴진다. 그러나 회의가 순조롭게 풀리면 시쳇말로 '순삭'될 수도 있다. 당신은 별다른 노력 없이도 그 시간을 채우게 될 것이다.

그런 의제를 내가 무작위적이라고 부르는 까닭은 회의의 양호한 상태를 단순히 의제 하나로 달성할 수 없기 때문이다. 논의해야 하는 주제가 많다.

뒷담화와 소문 그리고 거짓말은 회의에서 다룰 마지막 의제이면서 회의가 풀어야 하는 영원한 숙제다. 회의를 마치기 전 5분 내지 10분을 기꺼이 의사소통의 오류를 바로잡는 데 투자할 필요가 있다. 그런 시간이 왜 필요하냐고? 내 설명을 잘 들어보라.

당신이 회의를 개최한 이유는 조직에서 지각 변동이 발생했기 때문이다. 팀이 급성장했을 수도, 회사가 방향을 선회했거나 구조조정을 단행했을 수도 있다. 또는 주요한 인사 이동이 있었을지도 모른다. 커다란 변화가 있을 때 관련자 모두를 한데 모아 "도대체 무슨 일이 있는 건가요?"라고 묻는 것은 인지상정이다. 변화에 대한 반사적인 반응이다. 게다가 이런 반응이 마땅하다고 생각한다. 사람들은 변화에 대해 토론하고 각자의 생각을 개진한다. 아울러 정보를 공유하고 고개를 끄덕이며 수긍하고 동질감을 느낀다. 그러나 이 방법은 가시적인 효과는 있으나 맹점이 있다. 애초에 회의를 소집하게 만든 문제를 해결하지 못했다. 회의는 질병의 증상이지 치료법이 아니다.

성과 측정 기준을 결정하고 무작위 의제를 설정하는 목적은 크게 세 가지다. 첫째, 대화를 통해 실행 가능한 행동 방안의 논리적 근거를 구성한다. 둘째, 불만을 표출하고 토론할 기회를 마련한다. 셋째, 실질적 대안이 될 일련의 추후 조치를 도출한다. 그럼에도 아직은 회의가 성공적이라고 안주할 때가 아니다. 마지막 숙제가 남았다. "도대체 무슨 일이 벌어진 건가요?"라고 물으라.

직원 회의의 마지막 단계는, 말하자면 안전 지대와 다름없다. 모든 참석자가 어떤 사안이든 제기하거나 무작위적인 질문을 던질 수 있어야 한다. 또는 복도를 지나가면서 또는 슬랙 메신저를 통해 속닥이는 '뒷방' 대화를 '큰방'으로 가져와 마침표를 찍어야 한다. 지각 변동적 사태에 대해 논의하기 위해 회의가 열렸어도 조직은 술렁이며 사람들은 뒤숭숭할 것이다. 조직 전반에 그 사건을 명확히 이해하지 못한 직원들이 있을뿐더러 가끔은 터무니없는 이야기가 떠돌아다닐 공산이 크다. 뒷담화와 소문 그리고 거짓말은 이제는 중대한 그 모순점을 공개적으로 드러내야 함을 알려주는 명백한 징후다. 그래야 건전한 반응을 구체화하는 일을 시작할 수 있다.

회의는 증상이지 치료법이 아니다

직장인이라면 누구나 업무에 불만이 있기 마련이다. 나도 일과 관련해 불만 사항이 많다. 그중 조직의 건전성을 갉아먹는 사내 부식성 정치corrosive politics의 출현이 가장 큰 불만거리다. 많은 사람이 함께 일하는 대규모 조직에서 내부 정치가 발생하는 것은 자연스러운 양상이다. 하지만 부식성 정치를 볼 때면 피가 거꾸로 솟는다. 다른 사람의 아이디어를 가로채고 정보를 숨기고 최고의 아이디어가 채택되는 것을 허용하지 않는 등등 제살 깎아 먹기 식의 내부 정치는 끝도 없다. 나는 내가 일하는 곳에서 그런 유형의 정치를 보게 될 때마다 분노에 휩싸인다. 싸움에서 이기려면 적을 알아야 하는 법, 나는 그런 정치의 근본 이유를 이해하는 데 많은 시간을 투자한다.

특정 기업이나 팀 내에서 발생하는 지각 변동은 불가항력적으로 변화를 수반한다. 그러나 일정한 작업 속도와 높은 기준을 유지하는 동시에 일을 완수하기 위해 부단히 노력하는 사람들은 변화를 환영하지 않는다. 변화가 생산성과 평판에 위협이 되는 까닭이다. 그들이 변화에 얼마나 강력히 반응하는지는 그들의 마음이 얼마나 불편한지에 비례한다. 그리고 불편한 마음은 변화를 유발한 원인이 해결되지 않고 지속될수록 기하급수적으로 확대된다.

회의는 이런 변화에 대처하는 수용 가능한 첫 반응으로 자리잡은 지 오래다. 회의가 핵심 사안을 다루는 까닭이다. 요컨대 회의는 팀원들이 변화에 대한 각자의 생각과 의견을 토론할 수 있는 장을 제공한다. 듣기에는 아주 **그럴싸하다.** 그러나 가끔은 회의를 싫어하는 것도 엄연한 현실이다. 하고 싶던 말을 밖으로 쏟아내면 속은 후련해지지만 그것 자체가 진정한 의미의 진전이 아니어서다.

적절한 이유로 회의를 소집했고, 유의미한 성과 측정 기준을 결정했으며, 팀에서 나온 매력적인 의제를 설정했고, 참석자 전원에게 불합리성을 제기하고 토론할 시간을 제공했으며, 회의에서 얻은 통찰을 조직 전제와 공유했다면, 당신은 팀원들이 일심으로 단결하여 핵심 사안을 해결할 기회를 준 것이다. 회의 내용을 모두와 공유하라. 그렇게 하면 의사소통 오류가 줄고 사내 정치에 대한 예방 접종이 되어 면역력을 키우는 데 도움이 될 것이다. 뿐만 아니라 예상치 못한 뜻밖의 행운이 찾아오리라.

당면한 문제를 이해하고 자신의 말을 들어줄 거라고 믿으며 결단력을 발휘할 수 있다면 어느 누구든지 회의에서 꿔다 놓은 보릿자루처럼 자리만 차지하고 있지는 않을 것이다.

14장

칭찬은 성장 촉진제

페글Peggle은 팝캡PopCap이 개발한 캐주얼 게임casual game[10]이다. 2007년에 처음 출시된 페글의 가장 큰 특징은 수십 개의 레벨로 구성되었다는 점이다(*https://youtu.be/wWMPDvUh2YI*).

레벨 하나를 정복할 때마다, 무지개가 피어나고 불꽃놀이의 향연이 벌어지며 유니콘이 튀어나오고 베토벤의 '환희의 송가Ode to Joy'가 울려 퍼진다. 이런 축제 분위기는 플레이어에게 후한 보상을

---

10 옮긴이_ 온라인에서 간단한 조작으로 짧은 시간에 즐길 수 있는 컴퓨터 게임을 통틀어 이르는 말로 복잡한 대규모의 다중 사용자 온라인 게임(massive multiplayer online role playing game, MMORPG)에 대응되는 게임이다.

제공하여 그의 기분을 좋게 해주려는 의도적인 장치다. 어떤 친구의 말마따나 "페글은 당신이 삶에서 얻을 수 있는 가장 일관되고 순수한 긍정적인 피드백을 제공할 것이다."

나는 이처럼 특정 행위를 할 때 보상을 제공하는 뇌의 영역을 자극하는 것을 페글 모먼트Peggle moment로 부른다. 온라인 게임 산업의 최대 화두 하나는 어떻게 하면 페글 모먼트를 제공하는 게임을 설계하고 개발할 수 있을까 하는 것이다. 이 방법을 찾기 위해 게임 산업은 수십억 달러를 쏟아부었다. 게임 개발자들은 플레이어를 계속 즐겁게 해주고 게임에 몰입하도록 하려면 언제 보상을 제공해야 하는지 잘 안다. 그리고 개중에는 이런 일을 유독 잘하는 게임 회사가 있다. 반면에 플레이어의 행위를 강화하는 방법에 대해 눈곱만큼도 모르는 게임 회사도 많다. 그럼에도 게임 규칙은 일방적으로 부여되고 실행되며 플레이어의 뇌에 뚜렷하고도 깊이 있게 각인된다.

더욱이 제품이든 팀이든 아니면 기업 내에서든 규칙이 선의로 (또는 악의로) 사용되는 것을 막을 길이 없다.

만족 호르몬 분출

오래전부터 게임에 대해 생각해온 결과, 좋은 게임에는 세 가지 규칙이 있다고 믿는다.

- 꾸준히 실력이 늘고 있다는 생각이 든다.
- 시기적절하고 효과적인 피드백을 통해 게임을 배우고 능숙해진다.
- 내가 이길 수 있다는 감이 온다.

먼저 고백부터 해야겠다. 나는 14장의 내용을 족히 2년간 다듬고 또 다듬었다. 게임 영역이 얼마나 방대한지 내가 원고를 끝내려 할 때마다 무력감을 통렬히 느꼈다. 하지만 편집하는 과정에서 게임의 세 가지 규칙이 건강한 팀을 구축하는 데도 적용된다는 사실을 깨달았다. 특히 두 번째 규칙이 판박이처럼 일치한다. **나는 시기적절하고 효과적인 피드백을 통해 시스템을 배우고 능숙해진다.**

그렇다. 지겨울 만큼 상투적인 말이다. 그래서 약간의 향신료를 첨가하고 풍미를 끌어올려 시적인 표현을 해보려 한다. '칭찬은 성장 촉진제다.' 좀 맛깔스러워졌는가? 오십보백보라고? 표현은 어떨지 몰라도 칭찬은 분명 정신의 성장을 앞당기는 보약이다.

칭찬은 동기를 부여하는 힘이 있다

첫 번째와 세 번째 규칙이 좋은 리더십을 발휘하고 건강한 팀을 구축하는 것과 어떻게 관련되는지에 대한 설명은 다음 기회로 미뤄야겠다. 14장에서는 칭찬의 힘에만 조명을 집중해보자. **칭찬은 누군가의 성취를 사심 없이 시기적절하고 조리 있게 인정해주는 행위다.** 칭찬의 가치를 이해하기 위해서는 앞서 소개한 페글 동영상으로 돌아가야 한다. 동영상을 재생해보라.

눈과 귀가 호사를 누리지 않았는가? 페글 게임은 오로지 당신을 기쁘게 해주기 위해 친숙한 볼거리가 가득하고 귀에 익은 소리로 둘러싸인 시각적이고 청각적인 축제를 열어준다.

인류는 사람들에게 동기를 부여하기 위해 많은 노력을 기울여왔다. 그 결과, 사람들의 발전과 성장을 돕는 온갖 종류의 소통 수단과 흥미로운 문화적 도구가 탄생했다. 일을 언제까지 끝내야 하는지를 알려주는 마감 시한, 팀이 서 있는 현재 위치가 어디이고 여기에서 저기로 가려면 어떻게 해야 하는지를 설명하는 갠트 도표^{Gantt} chart[11]가 그렇다. 나는 직설적인 사람이다. 그래서 무엇을 해야 하는지 알려주기를 좋아하는 사람들과 궁합이 잘 맞는다. 이런 모든 것, 즉 문화적 도구, 논문, 다양한 소통 방식, 심지어 위협까지도 동기를 부여할 수 있다. 반면에 게임 개발자들은 칭찬이 가진 고매한 동기 부여적 특성에 주목하고 이 특성을 적극적으로 활용한다. 예를 하나 들어보자.

---

11 옮긴이_ 프로젝트 일정을 관리하는 도구로 업무별로 일정의 시작과 끝을 그래프로 표시해 전체 일정을 한눈에 볼 수 있다.

이 책을 선택해줘서 고맙다. 이 책의 내용 하나하나는 내가 무수한 시간을 공들여 쏟아부은 결과다. 나는 내 글이 물가에 내놓은 아이인 양 전전긍긍한다. 동시에 내 글에 애증을 느낀다. 이제 나는 사람들의 반응을 궁금해하며 이 글을 세상 한복판으로 던져 넣는다. 비록 당신이 이 책을 읽고 있다 하더라도 이 글이 당신의 마음에 들었는지 아닌지를 나는 알 수 없다. 다만 내가 쓴 무언가를 읽는 데 당신이 적어도 인생의 5분 남짓한 시간을 내주었다는 사실을 알 뿐이다. 내 글에 귀중한 시간을 내준 것은 곧 내게 관심을 표한 것과 다름없으니, 이런 점에서 감사한다. 내게 관심을 보여준 모두에게 심심한 감사를 전한다.

나의 진심이 느껴지는가? 내가 진심이었으니 당신도 느끼리라 믿는다.

페글은 당신이 간단한 임무 하나를 수행할 때 즉각 보상을 준다. 그것도 당신이 엄청난 일을 해낸 양 지나치게 달콤하고 지극히 과장된 보상을 해준다. 그러나 당신은 페글의 칭찬이 진심이 아니라고 말할 수 없다. 페글의 개발자들은 진심이다. 그들은 당신이 가장 야단스럽고 가장 우스꽝스러운 방식으로 스스로의 성취를 축하하기를 바란다. 그리고 그 방식은 제대로 먹혀든다.

하지만 페글의 칭찬은 칭찬에 대한 내 정의에 완전히 부합하지는 않는다. 그것이 시기적절하고 조리 있게 성취를 인정해준다는 두 가지 조건은 충족하지만 사심 없는 이타적인 행위라고 볼 수 없어서다. 페글의 칭찬은 재미있다. 그러나 그 재미는 당신이 게임을 계속하도록 만들기 위해 의도된 것이다. 다른 말로 사심이 듬뿍 담겨 있다. 또한 재미는 이른바 행복과 쾌감 호르몬인 엔도르핀이 적절한 타이밍에 분출하게 만들지만, 이 또한 헤드뱅잉하는 유니콘을 다시 보려면 레벨 하나를 완수하라는 명령을 당신의 뇌가 내리도록 세뇌하기 위해 특별히 고안된 것이다(https://oreil.ly/oWIQH). 백문이 불여일견인 법, 유니콘이 가진 칭찬의 힘을 직접 확인해보기 바란다.

이제부터는 유익한 칭찬에 관해 고찰해보자.

칭찬의 구성 요소

앞에서 칭찬을 정의한 말을 찬찬히 다시 읽어보라. 칭찬은 누군가의 성취를 사심 없이 시기적절하고 조리 있게 인정해주는 행위다. 이제부터 중요한 요소를 하나씩 분해해보자.

먼저, 애초에 칭찬할 필요가 있는 이유는 **성취**다. 어떤 사람이 주목할 만한 어떤 일을 해냈고, 당신은 그 사실을 인정해주고 싶다. 성취의 중요성과 크기가 하나의 요소이긴 하지만, 크건 작건 칭찬은 동일한 가치를 전달한다. 당신은 팀이나 팀원이 최선을 다할 때 그 사실을 부각하고, 유의미한 행위를 인정해주고 싶다.

인정은 당신이 상대방에게 전달하려는 가치다. 그런데 당신은 어떤 방식으로 인정해주는가? 누군가가 성취를 달성한 바로 그 순간에 일대일로 칭찬하는가? 아니면 칭찬해주고 싶은 마음을 잠시 참았다가 칭찬의 효과가 극대화되도록 팀원이 모두 모인 자리에서 인정하는 편인가? 여기에는 정답이 없다. 칭찬할 때 고려해야 하는 맥락적 변수가 정말 많아서 보편적인 조언을 하기는 힘들다. 그 사람이 칭찬을 들어야 하는가? 아니면 다른 사람들이 그 사람에 대한 칭찬을 들어야 하는가? 행동으로 옮기기 전에 당신이 '어떤' 행동을 '왜' 인정해주고 싶은지를 인식하라.

시기적절하다는 요소는 가장 이해하기 쉬운 개념이다. 나는 가능한 한 빠르게 칭찬하자는 주의다. 이 즉시성이 행동을 강화하는 가장 효과적인 방법이라고 생각하기 때문이다. 우리가 여기서 칭찬을 거론하는 이유는 긍정적인 행동을 강화하기 위함이 아닌가. 가장 진부한 칭찬은 "당신이 하는 이 일은 중요합니다."라고 말하는 것이다. 칭찬의 말이 짧을수록 상대방은 칭찬 자체가 아니라 당신이 칭찬하게 만든 행위를 기억할 가능성이 커진다.

조리 있다는 개념은 정의하기가 가장 어려우면서도 가장 중심이 되는 특성이다. 먼저 끔찍한 칭찬의 예를 알아보자. "잘했습니다!"라고 밍밍하게 내뱉는 칭찬은 낙제점 같지 않은가? 비록 밍밍해도 낙제점까지는 아니다. 타이밍이 중요하다. 가령 더 할 수 없이 적절한 바로 그 순간에 "잘했습니다!"라고 말하는 것은 성취를 효과적이고 시기적절하게 인정해주는 칭찬일 수도 있다. 물론 더 나은 칭찬도 있다. 예를 들어보자.

"바쁜 와중에도 시간을 내어 Q&A에 관한 기술 개요서를 작성해줘서 고맙습니다. 당신이 개발한 기능은 아주 훌륭합니다. 덕분에 이제 우리는 테스트하는 방법은 물론이고 지원하는 방법도 더 확실히 이해하게 되었습니다."

이 칭찬은 칭찬받을 행위와 그 행위의 가치뿐만 아니라 그 행위의 영향력까지 구체적으로 표현한다. 기억에 오래 남는 칭찬을 하고 싶다면 이처럼 상세히 짚어주면 된다.

칭찬의 구성 요소 중에서 가장 미묘하게 차별화되는 특징은 **사심이 없다**는 부분이다. 이 요소는 전적으로 맥락에 달려 있다. 그래도 확실한 한 가지는 사회적 비용이나 종속관계를 의식하지 않는 칭찬이 좋다는 것이다. 혹시 '가학적 장미doghouse rose'가 무엇인지 아는가? 당신이 중요한 사람에게 실수를 하여 사과하는 뜻으로 선물하는 꽃을 말한다. 꽃 자체가 무슨 잘못이 있겠냐 마는, 상대방은 예쁜 꽃에서 당신의 실수만 보게 된다. 그것은 무심하고 공허한 선물로 오히려 신뢰를 갉아먹는다. 좋은 칭찬은 당신 자신이나 당신이 원하는 것과 관련된 말은 티끌만큼도 담기지 않아야 한다. 오직 상대방의 성취에 관한 내용만 담긴 칭찬이어야 한다.

칭찬은 경력 경로도 바꾸게 만든다

경력 경로를 결정한 순간이 언제였는가? 재앙적인 순간을 줄줄 읊어 대는 모습이 선하다. 재앙이 당신의 정신에 미친 강력한 폭발력이 여전하기 때문이다. 그래도 계속 생각해보라. 경력 경로를 바꾸게 한 몇 가지 칭찬이 생각날 것이다.

내가 맨 처음 몸담았던 스타트업에서 엔지니어링 부문의 부사장은 퉁명스럽고 딱 필요한 말만 하는 과묵한 사람이었다. 한번은 그와 함께 엔지니어링 팀의 연봉을 조정하는 일을 한 적이 있었다. 우리는 별다른 이야기 없이 엔지니어들의 업무 수행 보고서를 훑어보면서 기록된 내용을 비교하는 일에만 전념했다. 보고서를 중간 정도 살펴보았을 즈음 그가 나를 쳐다보면서 뜬금없이 말했다. 그날 그의 입에서 나온 가장 긴 말이었다. "롭, 사람들을 이해하는 능력에서는 당신을 따를 자가 없죠. 그 사실을 절대 잊지 마세요."

유익한 칭찬은 감정에 커다란 반향을 일으킨다. 마치 무지개와 유니콘으로 둘러싸일 때 느끼는 감정이다. 칭찬이 감정에 미치는 이상하고도 예측할 수 없는 영향력이 되려 우리를 칭찬 앞에서 소심해지게도 만든다. 하지만 사심 없이 선의로 사용한다면, 칭찬은 사람들이 자신의 가장 좋은 모습을 보여줄 때 그것을 품위 있게 지속적으로 인정하고 보상해줄 유익한 도구다.

15장

하기 힘든 말을 하라

나는 중대한 리더십 기술을 정리한 짧은 목록을 갖고 있다. 앞서 소개한 '고통스러울 정도로 많이 위임하라'는 기술도 당연히 그 목록에 있다. 그 기술 바로 뒤에 있는 능력은 '하기 힘든 말을 하라'다. 내가 대인 관계에서 자초한 대부분의 재앙은 하기 힘든 말을 하지 않기로 선택한 데서 비롯했다.

가령 신입 직원이 잘못된 행동을 했을 때 나는 그가 신입이라는 이유로 피드백을 제공하지 않았고 대신에 나 스스로를 다독였다. '적응할 시간을 주자. 신입 직원이라 잘 몰라서 그러는 거야.' 한 달 후 (내가 아무 말도 하지 않아서) 그 문제 행동이 고쳐지기는커녕 악화되었을 때도 나는 피드백을 주지 않았다. 이때도 자기 합리화를 했다. 어차피 조만간 공식적인 업무 수행평가 기간이 다가오니 그때 공식적으로 피드백을 주면 된다고 미뤘다.

하기 힘든 말을 하기가 어려운 것은 그런 말을 들으면 상대방의 기분이 어떨지 아주 잘 알아서다. 당신은 듣는 사람의 입장에서 생각하고 사실상 그의 반응을 헤아린다. 공감할 줄 아는 리더인 점은 높이 살 만하다. 그러나 당신의 임무는, 다른 말로 당신이 가장 우선시해야 하는 일은 팀과 팀원들이 성장하도록 돕는 것이다. 칭찬과 인정은 탁월한 성과를 강조하는 좋은 방법이다. 그러나 하기 힘든 말을 하면 언제나 상대방의 관심을 끈다.

머릿속 목소리

당신의 머릿속에서 끊임없이 작은 소리가 속삭인다. 그 소리는 당신이 지금 이 순간에 눈으로 읽는 모든 단어를 되뇐다. 당신은 그 소리의 주인이 누구라고 생각하는가? 나라고? 천만에. 당신이 그 소리에 내 목소리여야 한다고 생각하는 프레임을 덧씌웠다. 다시 말해 당신은 그 말이 내가 하는 말이라고 생각하고 싶을 뿐이다. 당신이 아무리 부정하고 싶어도 진실은 변하지 않는다. 그것은 온전히 당신이 창작해낸 것이다.

'이봐, 넌 정말 굉장해!'

이런 내면의 소리는 당신의 비위를 한껏 맞춘다. 그 소리는 당신이 경험하는 모든 것을 당신이 이해하고 받아들일 수 있는 이야기로 재해석한다. 가끔은 당신의 꿈과 희망대로 이야기를 왜곡한다. 세상을 분홍빛으로 바라보는 낙천적인 시각이 투영된다. 결코 내 사견이 아니다. 많은 연구를 통해 밝혀진 현상이며(*https://oreil.ly/Oo3bK*) 매우 보편적인 반응이다. 우리 모두는 자신의 이야기 속에서 영웅이다. 당신 내면의 소리는 세상의 이야기를 당신의 관점에서 들려준다. 그리하여 세상 이야기는 당신의 모든 경험과 연결되고 정보로 해석되며 판단력으로 진화할 뿐 아니라 가끔은 결과적으로 증강된 지혜를 창조하기도 한다.

그런데 그 소리가 순전히 틀리거나 잘못된 정보를 알리는 경우도 종종 있다. 당신이 실패할 때는 특히 그렇다.

실패할 때 당신은 곤혹스럽거나 수치심을 느낀다. 아마 화도 날 것이다. 하지만 처음의 감정적 소용돌이가 가라앉고 나면 실수를 합리화한다. 실패와 관련해 당신이 현재 아는 것을 바탕으로 받아들일 수 있는 이야기를 찾는다. 당신은 어떤 교훈을 배웠는가? 어떻게 앞으로 나아갈 것인가? 실패에 대해 사람들에게 뭐라고 말할 것인가? 이 모든 것은 당신이 이번 실패를 어떻게 규정하는지에 달려 있다.

여기서 특정한 양식을 발견했는가? 당신이 오직 내면의 소리와만 의논하고 상의한다면 중대한 데이터를 놓치게 된다. 내면의 자기 대화에 당신이 배울 기회를 박탈하려는 불순한 의도가 있어서가 아니다. 오히려 불완전하고 편견에 기운 일련의 데이터에 기반하여 대화가 이뤄지기 때문이다. 바깥으로 눈을 돌려보라. 주변에서 당신의 행동을 지켜보는 사람들이 있다. 그들은 당신의 성공과 실패를 면밀히 조사해서 바른 판단을 하는 데 필요한 맥락과 경험을 제공할 수 있다.

내면의 자기 대화가 하기 힘든 말을 하는 것과 어떤 관련이 있을까? 우리가 하기 힘든 말을 하고 싶지 않을 때, 우리 머릿속에는 똑같은 소리가 끊임없이 속삭이고 그래서 우리는 문제를 악화시킨다. '나도 이런 말을 들으면 힘들 거야. 그래서 나는 그 말을 하고 싶지 않아.' 설상가상 관리자나 직원과의 관계에서 조직이 전통적인 인센티브를 제공하는 목적은 우리가 하기 힘든 그 말을 하지 않도록 선제적으로 조치하는 것이다. 내면의 소리가 신중하게 조언한다. '그 관리자가 네 업무 수행평가 보고서를 작성하고 네 연봉을 결정해. 이는 네가 그 사람에게 그 말을 하면 안 된다는 뜻이지. 네 말을 들으면 그 사람은 분명 기분 나빠할 거야.'

그러나 이 사태는 바로잡아야 한다. 그러기 위해서는 두 단계의 순차적인 행동을 실천해야 한다. 먼저 하기 어려운 말을 하는 법을 배우고, 그런 다음 듣기 힘든 말을 적극적으로 듣는 것이다.

하기 힘든 말을 하다

피드백을 주는 연습은 신입 직원을 대상으로 시작하는 것이 좋다.

업무 관계에서 처음 한두 달은 '서로를 알아가는' 단계다. 나는 그 탐색기가 지나고 나서부터 피드백을 제공한다. 처음에는 가급적 가벼운 피드백으로 제한한다. "오늘 회의에서 당신이 이 말을 하더군요. 정말 진심이었나요?" 그리고 일대일 회의가 끝날 때쯤 같은 질문을 던진다. "내게 하고 싶은 말이 있습니까? 어떤 것도 좋습니다."

그러나 나는 어떤 말도 듣지 못한다. 이는 전혀 조바심 낼 문제가 아니다. 그들이 입을 열기까지 몇 달이 걸릴 수 있다. CEO 출신의 한 지인은 나의 끝없는 피드백 요청에 화답하기까지 무려 일 년이 걸렸다. 피드백은 신뢰를 구축하는 것과 관련이 있고, 우리 인간은 태생적으로 누군가를 신뢰하기까지 아주 긴 시간이 필요하다. 이 또한 전혀 문제없다. 충분한 시간을 가져라. 나는 신뢰가 무엇을 여는 열쇠인지를 잘 알기에 인내심을 갖고 기다린다. 우리 업무 관계의 건전성이 신뢰에 달려 있다.

일대일 회의에서 나는 피드백을 제공한다. "당신이 팀을 대표해 발표한 저번 프레젠테이션에서 보니 당신은 이런 식으로 행동하더군요. 그 행동은 정확히 의도된 것인가요?" 그런 다음 단골 레퍼토리를 앵무새처럼 반복한다. "내게 하고 싶은 말이 있습니까? 어떤 것도 좋습니다." 내가 그 말을 처음으로 한 지 몇 주가 지나서야 비로소 그들은 내가 그 질문을 멈추지 않을 것을 깨닫는다. 그리고는 마치 간을 보듯 짧은 피드백을 감질나게 들려준다. 그것은 한마디로 시험이다. 내가 어떻게 반응하는지 떠보고 싶은 것이다.

"당신은 전체 직원 회의에 대한 준비가 되어 있지 않았습니다."

맞다. 나는 준비가 되어 있지 않았다.

듣기 힘든 말을 듣다

리더인 당신에게 누군가가 처음으로 의미 있는 피드백을 제공한다면, 새겨들어야 한다. 관련된 모든 사람에 대한 시험이다. 특히 피드백 제공자는 당신이 상사이므로 나름의 위험을 무릅썼다. 예전 상사들에게 피드백을 제공했다가 그들이 성질을 부리는 것을 본 적이 있어서다. 이제는 그들이 좋은 뜻이라는 데 용기를 얻어 당신에게 피드백이라는 선물을 주고, 자신의 선물이 당신에게 도움되기를 바란다.[12]

피드백은 크게 세 가지로 나눌 수 있다.

- **무난한** 피드백은 말 그대로 별거 아니다. 그저 피드백을 듣고 받아들이며 지식 저장고에 던져 넣는다. 그런 다음 그로 인해 약간 변경된 세계관에 의지해 앞으로 나아간다. 당신이 희망하는 피드백의 바른 대처법은 제공자가 누구든 피드백을 대수롭지 않게 받아들이는 것이다. 말하기는 쉬워도 실천하기는 결코 쉽지 않다.

---

12   피드백은 언제나 유익하다. 심지어 잘못된 정보에 근거한 것일지라도, 또는 전혀 진실이 아닐지라도 피드백은 항상 유익하다.

- **서서히 타오르는** 피드백은 처음에는 대수롭지 않게 생각하지만, 퇴근 후 갑자기 피드백에 담긴 뜻밖의 심오한 의미를 깨닫는 것이다. 쉽게 이해했다고 생각한 어떤 말 속에 중대한 피드백이 있었고 시간이 흐름에 따라 언중유골을 깨닫는다.

- **정말로 거북한** 피드백은 위의 두 피드백과는 차원이 다르다. 많은 경우 나는 상대방이 거북한 피드백을 시작하려는 순간을 정확히 감지할 수 있다. 가령 대화의 기류가 갑자기 변할 수도 있고, 보통은 일어나지 않는 일회성의 만남일 경우도 있다. 단지 처음 접하는 이상한 표현을 알아챌지도 모른다. 전조가 무엇이건 내 뇌는 불편하고 골치 아픈 순간이 닥칠 것을 신속하게 감지하고 고도의 경계 태세로 돌입한다. **나는 사실상 머릿속으로 정면 대결을 준비한다.**

비판적인 거북한 피드백은 여과된 진실이다.[13] 몇 날 며칠, 아니 몇 주에 걸쳐 '어떻게 지내느냐'는 평범한 안부와 '잘했다'는 무난한 칭찬을 주고받고 하이파이브로 가득한 시간을 보내다가 거북한 피드백을 듣게 된다면, 그것은 단순한 피드백이 아니다. 당신의 능

---

13   솔직히 가끔은 피드백이 순 거짓말이다. 그러나 상대방이 당신에게 그 거짓말을 하기로 선택했다는 사실 자체가 흥미로운 정보다.

력 상태에 관한 일종의 보고서로 봐야 한다. 그것도 좀체 만나기 힘든 보고서다. 피드백이 거북할 때 자칫 중요한 사실을 놓칠 수 있다. 지금부터 소개하는 두 단계의 추가 과정을 통해 아무것도 놓치지 않도록 정신의 고삐를 바짝 조이라.

먼저, **피드백이 아무리 비판적이더라도 주의 깊게 경청하고 그저 대략적으로라도 이해하도록 노력하라.** 왜 완전히 이해하지 않고 대략적으로 이해하냐고? 물어봐줘서 고맙다.

당신의 뇌가 고도의 경계 상태라는 사실을 명심하라. 당신은 반응하고 대응하며 그 싸움으로부터 스스로를 보호하기 위해 어떻게든 응전하고 싶어질 것이다. 하지만 이 순간 당신은 어떻게 반응해야 하는지 전혀 모른다. 당신은 아직 피드백을 분석하지 못했고, 그래서 어떻게 반응하든 대부분은 감정적인 데다 무의미하고 부적절하다. 당신은 반응을 보이기 전에 피드백의 단어 하나하나에 귀를 기울이고 중립의 입장에서 이해하려 노력해야 한다. 심지어 면전에서 들은 거북한 피드백일지라도 입을 닫고 귀를 여는 것이 중요하다.

'내가 전체 회의에 준비가 되지 않았다고? 내가 연단에서 얼마나 많은 시간을 보냈는지 알기나 하고 그런 말을 할까? 지난 이틀 동안 너무 불안하고 초조해서 한숨도 못 잤는데. 어쨌거나 말거나…'

이 외침은 당신의 뇌가 충분한 정보를 갖지 못한 자신의 처지를 변호하는 옹색한 소리다. 그러나 정작 그 외침 때문에 당신은 정신이 분산되어 아무 말도 귀에 들어오지 않는다. 나는 지난 수년간 나 자신을 단련시키기 위해 노력했다. 덕분에 지금은 거북한 피드백의 첫 마디를 듣는 순간 자세부터 달라진다. 다리를 꼬고 팔짱을 끼며 머리를 약간 옆으로 젖힌다. 이 자세는 나름대로 터득한 '경청' 자세로, 내게 귀를 기울여야 한다는 사실을 일깨운다.

무엇을 귀담아들어야 할까? 단순한 통찰 하나다. '하필 지금 내게 그 피드백을 들려주는 이유가 무엇일까?' 같은 깨달음이다. 여기서 관건은 문제 해결을 좋아하는 이성의 뇌 영역을 활성화하는 것이다. 대신에 소리를 지르고 싶은 감정의 뇌 영역에는 재갈을 물려야 한다. 감정의 뇌 영역은 판단을 내리는 일에는 거의 관여하지 않기 때문이다.

가끔은 싱딩히 큰 충격을 받아서 피드백의 내용을 도저히 이해하지 못한다. 이 경우에 취할 좋은 대응 전략이 두 번째 처방이다.

두 번째 단계는 **당신이 들은 피드백을 그대로 반복하는 것**이다.

단순해 보인다고 얕보지 마라. 단순한 이 방법의 강력한 효과는 직접 경험해보면 안다. 깜짝 놀랄 준비를 하라. 1단계 처방에 따라 완벽히 귀를 기울인 다음에도, 여전히 그 피드백을 당신 입맛에 맞춰 해석하고 각색할 공산이 크다. 피드백이 충격적일 때 당신의 내적 이야기는 약간 틀린 것과 완전히 틀린 것의 중간 어딘가에 자리잡을 것이다. 이는 정도의 차이가 있을 뿐 당신의 내적 이야기가 틀렸다는 뜻이다. 이럴 경우에는 상대방의 말을 반복하면 도움이 된다. 이것은 일거양득의 효과가 있다. 명료화와 인정이다. 예를 들어보자.

> 나: 그러니까 당신 말은 전체 직원 회의에서 내 발표에 문제가 있었다는 뜻인가요? 내가 당신 말을 제대로 이해한 건지 궁금해서 그럽니다.

> 상대: 아니요. 그런 뜻으로 말한 게 아니에요. 당신 이야기를 듣는 것은 언제나 즐거워요. 그러나 당신은 준비가 되지 않았어요. 이야기에 두서가 없어요. 게다가 제가 보기에 당신은 당신의 좋은 말솜씨로 당신이 제시한 주제가 적당하지 않다는 사실을 가릴 수 있다고 생각하는 것 같아요.

> 나: 아, 그런 뜻이었군요.

피드백에 대처하는 바른 자세

이 장을 마치기 전에 피드백에 대처하는 바른 자세를 다시 짚어보자. 제공자가 누구든 삶에서 만나는 모든 피드백을 대수롭지 않게 받아들이는 것이다. 이것은 인생의 목표 중 하나다. 당신도 당신 팀도 처음부터 이런 자세를 갖기는 불가능하다. 오히려 당신은 그 목표를 향해 차근히 올라간다. 평범한 관찰 결과를 말로 표현하는 것으로 시작해서 시간이 흐를수록 좀 더 유익한 피드백으로 발전한다. 당신과 상대방은 서로가 피드백에 귀를 기울이는지, 그런 다음 그 피드백을 토대로 행동하는지 확인하기 위해 서로를 관찰한다.[14] 서로가 그 피드백을 공유하고 그것을 토대로 행동하는 것을 확인한 후에야 비로소 모두가 다음 단계로 나아갈 수 있다. 더 복잡하고 어려우며 커다란 피드백을 공유하기가 한결 편안해진다. 왜 그럴까? 두 사람 사이에 신뢰가 싹텄기 때문이다.

피드백은 믿을 수 없을 만큼 소중한 사회적 거래다. 피드백은 제공자가 변화무쌍한 당신의 여러 모습 중 일면을 관찰하기 위해 시간을 들였음을 의미한다. 그 사람은 할 일이 있음에도 오늘 당신에게 시간을 투자한 것이다. 당신은 피드백을 완벽히 이해했다고 생각하지만, 사실은 그렇지 않다. 사회적 거래이니만큼 기브 앤 테이크가 필요하다. 그 사람의 시간 투자를 받았으니 당신도 시간을 투자해 되갚아야 한다는 말이다. 우선은 피드백을 정확히 듣고 모호한 점을 질문하여 명확히 이해하라. 그런 다음 한발 더 나아가 당신의 업무 방식을 조정하기 위해 시간을 투자하라.

피드백을 주고받는 행위를 구성하는 모든 요소는 관계에서 신뢰를 구축하는 기회를 제공한다.

---

14 이 훈련에서 가장 힘겨운 부분을 언급하지 않았다. 피드백을 내면에서 처리하고, 피드백이 적절하다면 시기적절한 방식으로 피드백을 행동으로 옮기는 것이다. 이 훈련을 시작하는 방법을 알고 싶다면 7장과 28장을 참조하라.

16장

실패에서 배우는
건강한 문화를 구축하라

지극히 단순한 바보 같은 경기 하나를 해보자. 경기 준비와 규칙은 아래와 같다.

- 1인으로 '팀' 2개를 구성한다.

- 평평한 공터에 1미터짜리 흰색 선을 15미터 간격을 두고 나란히 두 개 긋는다.

- 한쪽 팀이 선 하나를 자기 진영의 기준선으로 선택하고, 나머지 선은 자동으로 상대 팀의 기준선이 된다.

- 양 팀은 서로를 마주본 채 각자의 기준선 바로 뒤에 선다.

이 경기의 목표는 먼저 20점을 획득하는 것이다. 각 팀은 각자 기준선을 출발해 상대 진영의 기준선을 넘어갔다가 다시 자신의 기준선으로 돌아오면 1점을 얻는다. 그리고 20점을 먼저 얻는 팀이 승리한다.

내가 말했지 않은가. 단순한 바보 같은 경기라고.

당신이 무슨 생각을 하는지 훤히 보인다. '내가 상대 팀의 진로를 방해할 수 있을까?', '누가 심판을 보고 점수를 기록할까?', '이기면 포상은 무엇일까?' 좋은 질문들이다. 하지만 위의 규칙을 성실히 따른다고 가정할 때, 당신이 완주할 가능성은 희박하다. 시작 총성과 함께 순조롭게 경기가 시작된다. 그러나 전력 질주로 두 개의 평행선 사이를 오가다 보면 어느 순간부터 저절로 경기가 격렬해질 것이고 다리에는 점차 힘이 빠질 것이다. 그러나 어떻게든 경기를 계속할 수는 있다.

3과 10의 법칙

나는 현재 스타트업에 몸담고 있다. 스타트업으로는 세 번째 직장이고, 이전의 두 스타트업과 마찬가지로 고속 성장 중이다. 나는 회사의 성장 과정 중에서 이런 고속 성장 단계를 특히 좋아한다. 열정이 들끓고 야망이 꿈틀대며 무엇이든 그릴 수 있는 백지 상태가 도처에 넘친다. 명확하게 정의된 것이 거의 없고, 심지어 서면으로 작성된 것은 더욱 찾기 힘들며, 모두가 할 수 있다는 열의로 후끈 달아

올랐다. '차차 해결될 거야. 이게 얼마나 감사한 일이야.'

지난 10년간 글을 수백 편 썼다(*https://oreil.ly/LIPSh*). 내 글은 크게 두 부류다. 하나는 특정 회사에 대한 관찰 결과에 기초한 글이다. 다른 부류는 문화와 제품, 사업 영역이 크게 다른 많은 기업들에서 공통적으로 발생한 독특한 양식을 고찰한 결과를 바탕으로 한다. 그런 양식에는 3과 10의 법칙(*https://oreil.ly/drFz6*)도 포함된다. 에버노트Evernote라는 같은 이름의 메모용 스마트폰 애플리케이션을 개발한 에버노트 사의 예전 CEO 말을 직접 들어보자.

기업은 1인 기업에서 직원 수가 3명으로 늘어날 때 달라진다. 1인 기업에서는 당신이 무슨 일을 하는지 잘 안다. 그러나 3인 기업이 되면 일을 어떻게 하고 있는지 다시 생각할 필요가 있다. 그러다가 직원이 10명으로 불어나면 모든 것이 변하고, 직원 수가 30명이 될 때 또다시 변한다. 그리고 100인 기업이 되면 똑같은 현상이 반복될 것이다.

3과 10의 배수 단계에서 모든 것이 변한다. 정말이다. 그간 익숙해진 것이 무너진다고 해도 과언이 아니다. 의사소통 구조, 급여 체계, 회계, 고객 지원 등 3과 10의 모든 단계에서 종래의 방식이 변하는 것은 선택의 문제가 아니라 필요 조건이다.

위의 두 문단을 간단히 요약하면, 기업에서는 관여하는 사람의 수와 모종의 함수 관계가 되어 종래의 것이 무너진다는 것이다. 나는 이 말에 100퍼센트 공감한다. 생각만으로도 정신이 아득해지는 이런 가능성은 단순한 예측이 아니라 오랜 경험이 뒷받침하는 현실이다. 그런데 왜, 어떻게 그런 일이 벌어질까?

판이 커지다

사고 실험thought experiment[15]을 해보자. 위 경기에서 양 측에 9명씩 총 18명을 추가하자. 이제 팀 수는 10개, 총 인원은 20명이다. 이 실험에서는 새 참가자 모두에게 사전에 경기 규칙을 알려주지 않는 것이 관건이다. 한편 일대일 경기를 펼쳤던 당신과 상대방이 각 진영의 주상이 되고 새로운 팀원에게 경기 규칙을 설명해야 한다. 또한 주장은 모두에게 규칙을 명확히 숙지시키고 경기가 공명정대하게 이뤄지도록 이끌 책임이 있다. 그러나 주장에게는 딱 **2분**이 주어진다. 그 후에는 무조건 경기 시작을 알리는 총성이 울릴 것이다.

시작되었는가? 준비. 출발.

10 대 10으로 확대된 단순한 바보 같은 게임이 어떻게 될지 눈에 선하지 않은가? 아수라장이 될 것이다. 실제로 게임을 하지 않아도 이 정도는 충분히 그려볼 수 있다. 10개 팀으로 늘면 이제 출발

---

15 옮긴이_ 사물의 실체나 개념을 이해하기 위해 가상의 시나리오를 이용하는 실험을 말한다.

선은 순서가 정해지지 않은 대기 행렬을 의미한다는 사실을 명심하라. 여러 사람이 출발하는 상황을 통제하기에는 기본 규칙이 너무 미흡하다. 1인 팀 경기에서 진로 방해는 단순한 호기심에 불과했다. 하지만 20명이 두 진영으로 나눠 팀 경기를 펼치는 상황에서는 무질서한 진로 방해로 아비규환에 이른다. 이제 팀원들은 2분 안에 규칙을 완벽히 설명해야 했던 주장만 바라본다. 원망과 혼란이 뒤섞인 그들의 눈빛에서 그들의 생각이 고스란히 읽힌다. '우리가 바보 같은 이 경기를 왜 하는 거지?'

일대일 개인 경기로 생각하면, 단순한 달리기 시합이다. 두 개의 평행선 사이를 오가면서 열심히 달리면 그만이다. 그런데 어쩌면… **정말 어쩌면** 누군가가 경기 규칙에서 진로 방해에 관한 언급이 없었다는 사실을 알아채고, 진로 방해가 허용된다고 생각한다. (**실제로도 그렇다. 더군다나 심판도 없다. 이것은 덤이다.**) 이때부터 경기의 양상이 달라진다. 상대방의 속도를 떨어뜨리기 위해 앞을 가로막으며 방해 공작을 펼친다. 결과는 뻔하다. 평행선 사이를 미친 듯이 오가면서 달리기를 잘하는 사람이 승자가 될 것이다.

각 팀당 10명씩 참가자가 총 20명으로 판이 커지면 전장을 방불케 한다. 제아무리 최고의 코치라도 단 2분 안에 팀원들에게 단순한 규칙조차 완벽히 전달하고 숙지시키기는 쉽지 않을 것이다. 결과적으로 모두가 경기 규칙을 제대로 이해하지 못한 상태에서 시작 총성이 울린다. 처음에는 한 명씩 차례로 출발하지만 어느 순간 누군가가 경기에 참가하는 선수의 인원을 제한하는 규칙이 없다는 사실을 깨닫는다. 그러자 한쪽에서 선수들이 한꺼번에 몰려 나오고, 그런 모습을 보고 경쟁 팀 선수들도 우르르 떼를 지어 나온다.

이제 선수들은 꼼수를 생각해낸다. 불리해지면 상대 팀이 우리 진영의 기준선을 넘지 못하게 그들을 방해하면 안 될 이유가 있나? (**이런 방해는 허용된다.**) 달리기를 잘하는 특정 선수들을 여러 번 출발시켜 더 많은 점수를 획득하면 안 될 이유가 있나? (**이것 역시 허용된다.**) 이제 분명해졌다. 단순한 바보 같은 경기가 1인 팀 경기일 때는 박진감도 재미도 없었다. 그런데 이제는 완전한 혼돈 상태가 되었고 대혼란이 벌어졌다. 이 모든 게 경기 규칙 때문이었다. 경기 규칙을 명확히 정의하지도, 확실히 소통하지도 않았다. 심지어 **규칙은 10 대 10으로 확대된 경기에서 한 번도 시험 삼아 적용된 적이 없었다.**

단순하고 바보 같은 경기인데도 이런 상황이 초래된다. 하물며 회사를 운영하는 규칙이 그렇다면 어떻게 될까? 당연히 어느 누구도 그것을 **규칙**이라고 부르지 않는다. 하지만 회사의 문화에는 복잡하고 매혹적인 일련의 운영 원칙이 있다. 더군다나 말로 구체적으로 표현되는 명시적 원칙도 있지만, 구두로 표현되지 않는 암묵적 원칙도 많다. 그런 원칙을 발견하는 것은 구성원의 몫이다. 그런데 다음 주 월요일에 신입 직원 10명이 새 출발선에 설 것이다. 그들이 합류하면 가장 먼저 어떤 원칙이 붕괴할까?

경각심을 일깨우는 뻔한 결과

바보 같은 단순한 경기에서 세 가지 교훈을 배울 수 있다.

1. 경기 규칙을 명확히 설명해주면 사람들에게 큰 도움이 될 것이다.

2. 경기 규칙은 인원수가 증가하면 그 상황에 대처하기 위해 예상치 못한 방식으로 진화할 필요가 있다.

3. 어떤 경기 규칙이 붕괴할지를 효과적으로 배우는 유일한 방법은 경기를 계속하고, 그럼으로써 계속 배우는 것이다.

위의 세 가지 교훈을 토대로 성장하는 기업들에게 아래의 세 가지 조언을 한다.

1. 경기 규칙을 명확히 설명하라.

2. 경기 규칙이 예상치 못한 방향으로 진화하도록 허용하라.

3. 경기를 계속하고 배우며 반복하라.

경기 규칙을 명확히 설명하라

기업이 온보딩 프로그램onboarding program[16]을 운영하는 이유는 새로운 구성원이 가능한 한 신속하게 자리를 잡고 생산적인 결과를 내

16　옮긴이_ 조직에 새로 합류한 사람이 빠르게 조직의 문화를 익히고 적응하도록 돕는 초기 사회화 과정을 일컫는다.

도록 도와주기 위해서다. 이제까지 내가 몸담았던 세 곳의 스타트업은 모두 온보딩 프로그램에 많이 투자했다. 그리고 세 번째 스타트업이 새 구성원에게 가장 사려 깊은 온보딩 프로그램을 제공한다. 하지만 지금 와서 돌아보면 부족했다는 생각이 든다. 각 스타트업에서 온보딩 프로그램에 최대 다섯 배는 더 많이 투자했어야 했다.

기존 직원들에 대한 대부분의 투자와 마찬가지로, 온보딩 프로그램에 투자할 때 어려운 점은 투자의 실질적인 가치를 측정 가능한 수익률로 입증하는 것이다. 온보딩 프로그램이 투자할 만한 가치가 있다는 데는 모두가 동의한다. 그러나 스타트업의 특성상 우선 순위로 치면 제품을 만들어 판매하는 것이 최우선이지 않을까?

어떤 기업이든 초창기에는 제품을 최우선 순위에 올린다. 하지만 조직의 규모가 커지고 나면 달라져야 한다. 차고에서 두 사람이 일하는 구멍가게 수준에서 온보딩은 누구의 안중에도 없다. 아니, 사치다. 아직 판매할 제품도 없는 마당에 온보딩시킬 사람이 있을 리가 만무하다. 하지만 직원 수가 크게 늘고 생산하는 제품이 비즈니스로 자리잡고 나면 상황이 달라진다.

온보딩 프로그램은 세 영역으로 구성된다. 조직에 새로 합류한다면 건강 관련 혜택과 급여에 관해 궁금한 것이 많을 수밖에 없다. 그러나 그런 질문은 쉽고 간단하며 직접적이다. 온보딩 프로그램은 그런 질문보다 훨씬 더 큰 그림을 다뤄야 하며 특히 다음의 세 가지는 반드시 포함해야 한다.

조직의 비전

우리가 오르고 있는 거대한 산은 어떤 산인가? 그 산을 왜 정복하려 하는가? 정상에 도착하면 어떤 일이 벌어질까?

조직의 가치

등반 여정에서 자신과 다른 사람들을 어떻게 대하고 싶은가? 이 가치를 왜 선택했는가? 이 가치가 우리에게 가르쳐주는 교훈은 무엇인가? 이 가치가 현실에서는 어떤 모습으로 나타나는가?

조직의 관행

우리가 이번 여정에서 일을 성공적으로 하기 위해 사용하는 구체적이고 검증된 관행은 어떤 것인가? 어떻게 동반 성장할 수 있을까?[17]

각 영역의 내용은 업종과 직원 수에 따라 크게 다르다. 온보딩 프로그램에서 다루는 내용을 서면으로 작성하지 않는 조직도 있다.

---

17 창업자들은 여건이 허락할 때까지 가능한 한 오랫동안 그리고 정기적으로 온보딩 프로그램에 특별 연사로 참여할 필요가 있다.

그런 내용 10개 중 8개는 복도에서 직원들이 주고받는 대화를 통해 비공식적이고 암묵적인 방식으로 정의될 공산이 크다. 게다가 회사에 이제 막 첫발을 들인 신입 직원들은 회사의 비전과 가치, 관행을 알려주는 온보딩 과정이 완벽히 준비되고 원활하게 작동할 거라고 기대할 것이다. 당연한 기대다. 규칙을 가능한 한 신속하게 완벽히 파악해서 경기장에 나서고 싶을 테니 말이다.

경기 규칙이 예상치 못한 방식으로 진화하도록 허용하라

'신속하게 실패하라'는 경영 원칙을 한 번쯤 들어보았을 것이다. 하지만 스타트업에는 좋은 조언이 아니다. 이 원칙은 삶을 살아가는 하나의 방식이고 누군가를 정의하는 결정적인 특징이다. 실패를 경쟁 우위로 만들지는 당신의 선택에 달렸다.

실패는 배울 기회다. 실패라는 불길은 가능한 한 빨리 진화하는 것이 정답이다. 하지만 불을 끄는 것으로 만족해서는 안 된다. 불길을 잡는 순간, 당신은 체계적이고 효율적이며 익숙한 어떤 과정을 시작할 필요가 있다. 무엇일까? 화재가 어떻게 시작되었는지 밝혀내라. 화재 원인을 알아야 재발을 막을 수 있는 법이다.

내가 애플을 나와 처음 몸담았던 스타트업은 특히 '화재 조사' 업무에 뛰어났다. 우리는 제품은 물론이고 비즈니스의 모든 측면에서 중대한 실패가 있을 때마다 '5단계 왜 질문Five Whys'[18]과 비슷한 방식(https://oreil.ly/EZjWZ)으로 원인을 조사했다. 우리의 영입 1순위였던 인재는 왜 입사 제안을 거절했을까? 조사하라. 신입 직원들은 어째서 우리의 입사 제안서를 받지 못했을까? 철저히 파헤쳐라. 이처럼 우리는 각각의 실패를 깊이 이해하고 근본 원인을 밝히기 위해 시간을 쏟아부었다. 그래야 적절한 해결책을 고안할 수 있었기 때문이다.

과거의 실패를 토대로 결정적인 해결책을 찾는 것은 미래의 실패를 예방하는 최선의 방어책이다. 그러나 당신은 경기를 끝까지 완주할 필요가 있다.

경기를 계속하고 배우며 반복하라

마지막 조언에 대해 알아보기 전에 두 가지를 전제하자. 회사가 이미 온보딩 프로그램을 시행하고 있다. 또한 당신은 탁자를 쾅쾅 내리치며 사후 조사 과정에 대해 일장연설을 늘어놓는 사람이 누구인지 정확히 안다. 재앙이 발생했을 때 누군가가 재앙을 해결할 방법을 찾아 인터넷을 뒤졌다. 몇 해 전에 지금 내 글과 비슷한 글을 찾았고 온보딩이나 사후 조사에 관한 귀가 솔깃한 주장을 발견했다.

---

18 옮긴이_ 토요타 자동차의 기술자 오노 다이이치(大野耐一)가 체계적인 문제 해결을 위해 개발한 도구로, 문제에 대해 '왜'를 질문하고 그 질문의 답에 다시 '왜'라고 묻는 식으로 '왜' 질문을 다섯 번 반복하면서 문제의 근원을 찾아가는 방법이다.

그리고 직접 책임자^{directly responsible individual}(DRI)¹⁹에게 온보딩이나 사후 조사를 일임하는 것으로 문제를 수습했고, 다음 위기로 넘어갔다. 이제 한 가지만 묻자. 그래서 그 문제가 해결되었는가?

이제 들려줄 마지막 세 번째 조언이 가장 어렵다. 어딘가에 문제가 생기면 반드시 **그 실패의 경험에서 교훈을 얻어야** 한다.

이 조언은 뼈아픈 경험을 통해 얻었다. 내가 일했던 두 번째 스타트업에서의 일이다. 당시 나는 우리 회사의 사후 조사 과정에 대한 자부심이 높았다. 우리는 (사내의 모든 부문이 아니라) 엔지니어링 부문에 사후 조사의 초점을 맞췄다. 그래도 우리는 효율적인 사후 조사 과정을 담당할 사람들을 훈련시켰고 방대한 자료를 수집했다. 뿐만 아니라 버그 추적 시스템^{bug tracking system}(BTS)에 추후 조치들을 낱낱이 기록했다.

그러던 중 한번은 지독히 나쁜 사건이 터졌다. 그 사건에 대한 사후 조사 보고서를 검토하던 중 무언가 눈에 익은 것이 보였다. 그래서 버그 데이터베이스를 잠깐 훑어보았는데, 역시 직감이 맞았다. 이번 버그는 처음이 아니었다. 이와 똑같은 버그를 야기한 전례가 있었다. 중대한 버그를 확인하고 기록했고, 그것이 다였다. 버그 문제를 해결하지 않았던 것이다. 머릿속에서 경보가 요란하게 울렸다. 나는 곧장 담당자에게 물었다. "우리가 사후 분석으로 밝혀낸

---

19 옮긴이_ 어떤 업무와 관련해 문제가 생겼을 때 최종적으로 책임지는 사람이다.

문제 중에서 완벽하게 고친 것은 몇 개인가요?"

14퍼센트였다.

우리는 문제의 원인을 밝혀 해결책을 찾는다며 야단법석을 떨어놓고도 정작 중요한 과정을 망각했다. 철저한 마무리였다. 해결책으로 문제의 원인을 말끔히 제거해야 함에도 그렇게 하지 않았다.

서사적인 대실패의 독특한 특성이 있는데, 모두의 관심을 끌어모은다는 점이다. 덕분에 그런 실패가 있은 후에 변화를 시작하는 것은 비교적 수월하다. 모두가 눈 한 번 깜빡이지 않고 하늘을 쳐다보며 그 일이 재발하는 것에 만반의 준비를 하는 까닭이다. 또한 크나큰 실패에서 배우는 것은 어렵지 않다. 그러나 크건 작건 실패에서 배우는 것을 습관화하려면 세심한 노력이 필요하다.

나는 고속으로 성장하는 기업의 고질병을 예방하는 최고의 방법은 실패에서 배우는 건강한 문화를 구축하는 것이라고 확신한다. 그것은 단순히 중대한 치료법을 찾는 것에서 끝나지 않는다. 한발더 나아가, 그런 치료법을 토대로 행동한다는 뜻이다. 치료법을 완벽히 적용해서 원인을 제거하라. 이는 제품에서 발견되는 결함만이 아니라 회사에 기생하는 중대한 버그에도 똑같이 적용된다.

바보 게임을 반복하지 마라

대규모 실패가 나타나는 시기와 유형, 문제의 심각성은 회사, 팀 …

문화에 따라 천차만별이다. 3과 10의 법칙에 따라 특정한 팀 규모에서 이런 실패가 무더기로 발생한다는 것은 충분히 예측 가능하고 경각심을 일깨운다. 사람들은 3과 10의 배수 단계에서 실패가 증가하는 것을 목격하고 바짝 경계하며 서로의 안위를 걱정하기 시작하고 두려움에서 야기된 피드백 고리를 생성한다. 이런 일은 시기만 다를 뿐, 어떤 조직에서든 언젠가는 일어나게끔 되어 있다. 그것은 조직이 성장 과정에서 마땅히 치러야 하는 대가로 일종의 성장통이다.

그렇다면 그 두려움의 근원에는 무엇이 있을까? 당연히 어떤 실패냐에 따라 다르다. 그렇지만 대개는 아래의 다섯 가지 원인이 복합적으로 작용했을 공산이 크다.

- 리더들은 이 사태가 벌어질 것을 몰랐을까? **그들은 알지 못했다.**
- 만약 알았다면, 왜 이 사태를 미연에 막지 않았을까? **그들은 이 사태가 벌어질 것을 알지 못했고, 그래서 막을 수 없었다.**
- 나는 이 일을 일찌감치 예상하고 경고했지만 아무런 조치가 취해지지 않았다. **우리가 진작에 귀를 기울였다면 얼마나 좋았을까. 정말 안타깝다.**
- 이 일이 또 벌어질까? **내가 이 일에 대해 무언가 말을 한다면 이런 일이 재발하지는 않겠지.**

- 누가 곤란해졌을까? **곤란해진 사람은 아무도 없다.**

나는 모두가 잠든 깊은 한밤중에 걱정하느라 잠을 이루지 못할 때가 있다. 어떤 사안은 그런 고요한 시간에 걱정하기 딱 좋다. 실제로 붕괴되기도 전에 무엇이 잘못되었는지를 예상하는 것도 내가 잠을 포기하고 고민하는 사안 중 하나다. 하지만 이는 쓸데없는 에너지 낭비다. 어차피 시간이 흐르면 모든 것이 무너지기 마련이다. 이런 실패는 악의와 상관없고, 불확실성과 엔트로피entropy[20]가 문제의 원흉이다. 좋은 의도를 가지고 사방을 뛰어다니며 온갖 것을 파괴하는 사람들이 늘면 엔트로피도 덩달아 커지고 이 때문에 실패하게 된다.

일단 무언가가 무너지고 나면, 공은 당신에게 넘어온다. 당신은 단호하면서도 차분하고 아주 효율적으로 학습의 과정을 반드시 시작해야 한다. 정확히 무엇이 붕괴했나? 최선의 해결책은 무엇인가? 그 해결책으로 문제를 바로잡을 책무가 있는 사람은 누구인가? 이런 노력으로도 실패에 대한 두려움을 뿌리까지 제거하지는 못할 것이다. 그러나 실패에서 교훈을 배우고 그런 교훈을 토대로 행동하는 조직 문화가 구축된다. 그리고 그 문화는 당신이 실패를 엄중

---

20 옮긴이_ 본래는 열역학 분야에서 사용되는 용어로 열역학상에 존재하는 추상적인 에너지의 양을 나타내는 척도를 뜻한다. 한편 정보 분야에서는 시스템 내 정보의 불확실성 정도를 나타내는 용어로 사용된다.

하게 생각할 뿐 아니라 완벽히 배우려는 열의가 높다는 사실을 모두에게 보여주는 신호가 될 것이다.

자, 이제 경기를 시작해볼까? 준비, 출발.

17장

백 마디 말보다 강력한 조직도

내게는 지난 10년간 거의 모든 일대일 회의에서 마치 의식처럼 치르는 일이 하나 있다. 계획된 의제에 관한 토론이 끝난 뒤 자리에서 일어나 화이트보드로 걸어가서 조직도를 그리는 것이다.

조직도란 중대한 인위적 도구로서 쉽게 찾을 수 있고 잘 관리되어야 한다고 생각한다. 왜 그럴까? 먼저 조직도의 정의부터 살펴보자. 나는 나의 첫 번째 책인 『IT 개발자가 쓴 통쾌한 인간관리 이야기』(ICT, 2009)의 끝에 딸린 용어집을 좋아하는데, 조직도를 이렇게 정의했다.

누가 누구에게 보고하는지 수직 관계를 보여주는 시각적 표현. 조직도는 당신이 대규모 조직에서 누구와 상호작용하는지 알아내는 유용한 도구다.

이 정의는 조직도를 유익하게 활용하는 실제 사례지만 한 가지가 빠졌다. 조직 고위자들의 입장에서 조직도는 회사 제품을 어떻게 만들고 누가 어떤 일을 책임지는지를 효과적으로 설명하는 것이다. 조직도는 쉽게 읽고 쉽게 이해할 수 있어야 한다.

가독성 시험

지나가는 동료 한 사람을 무작위로 붙잡아 화이트보드가 있는 가장 가까운 빈 회의실로 데려가라. 그리고 지워지지 않는 유색 펜을 들고 조직도를 그려보라고 요청하라.

"어떻게 그려야 하죠? 상자와 화살표로 표시할까요? 아니면 소프트웨어 아키텍처처럼 그릴까요? 사람을 중심으로 그리는 게 좋을까요? 아니면 기술을 중심으로요? 어떤 상자를 어디에 그려야 할까요? 명확한 지침이 필요합니다."

조직도에 대해 내가 제시할 지침은 단 하나다. 절대 사람의 이름을 포함시키지 마라.[21] 그저 당신이 생각하기에 가장 일반적으로 통용될 법한 조직도를 그리면 된다.

다 그렸는가? 조직도가 답해주어야 하는 일련의 질문이 있다.

아래에서 보면 알겠지만 질문은 갈수록 복잡해진다.

첫째, 조직도는 유익한 무언가를 담아냈는가? 업무를 간단히 표현한 것이 맞는가? 나는 면접 위원으로 면접에 들어갈 가능성이 크고, 그래서 업무를 간소화한 조직도를 그리곤 한다. 당신은 어떠한가. 무엇을 중심으로 조직도를 그릴지 결정한 다음, 상자를 쓱쓱 그려 각각에 이름을 부여하기까지 시간이 얼마나 걸리는가? 그린 조직도에 만족하는가?

둘째, 스스로에게 물어보라. **조직도를 그리는 과정에서 손을 멈추고 의도를 설명한 적이 있었는가? 조직도를 그리는 방식에 대해 변명을 찾아야 했던 부분들이 있는가?** 상자를 그리던 중에 손을 멈추고 "그래, 이건 좀 이상하군요." 또는 "당신은 아마 이 상자가 **이런 뜻**이라고 생각하겠지만 사실은 **저런 뜻**입니다."라고 말할 필요가 있었는가? 나는 이제까지 조직도를 수없이 그렸다. 당신도 나와 다르지 않다면, 그런 변명을 애써 늘어놓을 일은 아예 없을 것이다. **당신은 언제나 그런 방식으로 조직도를 그려왔기** 때문이다.

가령 100명 이하인 소규모 조직이라면 조직도가 별로 중요하지 않다. 구성원 모두가 머릿속으로 팀의 상태를 계속 추적할 수 있기 때문이다. 의사소통이 자유롭게 이뤄지니 굳이 서면으로 작성할

21　조직도에 인명이 등장할 때 그것은 차원이 다른 맹수로 변신한다. 물론 인물 중심으로 작성된 조직도 내가 말하는 조직도와 똑같이 중요한 도구인 것은 맞다. 그러나 조직도에 이름이 적시되면 그것은 조직적인 성격이 약화되는 반면 정치적인 성격이 강해진다.

필요가 없다. 대규모 조직이 지불하는 의사소통 '세금'이 아직은 부과되지 않은 셈이다. 모든 구성원이 누가 무슨 책임을 지는지 잘 알고, 누가 어떤 성과를 얼마나 냈는지도 훤히 꿰뚫는다. 아니, 그들은 그래야 마땅하다. 아직은 작은 조직이고, 스타트업의 특성상 각 업무의 '주인'은 수시로 변한다. 혼돈은 스타트업을 규정하는 결정적인 특징이다.

그러나 팀의 규모가 일정 수준 이상으로 커지면 팀을 대표해 면접 위원으로 참여한 누군가가 지원자에게 팀의 상태를 설명하게 된다. 바로 그런 순간에 그는 팀을 시각적으로 표현하는 도구가 필요하다는 사실을 깨닫는다. 그리하여 속전속결로 조잡하고 간단한 '1호' 조직도가 탄생한다. 이것에 대해서는 나중에 자세히 알아보고, 다시 가독성 시험 이야기로 돌아가서 마지막 질문에 대해 알아보자.

당신이 화이트보드에 그린 조직도를 지우지 않은 채로[22] 회의실을 나갔고, 팀의 창립 멤버였던 누군가가 우연히 회의실을 지나가다 당신이 그린 조직도를 보게 된다면 고개를 끄덕이며 '그래, 이 정도면 괜찮네.'라고 생각할까? 팀의 규모에 비례해서 의사소통에 부과되는 세금이 증가한다. 조직도처럼 합의에 기반하고 쉽게 이해할 수 있는 도구가 필요한 이유는 그것이 조직의 중요한 여러 측면

---

[22] 이렇게 하지 마라. 사람들을 기겁하게 만든다. 왜 그런지는 앞의 내용을 살펴보라.

을 명료하게 드러내기 때문이다. 그런 도구를 통해 모든 구성원이 조직의 중대한 진실을 이해한다.

마지막 질문에 객관적으로 답하는 것은 불가능하고, 실제로도 그 질문에 주관적으로 답할 필요가 있다. 내 조직도의 가독성은 어느 정도인가? 읽고 이해하기에 쉬운가? 쉽게 읽을 수 있을 만큼 충분히 명료한가? 만약 당신이 평범한 직원이라면, 누구의 도움 없이도 당신의 조직도를 읽고 아래의 질문에 답할 수 있는가?

- 팀을 구성하는 요소는 어떤 것들인가?
- 팀 외부의 누가 보더라도 당신 팀에서 누가 무슨 일을 책임지는지 명확히 알 수 있는가?
- 조직도는 제품이 어떤 식으로 만들어지거나 사업이 어떤 식으로 이뤄지는지 명확히 설명하는가?

관리자의 사고방식을 가진 사람은 조직도를 당연하게 생각한다. 조직도 자체가 조직의 일원으로 살아가는 우리의 삶을 대변하기 때문이다. 조직 구성원으로서의 여정은 조직도에서 시작해 조직도로 끝난다. 조직도는 우리 팀의 구성원들과 우리 팀이 보유한 기술에 관한 일종의 심상(心像) 지도mental map[23]다. 우리가 조직도를

---

23   옮긴이_ 개인이 특정 장소에 대해 인지하고 있는 정보를 지도의 형태로 자유롭게 나타낸 것이다.

이해할 뿐 아니라 당연하게 생각하기 때문이다. 조직에서 대다수 구성원들이 조직도를 매일 확인하고 이해할 필요는 없다. 그러나 구성원들이 조직도를 이해할 필요가 있다면, 그들이 조직도를 보고 가능한 한 신속하고 명확히 이해할 수 있도록 만들어야 한다.

조직도는 기본 정보를 담아내야 한다

당신의 팀 구성원들은 명백하고 기본적인 사실에 대해 얼마나 오래 생각해야 이해하는가? 이것은 관리자가 대답하기 힘든 까다로운 질문이다. 관리자가 되면 조직 내의 정보에 접근하기가 극도로 쉬운 까닭이다. 매일 명백한 사실을 상기시켜주는 장치와 도구가 아주 많다.

내규모 조직은 의사소통 세금을 피할 길이 없다. 따라서 시원 체계가 구조화되지 않는다면 기본 정보조차도 조직 전반에 널리 전파되지 못한다. 조직도, 회사가 추구하는 가치, 현재의 사업 목표 등등. 이런 중대한 정보는 반드시 누구나 쉽게 찾을 수 있고 잘 관리되는 일련의 도구에 담겨야 한다. 리더로서 당신은 구성원들이 궁금한 것이 생길 때마다 습관적으로 그런 도구를 찾고 거기서 질문에 대한 명백한 답을 찾을 수 있도록 해줘야 한다. 그런 도구에는 중대한 진실이 가득하기 때문이다.

다시 빠르게 성장하는 스타트업 이야기로 돌아가자. 회사가 성장하다 보면, 어느 순간 누군가가 '이제는 관리자들이 있어야겠어.'

라고 생각하고 12초 후에 가까이 있는 종이에 인물 중심의 조직도를 그리기 시작하는 결정적인 변곡점이 찾아온다. "줄스는 이런 사람들과 함께 일하고 케이트는 이런 사람들을 관리할 수 있어. 휴, 다 됐다. 이제 급한 불은 껐으니 다음 문제가 생길 때까지 한시름 놓았어."

결론부터 말하면 이것은 주객이 전도된 것이다. 줄스와 케이트에게 문제가 있다는 뜻이 아니다. 그들은 훌륭한 직원이고 관리자가 될 만한 완벽한 역량을 갖췄다. 그러나 사람을 중심으로 조직도를 작성하는 것은 잘못된 접근법이다. 당신의 스타트업이 무엇을 개발하고 있는가? 전자상거래 사이트라고? 그렇다면 이미 사내에 프런트엔드frontend 팀과 백엔드backend 팀이 있을 것이다.[24] 따라서 사람이 아니라 제품이나 기술을 중심으로 조직도를 작성하는 것이 적절하다.

사람 중심의 조직도는 권력 구조를 설명한다. 누가 누구를 관리하는 상사인가? 그들은 어떤 일을 하는가? 그들의 영향은 어디까지 미치는가? 그들이 보고하는 상사는 누구인가? 이런 질문을 받는 것은 피할 길이 없다. 하지만 당신은 조직 구조를 어떤 식으로 바라볼지 기본 방향을 설정할 수 있다. 제품이 우선인가? 아니면 기술이

---

24 옮긴이_ 프런트엔드는 HTML, 자바 스크립트같이 사이트 이용자의 눈에 보이는 부분을, 백엔드는 서버 코딩, API 제작같이 이용자의 눈에 보이지 않는 부분을 각각 개발한다.

나 사람이 우선인가?

　　내가 지금 이 조언을 하는 데는 나름의 까닭이 있다. 사람 중심의 조직도는 내가 수년간 저질렀던 실수였기 때문이다. 초기에 부여한 조건들이 조직의 풍조를 결정하고, 일단 풍조가 자리를 잡으면 이후에는 변경하기가 거의 불가능하다.

18장

분산 회의의 맞춤 솔루션

나는 팀의 건강을 최우선으로 생각한다. 따라서 내게는 주간 일대일 회의가 매우 중요하다. 팀 구성원 각자의 직업적 건강 상태를 판단할 수 있는 시간이기 때문이다. 또한 가장 광범위한 회의다. 뿐만 아니라 전 세계에 흩어져 있는 구성원들과의 화상 회의도 포함한다. 예전에는 화상 회의를 하다 보면 짧고 긴 시차가 수시로 발생해 대화가 부자연스러웠다. 그런 시차는 나와 팀원 간의 물리적 거리를 지속적으로 상기시켜주었다. 그런 상태가 수년간 이어졌다.

지극히 당연한 말이지만 이런 화상 회의는 시작하자마자 음향과 영상이 곡예를 펼쳤다. 대화의 흐름을 끊는 시차에 고르지 못한 음향과 영상 문제까지 겹치자 가끔 나는 좌절감에 빠져 똑같은 생각을 하게 되었다. '더 나은 방법이 있어야 해.'

약 3년 전부터 화상 회의에 수반되는 시차와 음향과 영상 문제가 해결되었다고 생각한다. 네트워킹 인프라가 발전하고 소프트웨어 설계 기술이 향상된 덕분에 시차가 거의 사라졌고 고르지 못한 음향과 영상 문제도 크게 개선되었다.

그럼에도 우리에게는 여전히 해야 하는 일이 있다.

원격

원격remote이라는 단어로 시작해보자. 원격 팀, 원격 근무자 등 원격은 '인구 밀집 지역에서 멀리 떨어진 곳에 위치함'을 뜻한다. 한편 그정의를 작업장의 맥락에 적용해보면 대개의 경우 매우 부정확하다. 원격 팀이나 근무자는 그저 본사에서 근무하지 않는 팀이나 직원을 지칭한다. 하지만 대부분의 사람은 지금도 본사에서 지리적으로 떨어져 있는 팀이나 직원을 지칭할 때 '원격'이라는 단어를 사용하는데, 그것이 첫 번째 문제다.

본격적으로 시작하기에 앞서 우리가 동의해야 하는 두 개의 아이디어가 있다.

- 원격이라는 단어 대신에 **분산**distributed 근무자와 팀이라고 부르자. 분산이라는 단어는 식상하지만 그 식상함 속에 우

리가 사안 하나를 해결할 핵심이 들어 있다. **원격은 중심에서 멀리 떨어져 있다**는 뜻을 내포하는 반면 **분산은 다른 어딘가에 존재한다**는 뜻이다.

- 우리가 어떤 명칭으로 부르든 다른 어딘가에 존재하는 팀과 근무자는 직업적으로 불이익[25]을 당한다는 사실에 동의하자. 분산된 직원들에게는 의사소통과 문화, 맥락과 관련해 세금이 부과된다.[26] 리더로서 당신이 할 일은 세금을 줄이는 데 적극적으로 투자하는 것이다.

동의한다고? 그렇다면 단순한 무언가를 시작해보자. 분산 회의를 주재할 때 대인 역학에 관한 전술적 조언을 간략히 정리한 목록이다.

다자간 회의
먼저 분산형 회의의 실질적인 활용 사례를 하나 보자. 결론부터 말

---

25 이 시나리오에서는 본사, 즉 운영 본부에서 대다수 인력이 근무하는 조직의 분산 팀을 상정한다. 회사의 모든 직원이 전 세계에 분산된 경우도 해당한다. 이 조직 구조는 아주 흥미롭지만, 나는 직접 경험한 적이 없다. 이 장에서 소개하는 방법론은 전체 직원이 분산된 시나리오에서도 유익하지만, 매수인 위험 부담 원칙(buyer beware, 옮긴이_ 그대로 풀어보면 '매수인이여, 주의하라'는 뜻으로 매수인 스스로가 위험이 있어도 매수한다는 일반 규칙을 표시하는 보통법상의 격언)이 적용된다.

26 반면에 남다른 이득도 얻는다.

하면 분산형 회의는 복잡하고 소모적이다. 아래에 조언한 규범적인 전술은 많은 내용이 분산된 팀원과의 양자간 회의에도 적용된다. 하지만 지불해야 할 고통과 비용이 가장 크면서도 개선의 여지가 가장 많은 부분에 집중하자. 바로 '다자간' 화상 회의다.

참석자가 많은 화상 회의의 경우 회의 장소가 두 곳으로 나뉜다. **본부**와 **분산지**다. 본부는 많은 회의 참석자가 모여 있는 일정한 공간을 말하고, 분산지는 그들을 제외하고 화상 회의 참석자들이 흩어져 있는 개별 지역을 통틀어 이른다.

이런 유형의 회의에 적용되는 규칙이 궁금하다면 *https://oreil.ly/qkL1c*를 참조하라. 그리고 그런 규칙을 토대로 다음의 질문에 대해 고민해보기 바란다. 회의가 참석자 모두에게 동일한 가치를 창출해야 하므로 참석자 모두가 동일한 경험을 할 수 있어야 한다. 그렇다면 회의를 어떻게 해야 하는가?

분산 회의를 정기적으로 개최하는 리더에게 해줄 조언은 세 국면으로 나뉜다. 회의의 준비pre-meeting, 개최during meeting, 사후post-meeting 단계다.

준비 단계

- 음향/영상 하드웨어와 네트워킹을 구축하는 데 돈을 아끼지 마라.[27]

- 분산 회의 시간은 00시나 00시 30분처럼 정각이 아닌 00시

5분이나 35분으로 정하고, 회의 시작 5분 전인 정각에 기자재를 작동 가능한 상태로 준비해두라. 그러면 회의가 예정된 시간에 정확히 시작할 뿐 아니라 중요한 신호를 전달한다. 회의를 시작하고 7분이 지난 후에 누군가가 "앤디는 어디 있죠?"라고 물은 적이 몇 번이나 있었는가? 아마도 앤디는 분산지 어딘가에 있을 텐데 주최지에서 아무도 비디오 카메라를 켜지 않았다. 더 중요한 것은 그 시간에 앤디는 재택근무지의 책상 앞에서 스크린을 응시하며 무기력하게 앉아 '다들 나라는 존재를 잊었나?'라고 생각했다는 사실이다.

- 화상 회의 소프트웨어에 음향과 영상 기본 기능을 '센스 있게' 설정하라. 회의에 들어갈 때 마이크와 스피커가 '자동으로 꺼지도록' 설정하라. 그러면 회의에 합류할 때 대화의 흐름을 끊는 방해 요소를 줄일 수 있다.

- 주위를 둘러보라. 등 뒤에 주의를 분산시킬 만한 것이 있는가? 그렇다면 적절히 조치하라.

- 화이트보드를 준비했는가? 잘했다. 화이트보드는 회의를 시작하기 전에 분산지 참석자들에게 잘 보이는 곳으로 옮겨놓으라.

27 그들에게 지급하는 급여를 생각해보라. 그런 다음 인프라가 엉성해 소통의 효율이 떨어지면 금전적, 시간적으로 손해가 얼마나 막대할지 고려해 이 둘을 저울질해보라.

개최 단계

- 본부 중 누군가에게 일종의 감시자^{spotter} 임무를 부여하라. 이 사람의 역할은 분산지 참석자들을 주의 깊게 살피고 그들에게서 발언할 준비가 되었음을 알려주는 시각적 단서를 찾는 것이다. 쉽게 말해 발표자를 포착하는 사람이다.

- 분산지 참석자들의 음향 상태를 확인하라. 그들은 분산형 화상 회의가 처음인가? 회의를 시작하면서 각 참석자의 마이크가 제대로 작동하는지 확인하라. 분산지 참석자들에게 잡음이 들린다면 헤드폰이 유용할 수 있다.

- 참석자들에게 발언하지 않을 때는 음소거 단추를 누르도록 권하라. 마이크는 당신이 생각하는 것보다 훨씬 더 많은 소리를 포착한다. 특히 키보드를 두드리는 소리는 아주 크게 들린다. 잠깐만, 누가 타이핑을 하고 있나? 참석자 전원이 하나의 회의실에 있을 때도 동일한 규칙을 적용하라. 회의록 작성자를 제외하고 어느 누구도 노트북을 사용해서는 안 된다.

- 화이트보드로 초점을 옮길 때는 분산지의 참석자 모두에게 화이트보드가 잘 보이는지 (다시) 확인하라. 이 또한 감시자가 해야 할 중요한 역할이다.

- 회의 종료 후, 연결된 원격의 해제는 참석자가 가장 많은 곳

에서 마지막으로 해야 한다. 다른 참석자들에 대한 배려와
존중을 보여주기 위함이다.

사후 단계

- 물리적 공간이 아닌 사이버 공간에서 처음 실시한 화상 회의라면 모두에게 회의가 어땠는지 물으라. 문제가 있었다면 시정하라.

- 회의 도중에 일부 분산지 참석자에게 소리가 잘 들리지 않았다는 사실을 알게 될 수 있다. 회의실의 음향 성능을 개선하는 데 투자하라. 특히 본부의 회의실이 대형이라면 여러 개의 마이크가 생각지도 못한 잡음을 포착할 수 있다. 가령 내가 근무했던 어떤 회사에서는 회의실 탁자에 마이크가 내장되었는데, 회의를 하는 내내 한 임원이 평소 습관대로 탁자 아래에서 펜의 단추를 찰칵거리며 눌러 댔다. 그 미세한 소리가 본부 참석자들에게는 들리지 않았지만 분산지 참석자들에게는 귀가 먹먹할 정도로 끔찍했다.

- 분산지 참석자들이 회의 중에 무언가를 놓쳤을 가능성에 대비해서 (이 문제 자체도 손볼 필요가 있다) 회의록을 배포하면 모든 참석자에게 중대한 피드백 고리를 제공할 수 있다. 회의록은 회의가 끝난 후 가치가 급격히 떨어지므로 가능한 한 신속하게 배포하는 것이 좋다.

측정할 수 있는 차이가 없어야 한다

나는 분산 팀들과 많은 화상 회의를 했고, 리더로서 그들의 문제를 해결하려 부단히 노력했다. 분산 회의에서 분산지의 음향 장치의 작동에 관한 문제도 중요했지만 최우선 순위는 아니었다. 오히려 분산 팀에서 눈에 보이지 않는 부분을 해결하는 데 노력을 집중했다. 분산 팀은 본사가 그들을 어떻게 대우한다고 생각할까? 당신도 직접 해보면 알겠지만 불만이 단 하나인 경우는 없다. 가지각색의 불만거리가 결합해 (비록 그 불만이 잘못된 것이더라도) 매우 실질적인 인식으로 결론이 난다. 분산 팀이 어쩐지 덜 중요하다는 인식이다.

내가 이 장에서 소개한 방법론의 대부분이 전술적이다. 다시 말해 원활한 의사소통을 촉진하는 단순한 행동들이다. 하지만 단순한 전술이 합쳐지면 원대한 목표를 달성하는 데 도움이 된다. 회의 참석자 전원에게 의사소통과 맥락에 대한 접근성이 동일하다면 물리적 장소가 전혀 문제되지 않는다는 명확한 메시지를 전달하게 된다. 요컨대 당신이 본사 회의실에 있건 분산지에 있건, 측정할 수 있는 차이는 없어야 한다.

3부
슬랙 시절:
경영자는 화재 예방 전문가다

미국의 업무용 메신저 시장을 평정한 슬랙의 저력에 창업자 스튜어트 버터필드Stewart Butterfield가 있었음은 널리 알려진 이야기다. 게임 광으로 유명한 버터필드는 직접 온라인 게임을 개발하고 싶었다. 그것도 상업적으로 성공한 게임을 만들고 싶었다. 그래서 두 번 시도했다. 먼저, 그는 1세대 온라인 게임이 한창이던 2002년, 루디코프Ludicorp라는 게임 회사를 세워 게임 네버엔딩Game Neverending 개발에 착수했지만 완성하지 못했다. 그래도 개발 단계에서 사라진 이 비운의 게임에는 상업적인 가치가 있는 도구가 하나 있었다. 사진 공유 기능이었다.

루디코프는 피벗pivot[1] 전략을 이용해 사진 공유 기능인 플리커Flickr를 독자적인 서비스로 개발했다. 버터필드는 2005년 (직원이 총 40명이었던) 플리커를 야후에 매각했고 4년간 야후에서 총괄 관리자로 일했다. 2009년 야후를 나온 그는 플리커 매각 대금을 밑천으로 게임 업체 타이니 스펙Tiney Speck을 창업해 게임 시장에 두 번째 출사표를 던졌고, 2011년 글리치Glitch를 출시했다. 웹 기반 게임인 글리치는 영상미가 돋보이고 섬뜩할 정도로 기발했지만 시장

1 　옮긴이_ 구기 종목에서 사용되는 용어로 한 발을 땅에 붙인 상태에서 몸의 방향을 바꾸는 동작을 말한다. 비즈니스에서는 기업이 기존 비즈니스 모델이나 경영 전략의 방향을 틀어서 새로운 제품이나 서비스로의 성공적 리포지셔닝(repositioning) 전략을 창출해 내는 개념을 일컬으며, 특히 스타트업 세상에서는 전략을 수정한 후 갑자기 성장하게 되는 전환점을 말한다.

에서 자리를 잡지 못하고 결국 퇴출 수순을 밟았다. 2012년 버터필드도 마침내 두 손을 들었다. 그는 타이니 스펙과 글리치를 접었고 투자자들에게 투자금을 돌려주려 했다. 그런데 투자자들이 먼저 물었다. "뭐 새로운 아이디어 없습니까?"

그에게는 아이디어가 있었다.

타이니 스펙은 글리치를 개발하던 중에 실시간 채팅 프로토콜인 인터넷 릴레이 챗Internet Relay Chat(IRC)을 해킹했다. 여러 사용자가 대화를 나눌 수 있는 IRC를 팀 협업에 더 유용한 도구로 만들기 위해서였다. 글리치 개발 팀은 비록 허접해도 IRC 없이 무언가를 개발하는 것은 상상도 할 수 없었다. 그래서 그들은 아예 그 소통 도구를 처음부터 새로 만들기로 결심했다. 그리고 그 도구가 종래의 세상을 끝내고 새로운 세상을 탄생시켰다.

그들은 피벗과 리브랜딩rebranding 전략으로 타이니 스펙을 일신했고 반년 만에 베타 버전²의 내부 소통 도구를 개발했다. 단 24시간 만에 8,000여 곳의 기업들이 베타 버전에 등록했다. 얼마 지나지 않아 타이니 스펙은 자신들이 무엇을 만들었는지 깨달았다. 인류 역사상 가장 빨리 성장한 기업용 소프트웨어였다. 그들은 그 소

---

2   옮긴이_ 소프트웨어나 하드웨어를 개발하는 초기에 성능이나 사용성 등을 평가할 목적으로 테스터나 개발자를 대상으로 만든 것이 알파 버전이고, 알파 버전에서 밝혀진 문제점이나 버그를 개선하여 정식 출시 전에 시험 사용을 목적으로 일반인에게 무료로 배포하는 것이 베타 버전이다.

프트웨어를 슬랙[3]이라고 명명했다.

　나는 버터필드에게서 개인적인 연락을 받기 훨씬 전부터 이미 슬랙과 사랑에 빠졌다. 오랫동안 IRC를 사용해왔기 때문은 아니었다. 팀원끼리는 물론이고 팀 간 소통이 반드시 진화해야 한다는 것이 내 평소 지론이었을 따름이다. 게다가 슬랙을 통하면 필요한 누군가를 찾고 연락하며 소통하기가 훨씬 쉬웠다. 받은 메일함을 번번이 관리하느라 낭비하는 시간도 줄었다. 뿐만 아니라 끊임없이 성장하는 지식의 보고를 갖게 될 터였다. 그러나 버터필드의 제안에는 선뜻 응하기가 힘든 문제가 하나 있었다. 당시 나는 내 일에 아주 만족했다.

　버터필드의 편지에는 이렇게 쓰여 있었다. "롭 씨, 만나서 얘기한다고 해로울 게 있겠습니까?"

　해롭다는 것은 사람마다 정의가 다른 법, 내게 잠재적인 해로움은… 무엇이었을까?

　슬랙은 내게 엔지니어링 부사장의 직함을 달아주었다. 직전에 몸담았던 핀터레스트Pinterest[4]에서는 엔지니어링 총괄 책임자였다. 2부의 서두에서 설명했듯, 직급과 직함은 문화에 따라 달라도 역할

3　옮긴이_ '모든 대화와 지식을 위한 검색 가능한 로그(Searchable Log of All Conversation and Knowledge)'의 약어다.

4　옮긴이_ 관심사를 수집하기 위한 핀(pin)과 관심이나 흥미를 뜻하는 인터레스트(interest)의 합성어다.

은 똑같다. 핀터레스트에서와 달리 슬랙에서는 고위 엔지니어링 리더의 책임을 단독으로 부담하지 않아도 되었다. 공동 창업자이자 CTO 즉 최고기술책임자였던 칼 헨더슨^Carl Henderson이 그 책임을 나눠 가졌다.

나는 이미지를 공유하고 검색하는 소셜 네트워크 서비스^social network service(SNS) 제공업체 핀터레스트에서 거의 2년간 경영진으로 활동했다. 그랬으니 슬랙이 무슨 생각을 했을지 짐작되고도 남는다. 나를 '경험 많은 경영 리더'로 여겼을 것이다. 결과부터 말하면, 그중 두 가지는 옳았다. '경험 많은'과 '리더' 대목이었다.

새로 맡은 역할에서 제대로 능력을 발휘하려면 3년이 걸린다. 그것도 **최소 3년**이다. 이는 내가 슬랙에 합류했을 때 경영자의 역할을 제대로 이해하고 능력을 발휘하려면 적어도 열두 달이 더 필요했다는 뜻이다.

3부의 서두에서 굳이 이 이야기를 하는 이유는 두 가지다. 하나는 당신이 어떻게 생각할지 알아서이고, 다른 하나는 당신의 불신 때문이다. 첫째, 리더의 역할이 어렵다는 건 천하가 다 아는데 경영자가 된다고 어려워야 얼마나 더 어렵겠냐고 생각할지도 모른다. 둘째, 내가 아무리 강조해도 복잡한 역할에서 제대로 능력을 발휘하기까지 얼마나 오랜 시간이 걸리는지를 직접 확인하기까지는 결코 나를 믿지 않을 것이다.

관리자들의 관리자가 되어 벌어진 거리감은 경영자가 되면 가히 절망적인 수준이 된다. 이제 당신은 사업이나 조직 전체를 책임진다. 달리 말해 실무만이 아니라 일선 팀에서도 멀리 떨어진다. 그런데도 그 모든 일에 책무를 지는 사람은 바로 당신이다.

이 자체도 막중한데, 설상가상으로 더 무거운 책임이 뒤따른다. 아래에서 타오르는 불길이 언덕 위로 더 빨리 번지는 현상이다. 가령 어떤 팀에서 무언가에 불이 붙는다고 하자. 대개 팀에는 불길을 능숙하게 진압할 거라고 기대되는 관리자가 있다. 하지만 관리자라고 해서 매번 불길을 잡는 것은 아니다. 관리자가 진화에 실패하면 화염은 거세지고 더 빨리 번져 결국 관리자들을 관리하는 임원에게로 불길이 옮겨붙는다. 이제는 임원이 소방수로 나설 수밖에 없다. 어차피 결과는 둘 중 하나다. 관리자보다 더 많은 경험을 앞세워 성공적으로 진압하거나, 관리자와 같이 진압에 실패한다. 진화되지 못한 불길은 조직의 최정상을 위협한다. 이쯤 되면 재앙의 화마는 전체 팀의 능력으로는 제어할 수 없을 정도로 거세지고, 경영자인 당신을 향해 붉은 혀를 날름거린다.

경영자로서 향후 직면하게 되는 예기치 못한 상황의 대부분은 사전에 최고 위험 등급으로 분류된 화재다. 하나같이 잠재적인 상황 시나리오 중에서 최악이다. 게다가 하필이면 늘 월요일에 터진다.

귀신이 곡할 노릇이다. 그렇다면 경영자는 하루 종일 화재 진화에만 매달리는가? 틀린 말은 아니지만 엄밀히 말하면, 경영자의 주된 임무는 화재 **예방**이다. 기업이 최고 품질의 제품을 개발하려면 인적 자원, 제품, 공정의 세 요소를 어떻게 조합해야 하는가? 이 비법을 알아내는 것은 경영자의 역할 중에서 쉬운 부분이다. 힘든 일은 따로 있다. 화재를 예방하려면 인적 자원, 제품, 공정의 세 요소를 어떻게 조합해야 하는가?

리더십 세상으로 떠난 여정에서 드디어 마지막 목적지에 도착했다. 3부에서는 신참 경영자로서 당신이 투자할 가치가 있는 작은 행동과 습관에 대해 알아본다. 아울러 사내 정치가 조직에 어떤 영향을 미치는지 그리고 조직 전반에서 소통이 자유롭게 이뤄지려면 어떻게 해야 하는지 면밀히 살펴본다. 그런 다음 나의 결정적인 리더십 원칙으로 여행의 대미를 장식해보겠다.

19장

지혜에 과민 반응하다

새 역할을 맡고 처음 석 달은 살얼음을 걷듯 조심스러운 기간이다. '첫인상 지대'에 발을 들였기 때문이다. 이 지대에서는 당신이 좋아하든 싫어하든 이방인인 당신에 대한 판단 기준이 '헉' 소리가 날 만큼 높다.

다시 슬랙 이야기로 돌아가보자. 나는 신임 부사장이라는 직함을 달고 슬랙의 새 식구가 되었다. 회의에 들어가면 일거수일투족이 조심스러웠다. 뭐 하나라도 놓칠세라 귀를 활짝 열었고 행여 이목을 끌세라 대담한 조치도 전혀 취하지 않았다. 사실 이런 처세는 나름대로 터득한 표준적인 적응 절차이고, 이 절차를 보통은 3개월 정도 고수한다. 그 즈음이면 누군가가 "본격적인 업무는 언제 시작할 거가요?"라고 묻게 되어 있다.

나의 무위를 지켜본 누군가의 지적에 반사적으로 부정적인 반응을 보일 수도 있다. 하지만 나는 그런 반사적 반응을 억제하는 법을 배웠다. 그들이 뭘 원하는지는 뻔하다. 변화를 보고 싶은 것이다. 그렇지 않다면 나를 왜 고용했겠는가? 자신들이 원하는 변화를 조만간 눈으로 확인하고 싶은 마음을 나도 십분 이해한다. 그렇지만 내가 그렇게 행동한 데는 두 가지 이유가 있다. 첫째, 나는 새로운 환경에서 **처음 90일간 열심히 관찰하고 그 결과를 바탕으로 행동을 개시하는** 유형이다. 둘째, **'첫인상 지대'에서 만들어진 이미지는 즉각적인 데다 웬만해서는 바꾸기 힘들다**는 사실을 경험으로 배웠다.

초기의 적응 기간에는 언뜻 이해되지 않는 팀원들의 작심 발언도 듣는다. 예를 들어보자.

예전 직장에 대해서는 입에 올리지 마세요.

물론 이렇게 대놓고 말하는 사람은 없다. 그저 "우리 문화가 좀 독특합니다."라고 슬쩍 운을 뗀 다음, 자신들이 정말로 미지의 영역을 개척하고 있다는 믿음을 뒷받침해주는 이런저런 말을 덧붙이는 식이다.

이 일은 인류 역사상 우리가 처음입니다.

그들의 입으로 직접 하는 말이다. 완전히 틀린 말도 아니다. 그들은 창조한 산물에 자부심이 크고 나도 그들의 일원이 된 것을 자랑스럽게 여긴다. 하지만 그들이 아무리 대단한 사람들이더라도, 자신들이 계속해서 모든 것을 발명할 거라는 생각은 위험하고도 비효율적인 전략이다. 미래에는 힘든 일이 놓여 있다. 게다가 이 인재 집단이 모두의 관심을 사로잡는 제품을 개발한 것은 분명하지만, 제품을 생산하는 방식이나 사람들을 이끄는 방식, 즉 리더십은 다른 문제다. 그런 것을 발명하는 일은 그들이 아닌 다른 이의 몫이다.

그럼에도 기존의 지혜에 알레르기와 같은 과민 반응을 보이는 까닭은 무엇일까? 이는 내가 확실히 설명할 수 있다. 나도 한때 그런 반응을 보였으니 말이다.

실패 서커스

잠시 1부의 서두를 떠올려보자. 넷스케이프에 재직할 당시 내 생애 첫 관리자였던 토니의 손에 이끌려 처음 관리자 세상에 입문했다. 토니는 어느 수요일에 나를 찾아와 내게 관리자가 되고 싶냐고 물었다.

나는 겁도 없이 그 기회를 냉큼 움켜잡았다.

그리하여 수년간 이어진 실패 서커스의 막이 올랐다.

관리자가 된다는 것은 승진이 아니라 경력을 다시 시작하는 것임을 잊지 마라. 전도유망한 신생 스타트업에 합류할 때 으레 그렇듯, 우리는 관리자로서의 여정도 확신에 찬 발언으로 시작한다. "생전 처음 하는 일이지만 내가 무슨 일을 하는지 아는 것처럼 보여야 해."

그런데 바로 이 확언에 지혜가 담겨 있다. 성공 가능성이 없어도 성공할 거라고 팀 전체를 설득할 만한 강력한 카리스마와 열정을 발휘하는 법을 배우는 것도 리더의 역할이다. 이런 리더에게 팀원들은 무언의 응원을 보낸다. 팀원들은 새 리더를 보고 '리더는 다 계획이 있어. 지금 나는 그 계획을 이해하지 못하지만 리더는 자신이 무슨 일을 하는지 아는 게 확실해.'라고 생각한다.

나의 실패 목록은 방대했다. 가령 내가 수립한 제품 전략은 아무도 이해하지 못했고, 직원들의 사기만 떨어뜨렸다. 설상가상 나는 그런 문제가 있는 줄 까마득히 몰랐다. 또 내가 작성한 업무 수행 평가 보고서는 밋밋하고 아무런 도움이 되지 못했다. 사실 이 정도는 약과였다. 한번은 임박한 조직 개편에 관한 소식을 팀원들에게 미리 유출하는 바람에 생산성이 몇 주째 떨어졌다. 그런데 정작 조직 개편은 그로부터 석 달이 지난 후에 이뤄졌다. 입방정은 그게 다가 아니었다. 확실치도 않은 뒷담화를 옮기는 통에 내분이 일어난 적도 있었다. 19장의 내용도 이 책의 다른 장과 다르지 않다. 내가 관리자가 된 후 제 잘난 맛에 펼쳤던 실패 서커스와 그런 실패에서 배운 교훈을 소개하는 것이다.

나는 지나고 나서야 마침내 교훈의 가치를 깨달았다. 톡톡한 대가를 치르고 얻은 교훈을 마음 깊이 새길 뿐 아니라 비슷한 상황에 처할 때마다 교훈을 소환해야 한다는 각성이었다. 덕분에 나는 달라졌다. 이제는 내가 새 둥지로 옮기면 새 식구들이 말한다. "당신은 예전 직장 이야기를 진짜로 많이 하는군요."

그럴 수밖에요. 그게 회사가 나를 고용한 이유니까요.

물론 나는 이 말을 입 밖에 내지는 않는다.

혁신할 때는 언제이고 반복할 때는 언제인가?

스타트업이 초고속으로 성장할 때 기존의 지혜에 과민 반응을 보이는 것은 고의가 아니며 그저 단편적인 무지와 자부심의 발로일 뿐이다. 그런 스타트업의 성공 비결은 세상에는 불가능한 일도 실현 가능할 수 있다는 확고한 믿음이다. 또한 그것은 내가 좋아하는 스타트업 문화의 일면이고 "애플에서는 그 일을 이런 식으로 했습니다."라고 말하지 않는 이유다. 그저 나는 아무것도 묻지도 요구하지도 않고 묵묵히 행동할 뿐이다.

자신들의 손으로 직접 탄생시킨 비즈니스에 대한 열정은 조직의 모든 측면에 스며든다. **모든 것을 이런 혁신적인 시야를 통해 조사해야 한다.** 백 번 옳은 말이다. 나는 우리 자신과 비즈니스를 지속적으로 진화시켜야 한다고 믿어 의심치 않는다. 그러나 혁신의 행위에는 값비싼 대가가 따른다. 우리는 모든 것을 올—스톱시키고 오직 문제에만 초점을 맞춰 토론을 시작한다. 난상 토론이 끝없이 이어지고 우리는 탄성을 지르며 화이트보드에 정신없이 적어 내려간다. 마침내 어떻게 나아갈 것인지에 대한 현명하고 사려 깊으며 정당화할 만한 결정을 내린다. 그런 다음 폭주 기관차처럼 전력으로 질주한다. 막대한 진통을 겪고 방금 세상에서 유일무이한 것을 결정했기 때문이다. 우리는 이것이 발명이라고 생각한다.

그렇다고 급속하게 성장하는 혁신 기업의 제 측면이 이처럼 혁신적인 엔진을 통해 작동할 필요는 없다. 솔직히, 그렇게 한다면 되려 귀중한 에너지와 추진력, 생산성을 잃게 될 위험이 크다. 당연히 회사에 중요한 영향을 미치는 사안을 결정할 때는 이 정도의 높은 관심을 기울여야 한다. 그러나 그 외 사안에는 이미 사용하고 있는 선행 기술로 결정해도 충분하다.

나는 그저 행동할 뿐이다. 아무것도 묻지 않는다. 합의를 도출하려고 시간을 낭비하지 않는다. 그저 무소의 뿔처럼 앞으로 나아간다.

예를 들어보자. 내가 슬랙에 엔지니어링 부문의 부사장으로 합류했을 때 가장 확실한 투자 영역 중 하나는 엔지니어들의 경력 경로였다. 당시 우리는 미완 상태인 경력 경로 계획서를 승진 결정의 기준으로 삼고 있었다. 그래서 하루 빨리 최종안을 확정해야 한다는 압박감이 상당했다.

나는 핀터레스트에서도 그와 똑같은 문제에 봉착했었다. 그곳에서 나는 일단의 엔지니어와 관리자들로 위원회를 구성했고 우리는 힘을 합쳐 혁신했다. 우리 위원회는 장장 7개월에 걸쳐 초안 작성, 편집, 검토, 수정 등의 과정을 밟아 뛰어난 경력 경로 최종안을 확정 지었다. 결론적으로 말해 경력 경로 최종안은 착수 시점부터 사용 준비를 마치기까지 무려 1년이 걸렸다.

슬랙에서 또다시 최종적인 경력 경로 계획을 확정 지어야 하는 상황에 직면했을 때 가장 먼저 떠오른 생각은 그 일에 1년이 걸렸다는 사실이었다. 그래서 스스로에게 물었다. '경력 경로를 개발하는 일에 또다시 1년을, 엔지니어링 업무에 써야 할 귀한 수천 시간을 투자하고 싶은가?'

만약 내가 그들에게 물었다면 혁신 편향적 사고에 길든 그들은 이렇게 선언했을 것이다. "당연한 거 아닌가요? 우리의 존재 이유가 세상을 변화시키는 건데요." 그래서 나는 묻지 않았다. 대신에 예전에 만든 경력 경로의 초안을 다시 꺼냈다. 그러고는 처음 90일간 회사의 문화를 관찰하던 중에 발견한 사실을 신중하게 엮고 짜깁기를 하여 이 회사에 알맞은 경력 경로의 초안을 작성했다. 그런 다음 엔지니어링 부문의 공동 책임자였던 칼 헨더슨에게 보여주면서 결연하게 말했다. "이것이 우리 회사의 경력 경로 계획안입니다."

그 계획안은 점수로 매기면 B학점이었고 정교하지도 않았다.

하지만 유용했고 교훈적이었으며 좋은 출발점이 되었다. 더 중요한 것은 그 계획안이 우리 회사가 허투루 쓸 뻔한 수천 시간을 벌어주었다는 점이다. 대신에 우리는 그 시간으로 제품과 기능을 개발하고 버그를 수정할 수 있었다. 하나 마나 한 이야기지만, 우리가 힘을 합쳤더라면 반짝반짝 빛나는 A학점짜리 경력 경로 계획안을 만들 수도 있었다. 그러나 우리는 B학점의 계획안으로도 A학점에서 얻을 수 있는 가치의 상당량을 뽑아냈고, 이후에도 아무 문제 없이 계속 사용했다.

묻지 말고 행동하라

작은 이 행동 수칙에 명백하고 중대한 위험이 하나 도사리고 있다. 내가 이 수칙을 3부에서 소개하는 것도 그 위험 때문이다. 팀원들이 당신의 리더십에 대해 '우리 신임 경영자는 내 의견을 물을 생각이 아예 없어. 매사가 제 맘대로고 독불장군이야.' 하는 첫인상을 가져서는 안 된다. 개인적으로는 '우리 신임 경영자는 아주 신속하게 움직이는 사람이야. 그리고 확고하고 설득력 있는 목적을 갖고 움직여.'라는 첫인상이 훨씬 좋다.

다시 한번 강조하지만 처음 90일은 위험한 시기다. 첫인상은 바꾸기가 어렵다. 처음 몇 달이 앞으로 당신이 꽃길을 걸을지 가시밭길을 걸을지를 결정한다. 리더의 단순한 행동이 팀은 물론이고 조직 전체에 명백한 메시지를 전달할 것이다.

경영자라는 역할은 조직 전체를 책임지는 독자적이고 막중한 자리다. 경영자에게도 상사가 있다. 바로 CEO다. 하지만 CEO는 외부 세상과 연결해주는 일종의 인터페이스interface로, 외부 세상과 소통하고 교류하느라 몸이 열 개라도 모자랄 지경이다. 그런 CEO가 경영자인 당신에게 무엇을 기대하겠는가. '맡은바 소임을 생산적으로 처리하세요. 내가 묻는 질문에는 똑부러지게 대답하세요. 도움이 필요하면 언제든 요청하세요.' 이런 식이다.

경영자로서 나의 근본적인 경영 모델은 우리가 목표로 하는 종착지에 대한 비전을 공유하는 것이다. 이 말은 우리의 야심 찬 미래와 그 미래를 성취하기 위해 필요한 전사적 단계 역시 전 직원에게 공개한다는 뜻이다. 백지장도 맞들면 낫다고 하지 않는가. 많은 사람이 머리를 맞댈수록 아이디어가 발전한다는 사실을 잘 알기에 당신에게 의견을 구할 것이다. 그러나 아주 드물게는 직진할 때도 있다. 알다시피 나는 예전에 이런 일을 해봤다. 그때의 경험을 발판 삼아 아무것도 묻지 않고 그냥 행동한다. 이 방책은 우리에게도 나 개인에게도 윈-윈이다. 우리는 전략적 우위를 점하고 시간과 돈도 아낄 수 있다. 한편 나는 리더로서의 성장을 가속한다.

여기에서 관리자와 리더의 극명한 차이가 드러난다. 관리자는 당신의 현 위치를 말해준다. 반면 리더는 당신의 목적지를 알려준다. 세상의 모든 리더가 그렇다.

20장

모두가 조직의 수호자다

스타트업에서 올드 가드Old Guard[5]는 창립 멤버를 포함해 초창기 시절을 동고동락한 사람들을 일컫는다. 앞서 말했듯 그들은 때로는 명백한 방식으로 또 때로는 불분명한 방식으로 조직의 문화를 정의한다. 요컨대 그들이 행동 방식과 서로를 대하는 방식이 회사의 가치관에 지대한 영향을 미친다.

올드 가드가 기존의 것을 지키는 수호자일 수밖에 없는 타당한 이유가 있다. 그들이 성공한 데다 그들 팀도 뉴 가드New Guard의 존

---

[5]   옮긴이_ 특정 조직이나 영역에서 주로 변화에 반대하는 보수적인 사람들을 지칭한다.

재를 허용할 만큼 다분히 성장했기 때문이다. 반면 누가 뉴 가드인지는 본인의 능력이나 나이, 경험과는 전혀 상관없이 정해진다. 각자의 채용 시점에 따른 결과다. 그들은 회사가 주춧돌을 놓고 기반을 다지는 초창기 시절의 일원이 아니고, 따라서 문화적으로 확실히 불리한 상태에서 일을 시작한다.

내가 마지막으로 몸담은 세 회사의 공통점이 있다. 첫째, 내가 합류했을 당시 각각은 엇비슷한 성장 변곡점에 있었다. 다시 말해 뉴 가드가 하나둘 속속 입성하고 그들에 대한 교육과 통합이 이뤄지던 시기였다. 나는 내 일의 특성상 직접적이면서 전략적으로 올드 가드와 뉴 가드의 사이에 위치했다. 이런 연유로 지난 10년간 써온 글의 상당수는 두 집단 각각이 어떻게 작동하고 무엇을 가치 있게 생각하며 어떻게 상호작용을 하는지와 (또는 상호작용하지 못하는지) 관련해 '버그'를 찾아 수정하고 문서화하는 데 초점이 맞춰졌다.

뿐만 아니라 세 회사 모두에서 커다란 반향을 불러온 결정적인 회의가 있었다. 무엇일까?

재앙 대처 회의

재앙이 발생했다. 세부적인 내용은 중요하지 않다. 중요한 것은 올드 가드와 뉴 가드 어느 측도 그 재앙을 예상하지 못했다는 사실이다. 모두가 화들짝 놀랐고, 그래서 누군가가 회의를 소집했다. 그 재앙의 위력이 실로 대단했다. 올드 가드와 뉴 가드 할 것 없이 **모두**가 회의에 참석하라는 통보를 받았으니 말이다.

회의의 막이 오른다. 그리고 늘 그렇듯, 올드 가드의 누군가가 총대를 메고 제일선에 나선다. 재앙을 수습할 단계별 대응 전략을 결연한 목소리로 설명하기 시작한다. 나머지 올드 가드들은 힘을 실어주는 제안을 하며 동조한다. 마침내 한 사람이 자발적으로 화이트보드로 가서 긁적이기 시작한다. **제군들, 우리는 이번 재앙도 성공적으로 극복할 겁니다.**

10분 후 조던이라는 뉴 가드 진영의 엔지니어가 손을 들고 제안한다. "전부 모인 김에 돌아가면서 자기 소개를 하면 어떨까요?" 바로 이 순간부터 재앙 대책 회의가 모두의 기억에 깊이 각인될 전혀 다른 국면으로 접어든다.

귀가 멍멍할 정도로 침묵이 흐른다. 올드 가드들은 그제서야 회의실에 평소 보이지 않던 이방인들이 있음을 알아차린다. 지금까지 이런 적이 한 번도 없었다. 한편 뉴 가드들은 마음속으로 안도의 숨을 내쉰다. '드디어 나도 회의에 초대받았어. 이 참에 저들이 어떤 사람이고 무슨 일을 하는지 알아낼 거야.'

그리고 두 진영의 틈새에 낀 나도 현실을 직면한다. '오, 세상에. 저들은 여태 서로를 몰랐어. 아직은 진짜 팀이 아냐.'

생산적인 팀의 특징

생산적인 팀의 주요한 특징은 너무나 단순하고 명백해서 우리가 잊고 산다. 호흡과 같은 이치다. 지극히 당연한 행동이라 숨을 쉰다는 사실조차 의식하지 못하지만 숨을 쉬지 않고는 살 수가 없다.

생산적인 팀은 **구성원들이 서로를 잘 안다.**

팀 구성원들은 서로 이름을 알고 강점과 약점, 동기 부여 요인을 이해하고 인정한다. 그들은 서로에게 이방인이 아니다.

기본적인 이해로 무장하고 부단한 노력을 하는 건강한 팀의 구성원들은 도움이 필요한 일이 생기면 자존심을 세우지 않고 자연스럽게 서로를 의지한다. 그들은 그 일로 누가 공을 차지하는지에 신경 쓰지 않는다. **그들이 원하는 것은 최선의 판단을 할 수 있는 최적의 적임자가 그 일을 성공적으로 완수하는 것이기 때문이다.**

이런 모습이 바로 서로를 신뢰하는 팀의 일면이다. 안타깝게도 당신은 지금까지 이런 유형의 팀에서 일하지 못했을 공산이 크다. 이유가 있다. 몇 가지만 간단히 알아보자.

학습된 무기력

뉴 가드가 경험으로 체득한 마음 상태 중 하나는 실망감이다. 애초 그들은 올드 가드가 만든 꿈을 믿지 않았다면 지금 이곳에 있지 않았을 것이다. 이곳에 합류한 지 꽤나 시간이 흘렀지만 그들은 자신들이 어떤 문제이든 해결책에 기여한다는 생각이 들지 않는다. 그들은 해결책에 발을 담그기는커녕 먼발치 떨어져 관망하는 신세다. 그들은 올드 가드 집단이 마치 마법을 부리듯 일을 완수해내는 대단한 능력을 가만히 지켜본다. (마법 따위는 없다. 그저 맥락이 있을 뿐이다.) 행여 뉴 가드가 새로운 무언가를 공개적으로 제기할라치면 매번 올드 가드가 재빨리 지적한다. "우리는 이미 석 달 전에 그 문제를 해결했습니다." (이 주장은 틀렸다. 그들은 사례 전부가 아니라 사례 하나의 해결책을 찾았을 뿐이다.) 뉴 가드는 구성원들의 이름을 알지만 서로 어떤 사람인지는 모른다.

뉴 가드는 조직의 구성원들은 물론이고 제품에 대해서도 사실상 열외자나 다름없다. 게다가 올드 가드는 '가라앉지 않으려면 헤엄을 쳐!$^{sink\ or\ swim}$'라는 식의 극단적인 주문을 끊임없이 반복한다. 이 둘을 종합하면 결론은 하나다. 전체 팀이 학습된 무기력^{learned} ^{helplessness} 단계에 접어든다. 이 단계에서는 양측 모두가 양극단의 구호를 외친다.

- 올드 가드: 나는 **모든 것**을 고칠 자신이 있어.
- 뉴 가드: 나는 **어떤 것**도 고칠 줄 몰라.

이제 더는 손을 놓고 있을 수가 없다. 특단의 조치가 필요하다. 갈수록 예기치 못한 문제가 터진다. 문제가 터지는 빈도가 점점 늘어난다. 올드 가드의 상징이던 정보에 입각한 차분한 통제력에 금이 간다. 손이 부족해서 문제를 해결하기가 힘들다는 사실을 깨닫기 때문이다. 그런데도 그들은 뉴 가드에게 도움을 청하지 않는다. 뉴 가드가 그들이 어떤 사람인지 모르듯, 올드 가드도 그들이 어떤 사람인지 몰라서다.

이처럼 좋은 의도로 의기투합한 일단의 사람들이 서로를 믿지 못하게 가로막는 수많은 장애물이 있다. 그런 장애물을 생각만 해도 마음이 뒤숭숭하다.

모두를 믿고 몸을 맡기라

당신도 직장이나 타 기관의 수련회 등에서 팀 구축 훈련을 해보았을 것이다. 그중에서 가장 바보 같은 훈련이 무엇이라고 생각하는가? 나는 공동체의 신뢰 형성이 목적인 신뢰 게임Trust Fall이 단연 으뜸이라고 생각한다. 먼저 팀 구성원들을 둘씩 짝짓는다. 그런 다음 각 팀에서 한 사람이 등을 돌리고 서서 팔짱을 낀 다음 뒤로 천천히 눕는다. 짝이 자신을 잡아줄 거라고 믿으면서 말이다.

신뢰 구축은 가뜩이나 서먹한 외부 수련회에 걸맞지 않은 슬로건이다. 게다가 신뢰 구축이 목적인 신뢰 게임은 아주 생뚱맞다. 이유가 무엇일까? 바보 같다고 조롱받는 이유는 무엇일까? 이 훈련의 어떤 점이 바보 같은 걸까? 신뢰라고? 신뢰가 뭐 어떻다고, 우습다는 걸까? 솔직히 신뢰 자체는 사람들에게 손가락질을 받을 만한 점이 전혀 없다. 우리가 신뢰 게임에 냉소를 보내는 이유는 업무 환경에서 신뢰 구축에 얽힌 복잡한 역학 관계를 진실로 이해하지 못하는 탓이다.

올드 가드들은 서로를 신뢰한다. 그들은 세상에 없는 무언가를 탄생시키기 위해 행운을 기원하며 지성을 총동원했고 피와 땀과 눈물을 흘리며 고군분투했다. 그리고 그런 힘든 시간 속에서 신뢰가 저절로 움텄다. 대부분의 팀이 그런 힘겨운 시간을 버텨내지 못하지만, 그 팀은 해냈다. 이제 그들은 그 시절을 그리워하고 그때 이야기를 할 때면 목소리에서 애틋함이 묻어나고 눈에서는 꿀이 뚝뚝 떨어진다. 조직의 기틀을 마련하며 동고동락한 그들의 추억담은 조직의 신화가 된다. "우리가 한번은 술집에서 코가 비뚤어지게 취했을 때 말이야. 새뮤얼이 이 기능에 대한 아이디어를 무심코 툭 내뱉었지. 바로 그 아이디어에서 비즈니스가 탄생했고 오늘날 수십억 달러짜리로 성장했어… 술김에 생각해낸 아이디어에서 말이야."

어떻게 좋은 기억만 있겠냐마는, 올드 가드 집단은 어떤 기능에 대한 견해가 달라서 일주일간 서로 말도 섞지 않았다는 이야기는 입에도 올리지 않는다. 또 회사의 존폐 위기가 달린 투자 결정을 기다리던 피 말리는 72시간에 대해서도 일절 말하지 않는다. 그런 일화를 말하지 않는 이유는 뻔하다. 마음이 아파서다. 그들의 입장에서는 두 번 다시 겪고 싶지 않은 끔찍한 경험이었다. 하지만 가슴 아픈 이야기도 오늘날 신화가 된 이야기만큼이나 중요하다. 다양한 경험을 함께하면서 팀의 신뢰가 공고해졌기 때문이다. **신뢰만 구축**

할 수 있다면 못할 게 없어. 천하무적이야.

타인에게 의존하기가 불편한 것은 인지상정이다(그래서 아무 것도 묻지 않는다). 그 불편한 마음 때문에 올드 가드와 뉴 가드 사이에 높은 장벽이 세워지는 것이다. 낯선 사람들끼리 서로를 신뢰하는 경우는 없다. 올드 가드와 뉴 가드로 갈리는 것은 아직도 그들이 중대하고 때로는 고통스러운 신뢰 구축의 과정을 함께 겪지 않아서다.

그러던 중에 조던이 손을 번쩍 든다.

재앙이 준 기회를 허비하지 마라

"전부 모인 김에 돌아가면서 자기 소개를 하면 어떨까요?"

이런 회의의 경험자인 나는 조던의 제안에 곧바로 맞장구를 치며 한술 더 뜬다. "조던, 좋은 제안을 해줘서 고마워요. 내친 걸음이니, 당신부터 시작하면 어떻겠어요? 자신이 어떤 사람인지 소개해주시죠. 회사에서 어떤 일을 맡고 있는지, 오늘 회의에 왜 참석했는지도 알려주시고요."

회집의 원인이자 화두가 되었던 재앙이 뜻밖의 전개로 조직을 새로운 장으로 인도한다. 이제 신뢰로 가는 도상에서 모두가 첫발을 뗀다. 이번 재앙이 발생한 이유는 물론이고 앞으로 재앙이 재발하는 것을 막기 위해 취해야 할 해결 방식도 중요하다. 그러나 더 중요한 것은, 무엇이 됐건 이제 그 일을 함께할 거라는 사실이다.

이제 올드 가드와 뉴 가드를 가르던 장막이 사라졌다. 더는 올드 가드도 뉴 가드도 없다. 그저 가드만이 있을 뿐이다. 우리는 무엇을 지키는 수호자인가? 우리가 이곳에 모인 이유는 무엇인가? 사람들이 자신의 데이터에 관해 어려운 질문을 할 때 쉽게 사용할 수 있는 도구를 만들고 있다. 요컨대 우리는 새로운 팀 협업 도구를 개발하고 있다. 이제 우리는 공통의 꿈을 수호할 뿐 아니라 서로를 지키고 보호하는 법도 배울 것이다. 신뢰하는 팀이라면 마땅히 그래야 하는 법이니 말이다.

21장

문화의 작은 도랑을 파라

캘리포니아 주 산타크루스 산맥에서 펼쳐지는 겨울철 풍경이 있다. 내가 사는 지역에서는 겨울에도 눈 구경을 할 수 없다. 보통은 비가 많이 내리고, 가끔은 11월 말 추수감사절을 전후해서 내린 비가 춘삼월까지 계속된다.

캘리포니아 산악지대는 울창한 삼나무 숲으로 유명하다. 삼나무 숲은 인간이 그곳에서 무언가를 건설하기 시작한 것보다 훨씬 오래전에 유수(流水)에 의해 형성되었다. 산악지대에 집을 지으려면 지반부터 점검해야 한다. 암반일까? 아니면 점토 지반일까? 지진이 발생하면 얼마나 움직일까? 많이 움직인다고? 좋다, 그럼 땅을 아주 깊이 파서 철근과 콘크리트로 채우면 단단한 기초를 세울 수 있겠어.

그럼에도 물 문제는 여전하다. 내가 '물'이라고 하니 아마도 당신은 마시는 물을 생각했을 것이다. 또는 집 근처에 있는 커다란 호수나 저수지를 떠올린 사람도 있을 것이다. 심지어 파도가 일렁이는 바다를 생각했는지도 모르겠다. 하지만 내가 말한 물은 그런 물이 아니다. 그저 빗방울이 되어 하늘에서 떨어져 언덕을 타고 흘러내리는 물이다. 단순한 그 동작이 몇 시간, 며칠, 몇 달, 몇 년간 이어지면 토양을 침식시킨다. 표층의 헐거워진 토양이 흐르는 물에 씻겨 물과 뒤섞여 흐른다. 중력의 법칙이 작용하기 때문이다.

우기가 되면 단단했던 땅이 물을 흠뻑 머금어 걸쭉한 액체가 될 수도 있다. 그렇게 진흙 상태가 되면 중력과의 관계도 달라진다. 이제는 단순한 물줄기가 아니다. 전문 용어로는 이류(泥流), 쉽게 말해 토사 유출로 산사태가 발생한다.

당연히 우리는 숲 속에 지은 집이 토사에 휩쓸려 무너지기를 원하지 않는다. 그래서 흐르는 물줄기의 방향을 다른 곳으로 돌릴 조치를 강구한다. 지붕에 물받이 홈통을 설치하고, 그 홈통을 파이프에 연결해서 빗물을 집 밖으로 빼낸다. 집 주변 도로도 물이 잘 빠지도록 배수 시설에 연결한다.

바로 이때 내가 등장한다.

나는 장화와 우비, 챙이 넓은 갈색 모자로 단단히 무장한 채 억

수같이 쏟아지는 빗속으로 걸어 나간다. 매년 우기마다 반복하는 연례 같은 것이다. 내 전용 삽을 들고 물길이 막힌 곳을 찾아 집 주변을 어슬렁거리며 살핀다. 내가 물을 빼내려고 임시로 만든 작은 도랑이 검불, 통나무 등으로 막힐 수 있기 때문이다.

당신은 내가 빗속에서 이런 수고를 왜 한다고 생각하는가? 우리 집이 토사에 휩쓸려 내려가는 것을 막으려고? 맞다. 그것도 이유인 것은 분명하다. 그러나 가장 큰 이유는 강과 하천을 섬세하게 관리하는 작업에서 엄청난 기쁨을 얻기 때문이다. 오늘만 해도 나는 자전거를 타고 집 주변은 물론이고 숲 속 여기저기를 세 시간이나 돌아다니면서 하천과 강이 막힌 데 없이 잘 흐르는지 둘러보았다.

내가 좋아하는 엔지니어들은 자신들이 생산적이고 높은 성과를 내는 이유가 게으르기 때문이라고 한다. 나는 그들의 주장을 곧이곧대로 듣지 않는다. 조금 삐딱하게 말하면 그저 겸손을 가장해 자기 자랑을 하는 것이다. 그런 사람에게는 게으른 DNA가 없다. 그들은 효율성을 높이 산다. '나는 이 시스템을 설계하고 싶어. 그러면 이 일을 한번에 끝낼 수 있거든.'

일련의 초기 조건을 설정한 다음 나머지는 저절로 이뤄지도록 내버려두라.

집 주변의 개울을 따라 걷다가 나뭇잎, 잔가지 등을 말끔히 걷어내고 물길을 터서 작은 도랑을 만든 다음… 흐르는 물을 한참 동안 가만히 바라보고 있노라면 뿌듯한 기쁨으로 가슴이 차오른다.

벽난로에서 활활 타오르는 불길을 보고 있을 때도 비슷한 감동을 느낀다. 요상한 취미라고? 그렇지 않다. 여기에는 타당한 이유가 있다. 도도히 흐르는 물이나 붉게 타오르는 불길에는 복잡미묘한 자기 유사적fractal[6] 세부 요소들이 있다. 게다가 그런 활동은 매우 생산적이다. 내 뇌는 그런 세부 요소 자체는 물론이고 그런 활동의 생산성을 과소평가했다는 증거를 확인할 수 있다는 사실에서 기쁨을 느끼도록 회로화되어 있다.

나는 물이 산 아래로 '생산적으로' 흘러갈 뿐 아니라 그 물이 흐르고 흘러 바다를 만나고 또다시 흘러갈 거라는 사실도 안다. 또 우기가 끝나면 물길이 말라 한 뼘 남짓으로 움푹 파인 흔적이 내가 만든 작은 도랑에 남게 될 거라는 사실도 안다. 이후에는 대자연이 내 작품을 완성할 것이다. 5년 정도 지나면 대자연은 이곳에 물과 흙과 중력의 적절한 작용으로 작은 협곡을 만들 것이다.

내가 할 일은 내가 만든 작은 도랑에 계속 관심을 갖고 예의 주시하는 것이다. 때로는 삽이 필요할 것이다. 물줄기의 방향을 바꾸는 내 능력은 해가 지날수록 약해질 수밖에 없다. 물에 흙이 쓸려서 도랑 자체가 깊어지고 넓어지기 때문이다.

당신이 새 직장에 출근하거나 새 역할을 시작할 때 그 작은 도

---

6   옮긴이_ 프랙털이라고도 한다. 구름, 산, 해안선, 나뭇가지 같은 자연물, 수학이나 생태학적 계산 등에서 일부 작은 조각이 전체와 기하학적 형태가 비슷한 현상을 말하며 자연의 기본적인 구조 중 하나다.

랑을 기억해주길 바란다.

바꿀 수 없는 문화

나는 내가 선택한 경력에 10년 가까이 열정을 쏟아부었다. 덕분에 빠르게 성장하는 스타트업의 일원이 되었고, 내가 책임지는 엔지니어가 100명이 넘었다. 내가 애초 목표한 엔지니어는 20명이었다. 물론 이 경험은 매우 귀중하다. 그러나 이제 내가 꿈의 회사에서 수용할 리스크 프로필risk profile[7]은 100인 기업에 더 가깝다. 이 단계가되면 회사는 이미 자사의 비즈니스를 증명했을 테고 이제는 본격적으로 확장할 준비가 되었다. 그래서 나를 채용했다.

내가 최근에 몸담았던 스타트업 세 곳은 모두 빠르게 성장하는 우량 신생 기업이었다. 그 스타트업들에서의 경험을 돌아보면 세 가지 공통점을 자신 있게 말할 수 있다.

- 앞서 19장에서 설명했듯, 스타트업 모두는 자신들이 직면하는 일련의 문제가 유일무이하다고, 또 그런 문제에는 남다른 해결책이 필요할 거라고 맹신한다. 대다수가 틀렸다.

- 스타트업의 직원들은 특별하고 깊은 유대를 구축했다. 그런 유대를 새로 합류한 인재들이 따라하기는 거의 불가능하다. 이는 매우 안타까운 일이다.

---

7   옮긴이_ 조직이 직면한 우선 순위의 위험을 진단해서 관리 순서를 정해 놓은 것을 말한다.

- 거의 모두가 조직 문화를 어떻게 구축할 것인지에 대해 말하겠지만, 솔직히 문화는 이미 거의 완성된 상태다. 좋은 의도를 가진 일단의 사람들이 얼마나 자주 새로운 가치를 적어 벽에 붙이든, 창립 멤버들이 회사 운영을 독차지하는 동안에는 문화가 크게 변하지 않을 것이다. 확실하다.

어쩌면 마지막 항목에는 논란의 여지가 있을 뿐 아니라 왠지 우울한 기분이 들게 한다고 생각하는 사람도 있을 것이다.

회사의 창립 멤버가 기적을 일궜다는 사실을 명심하라. 그들은 상상을 초월하는 막대한 시간을 투자해 피와 땀과 눈물로 회사를 일으켰다. 그것도 평범한 회사가 아니다. 성공이라는 꼬리표가 따라붙은 전도유망한 회사다. 그들이 신뢰하는 모두가 그런 대성공은 불가능하다고 한목소리로 말하지 않았던가. 또 그들은 실제품과 비슷해 보이는 가제품을 만들기도 훨씬 전부터, 자신들의 아이디어에 대한 어설픈 반쪽짜리 설명으로 사람들을 설득해야 했다. 심지어 자신들도 마음 한구석에서는 계란으로 바위 치기 격으로 성공 가능성이 희박하다고 생각했다. 그러면서도 자신들의 사명에 동참하도록 사람들을 끌어들여야 했다.

그런 혹독한 시련에서 신화 같은 이야기가 탄생했다. 따라서 당신이 조직에 새로 합류할 때 그런 이야기에 귀를 기울이는 것도 당신의 역할이다.

이야기에 귀를 기울이라

대부분의 회사는 지향하는 가치를 흰 바탕에 검은 글씨로 커다랗게 써서 벽에 떡 하니 걸어둔다. 당신 회사도 그럴 것이다. 어떤 것들일지 안 봐도 뻔하다.

- 우리는 투명성을 추구한다.
- 팀워크가 꿈을 실현시킨다.
- 우리가 바로 고객이다.
- 친절하라.
- 우리는 〈무언가〉에 집중한다.

내 짐작이 얼추 맞을 것이다. 아니, 최소한 하나는 정확히 알아맞혔을 것이고 또 다른 하나는 단어만 다를 뿐 뜻이 비슷할 거라고 확신한다. 스타트업이 지향하는 가치가 비슷하다는 사실은 조금도 새삼스럽지 않다. 모든 스타트업의 창업자 유형이 거기서 거기이기 때문이다. 그들은 위험을 감수하고, 약간 괴짜 같은 면이 있고, 야심이 크고, 세상에 최초로 무언가를 탄생시킬 때 따라오는 진통과 도전을 사랑한다. 또 그들은 모두 비슷한 도전을 마주한다. 나는 그런 사람과 함께 일하고 그들에게서 배우기를 좋아한다. 그들에게서 배운 가장 중요한 교훈 하나는 **벽에 걸어놓은 가치는 그들이 입으로 들려주는 이야기보다 덜 중요하다**는 것이다.

그들의 이야기를 허투루 듣지 마라. 언제나 귀를 열어두라. 어쩌면 당신이 팀원에게서 처음 듣는 주장이 바로 그런 이야기일 수 있다. 또 어쩌면 설계상의 복잡한 결정일 수도 있다. 아무도 손을 들고 '팀워크가 꿈을 실현시킨다.'는 가치를 읊지 않을 것이다. 누군가가 그냥 이야기로 들려줄 것이다. 쉬운 예를 들어보자.

AJ와 캐럴이 예전에 한판 붙었던 거 기억하시죠? 설계 팀과 엔지니어링 팀의 견해가 달라 서로 잡아먹을 듯 으르렁거렸잖아요. 각자 자존심을 내세우며 한치의 양보도 없이 살벌하게 대치했죠. 우리가 화해시키려고 아무리 노력해도 둘은 서로 눈도 마주치지 않았어요. 오죽했으면 우리가 CEO에게 도움을 요청할 생각까지 했겠냐고요. 그 이야기를 들었을 때 둘은 아차 싶었던지 그 길로 (같이) 회사를 나가 한밤중이 다되도록 온 도시를 배회했어요. 둘이서만 꼬박 6시간을 붙어 다녔죠. 그 후 그들은 텅 빈 사무실로 돌아와 각자의 책상을 옮겨 맞대고서는 밤새도록 설계에 매달렸어요. 우리가 아침에 출근해보니 AJ는 자신의 책상 밑에 들어가 곯아떨어졌고 캐럴은 사무실 전체에 돌릴 축하 도넛을 사러 나간 참이었어요. 방금 전에 우리 회사의 가장 중요한 기능을 설계하는 데 성공했다는 사실을 축하하기 위해서였죠.

이 이야기는 화요일 아침마다 사무실에 도넛이 준비되는 이유를 설명해준다. 또 현재 AJ가 제품 부문 부사장을, 캐럴이 엔지니어링 부문 부사장을 맡고 있는 이유도 알려준다. 위의 가상 회사가 커다란 위험에 직면할 때마다 위의 이야기를 반복하는 이유는 모두에게 상기시키고 싶은 것이 있기 때문이다.

1. 엔지니어링과 설계는 동등한 파트너 관계다.

2. 파트너 관계에는 건전한 긴장이 있다.

3. 파트너 관계를 통해 우리는 무엇이든 할 수 있다.

위의 가상 시나리오에도 이 세 가지가 녹아 있다. AJ와 캐럴은 대판 싸웠고 같이 사무실을 나갔다. 말하자면 둘만의 이별 여행이었고 둘은 술잔을 기울였다. 그러다가 둘은 우연찮게 문제의 그 기능에 대해 토론했다. 토론 끝에 무언가를 발견했고 이튿날 아침 사람들에게 그 무언가에 대해 알렸다(그리고 도넛을 사왔다).

이후에도 당신은 AJ와 캐럴의 이야기를 귀에 못이 박히도록 듣게 될 것이다. 그 일화가 단순히 회사의 초창기에 발생한 에피소드이기 때문은 아니다. 우리는 우리가 말하는 이야기를 매개로 유대를 형성하기 때문이다. 요컨대 이야기의 무한 재생은 우리 모두가 조직의 개별 기여자인 **나**의 상태를 벗어나 서로와 연결하고 마침내 합체되어 **우리**로 거듭나는 방법이다. 우리는 우리에게 무엇이 중요한지를 상기시키기 위해 특정 이야기를 지속적으로 반복한다. 그런 행동은 우리가 어려운 질문에 대답할 때 유용할 것이다. 그런 이야기는 회사의 특징을 정의하는 '신화'이고, 지금 이 상태가 되기까지 우리가 무슨 노력을 했고 어떤 희생을 치렀는지 상기시킨다. 이야기는 서술적 맥락을 구축하고 문화를 규정한다.

문화의 작은 도랑을 파라

그런 이야기가 바로 문화다. 벽에 걸린 가치 슬로건은 문화가 아니다. 그런 이야기와 가치 슬로건이 서로를 뒷받침해주면 금상첨화다. 하지만 이제껏 내가 몸담았던 기업들은 팀워크를 핵심 가치로 설파했다(팀워크는 면접 과정에서도 들었고 온보딩 프로그램에도 어김없이 등장했다). 그런데 내가 어느 점심 시간에 들은 첫 '구전 신화'는 어이없게도 CEO의 지독한 독재에 대한 뒷담화였다.

조직 문화를 규정하는 이야기는 의도적인 전략이 아니다. 회사에 중요했던 이야기가 어떤 것인지를 결정하기 위해 회의를 소집하는 사람은 없다. 핵심적인 일단의 조직 구성원들이 **자신들에게 중요했던 이야기들**을 수없이 반복했고 점차 조직의 전반적인 의식에 뚜렷하게 각인되었다. 시간이 흐르면서 그 이야기는 종교가 되었다. 우리가 'X' 상황에 있을 때면 어김없이 'Y' 이야기를 소환한다. 'Y' 이야기가 언제나 'X' 상황에 들어맞을까? 정확히 알 길은 없지만 어쩌면 그럴 수도 있다. 그러나 우리가 그 이야기를 반복하는 것은 맞고 틀리고의 문제가 아니다. 그저 입버릇처럼 그 이야기를 들먹일 뿐이다.

22장

순간적인 영감을 붙잡으라

'특별한 영역에 있는 것being in the zone'이라는 개념을 아는가? 이 개념은 내게 아주 귀한 자기 수련법이다. 특별한 영역은 정신적 공간이고, 몰입flow은 이 귀한 정신적 공간에서 수행되는 활동이다. 몰입은 특정 프로젝트나 문제를 깊이 숙고하는 능력이다. 몰입 상태에 이르면, 평소에는 꿈꿀 수도 없는 엄청난 양의 맥락을 머릿속에 저장할 뿐 아니라 맥락 사이를 자유롭게 넘나들 수도 있다. 또 특별한 가치가 있는 무언가를 만들어낼 수도 있다. 지금 이 순간, 몰입이 우리 이야기의 주제지만 또 다른 주제도 언급해야겠다. 이 주제는 희한하게도 몰입과 정신적 공간을 공유한다. 우리는 몰입과 동일한 공간에서 또 다른 활동에 빠진다. 언젠가부터 나는 그 활동을 반(反)몰입anti-flow으로 부르기 시작했다.

반몰입은 이른바 샤워 중에 무작위로 떠오르는 생각shower thought과 같은 부류다. 그런 생각은 당신이 특정한 문제나 아이디어 또는 기회에 대해 생각하고 있지 않을 때 뇌가 무작위적으로 연상해내는 연결고리다. 이런 발견은 마법같이 뜻밖의 놀라움을 안겨주는 특징이 있고, 그런 특징 때문에 당신은 발상 훈련이 마법 같다고 생각할지도 모르겠다. 그러나 그 훈련은 마법이 아니다. 나는 몇 시간 동안 생산적인 반몰입 상태를 유도하는 간단한 과정을 발견했다.

반몰입 상태를 유도하라

이 소제목의 글은 여섯 개의 단락으로 이루어진다. 나는 일단 제목을 정했다. 그리고 전체적인 구성도 머릿속으로 대강 그려보았다. 그런데 어떻게 끝맺을지는 아직 결정하지 못했다. 아마도 본문 어딘가에 소개한 핵심 주장을 반복하면서 끝낼 듯싶다. 당신의 일상적인 업무 환경에서 반몰입이 얼마나 중요한지를 강조한 내용일 것이다. 다시 말해 명백하지 않은 일이 어째서 명백한 일 못지않게 중요한지를 설명한 내용이다. 뭐, 그 정도면 훌륭하다. 세상에, 나는 반몰입을 정말 사랑한다.

지금부터 약 30분 후, 나는 책상에서 일어나 내 애마인 이자벨과 함께 장거리 자전거 여행에 나설 것이다. 3시간 동안 60킬로미터 정도를 달릴 것이다.

일단 바깥으로 나가 몇 킬로미터를 달리고 나면, 뇌가 자동으로 22장에 대한 생각에 빠지게 될 것이다. '제목을 괜찮게 뽑은 걸까? 그래, 그만하면 됐어. 도입부의 이야기가 의미 있을까? 당연하지. 반몰입이라는 단어에는 부정적인 의미가 내포되었는데 그게 문제가 될까? 그 단어의 용법에 대해 좀 더 조사해봐야겠지? 좋은 생각이야.'

자전거를 타고 달리는 중에 어떤 생각이 갑자기 떠오를지 예측하기는 불가능하다. 반몰입은 마음의 틈새에서 낯설고 숨겨진 잠재적 연결고리를 발견하는 것과 관련되기 때문이다. 의식적으로 유도된 몰입이 창조적 과정의 '기획자'라면, 반몰입은 훨씬 더 창조적인 야심 찬 목표를 달성하기 위한 구체적인 방향성이 부족한 것과 관련된다. 예를 들어보자. 자전거 페달을 밟기 시작하면 어느 순간 반몰입은 2주 전에 안 좋게 끝난 회의에 대해 무작위적인 아이디어를 끄집어낼 공산이 크다. 그날 이후로 나는 그 회의에 대해 단 한 순간도 곱씹지 않았다. 그러나 뇌는 확실하게 매듭짓지 못한 일이 있음을 한시도 잊은 적이 없고 이제 반몰입에 그 일을 위임한다. 마법사가 지팡이를 휘두르듯 반몰입은 내가 까맣게 잊고 있던 문제를 해결할 아이디어를 무작위적으로 (짠! 하고) 들려준다. 맙소사, 반몰입은 정말 사랑스럽다.

어느 날 나는 주말 아침 일과가 반몰입 상태를 만드는 것과 관련이 있음을 불현듯 깨달았다. 일정표는 텅 비어 있고, 컴퓨터 화면에는 아무 페이지도 열려 있지 않으며, 그 외에 나를 구속하는 일이 아무것도 없다. 고요한 아침에 커피 한잔을 마시고, 딱히 목적도 없이 인터넷을 이리저리 뒤지며 흥미로운 것이 있는지 살펴볼 뿐이다. 창조적 엔트로피 수준이 높다는 것은 반몰입 상태에 있다는 뜻이다. 동시에 내가 이상한 나라의 앨리스가 빠진 토끼굴 같은 위키피디아에 한 시간째 머리를 들이박고 있을 공산이 크다는 의미이기도 하다. 어쩌면 도중에 중단한 글을 이어 쓰거나 전혀 새로운 무언가를 쓸 가능성도 있다. 구체적인 무언가를 만들기 시작하는 순간, 나는 반몰입 상태에서 빠져나와 몰입 상태로 진입한다.

오랜 시간 자전거를 탈 때는 토끼굴도 키보드도 없다. 자전거 안장에 앉아 페달만 열심히 밟으므로 무작위적인 특정 아이디어에 몰입할 수 없다. 이는 **엔트로피 수준이 높은 반몰입 상태가 지속된다**는 뜻이다. 이럴 경우 나의 급선무는 불시에 떠오른 무작위적 아이디어를 기억하는 것이다. 그래서 단순한 체계 하나를 만들었다. 어떤 아이디어가 떠오르고 그것을 좀 더 조사해볼 가치가 있다고 생각되면,[8] 그 아이디어를 포괄적으로 설명하는 단어 하나를 기억하

---

[8] 당연한 말이지만 정말로 허접한 아이디어가 떠오를 때도 있다. 그런 아이디어는 잠깐 생각하다가 금방 잊어버린다.

고 그 단어를 넣어 기억하기 쉬운 문장을 하나 만든다. 일례로 최근에는 자전거를 타다가 이런 문장을 만들었다. '래리가 런던에 외부 사무실을 운영한다(Larry stats offsite in London).' 도통 무슨 말인지 이해가 안 되는 것이 당연하다. 그 문장에서는 두 단어가 핵심이었다.[9] 구태여 말하면 나만이 해독할 수 있는 일종의 암호문이다.

영감이 무기로 변신하다

내 업무 일정표를 보면 반듯하게 네모 표시를 해둔 시간이 여러 개 있다. 그것은 한 주간의 시간을 편의상 나눠놓은 것이다. 그렇다면 나는 그런 시간에 뭘 할까? 사람들과 회의를 하고, 회의 시간을 체계적으로 사용해 공동의 의제를 토의한다. 당면한 문제에 집중하기 위해 설정된 의제는 회의 참석자들이 토론할 판을 깔아줄 뿐 아니라 정해진 시간 동안 주제에 집중하도록 길라잡이 역할을 한다. 이처

---

9   그날 자전거를 타다가 반몰입 상태에서 무엇을 깨달았는지 궁금할 것이다. 그러니까 나는 22장을 수정했다. 그런데 머릿속으로 한창 수정하던 중에 1966년식 토요타 스타우트 (Stout) 1900이 불쑥 눈에 들어왔다. 정말 환상적이었다. 내가 칭찬하자 차 주인이 고마웠던지 커피와 젤리를 사주었다. 이후에 나는 우리 손으로 직접 만든 옛 물건의 가치와 더불어 칭찬의 힘에 대해 생각했다. 칭찬에 대해 한 장을 써도 되겠다는 생각까지 들었다. 장들에 대한 생각에 이어 어느새 머릿속으로 새로운 작업을 구상하고 있었다. 현재 내가 랜즈 인포메이션 다이어트(Rands Information Diet)라고 부르는 작업인데, 그때 나는 비밀 프로젝트를 추진하는 중이었다. 그래서 나는 당장 침대 옆 탁자에서 읽고 있는 책만 남겨 두고 모든 것을 치우기로 결심했다. 그 문장은 이랬다. '음악 장부 뭉치에 토요타만 남겨둬(Watch independence Toyota music ledger stack).'

럼 네모 표시를 해둔 시간은 귀중한데, 그 시간을 통해 결정이 이뤄지고 중요한 일이 체계적으로 진전되기 때문이다.

나는 업무 시간과 내 정신이 궤도를 이탈하지 않도록 철저히 계획을 세우고 많은 도구의 도움을 받는다. 규칙적으로 꼭 발생해야 하는 매우 중요한 일이 있다면, 그런 일이 샤워 중에 불현듯 생각나서는 안 된다.

반몰입에 이르면 영감은 무기로 변신한다. 깊은 반몰입 상태에서는 평범한 것부터 마법 같은 것까지 무엇이든 나타날 수 있다. 가령 이 책의 제목은 작년 여름에 자전거를 타다가, 최근의 대화에서 가장 중요했던 문장은 2주 전에 생각났다. 또 3주 전에는 누군가에게 아주 나쁜 소식을 전할 때 취해야 할 바른 행동 순서가, 그 1주일 후에는 내가 말해야 하는 단어들이 떠올랐다.

우리는 이런 영감이 어디에서 비롯되는지 모른다. 때문에 우리는 업무 시간과 반몰입의 개념을 연결하기가 어렵다. 자전거를 탈 때가 반몰입에 더 적합한 시간일 수 있는 까닭도 바로 이것이다. 가끔 아내가 "3시간이나 자전거를 타면 지루하지 않아요?"라고 묻는다. 그럴 때면 나는 정직하게 대답한다. "가장 중요한 일을 하는 시간인 걸." 물론 다른 이유도 있지만, 반몰입도 내가 자전거를 타는 이유다.

당신은 자전거를 타지 않는다고? 상관없다. 샤워할 때를 제외하고 최근에 갑자기 '아하' 하고 무언가를 생각해내거나 깨달은 때가 있었는가? 있었다면 언제였는지를 기억해보라. 차고를 청소하거나 뜨개질을 하거나 아니면 가까운 교외로 드라이브를 떠나려던 순간이었을 수 있다. 어쨌거나 스마트폰이나 태블릿 PC 등 정신을 분산시키는 인터넷에 연결되지 않은 상태였을 것이고, 순간적으로 흥미로운 아이디어가 불현듯 떠올랐을 것이다. 그 순간 당신이 어디에 있었든 무엇을 하고 있었든, 다시 그런 순간을 재연할 확실한 수단을 고안하라. 어디에서든 반몰입 상태가 될 수 있다.

23장

능력주의는 후행 지표다

만약 팀의 누군가가 "다음 단계로 나아가려면 제가 어떻게 해야 할까요?"라고 묻는다면 당신은 어떻게 대답해야 할까? 질문에 대한 대답이 얼마나 유효적절하고 완벽한지에 따라 당신이 몇 점짜리 리더인지가 결정된다.

먼저 최악의 대답부터 알아보자. "우리 회사는 능력주의meritoc-racy를 지향합니다. 이는 최상의 아이디어가 살아남는다는 뜻이죠."

책임을 회피하려고 둘러대는 헛소리다. 무엇보다, 능력주의는 철학이지 전략이 아니다. 직업적 성장의 방법을 묻는 질문에 그렇게 답한다면 이렇게 말하는 것이나 다름없다. "우리는 승리하는 사람에게 금메달을 수여합니다. 그러니 금메달을 따면 당신이 승자가 되는 것이고요."

다만 능력주의는 후행 지표trailing indicator[10]가 될 수 있다. 오래전에 고위급 팀이 구성원 모두가 각자의 능력에 따라 대우받는 문화를 안정적으로 구축했음을 알려주는 신호란 말이다. 이 조언은 추구할 가치가 있는 원대한 목표처럼 들릴 수 있다. 하지만 경력을 성장시키는 방법에 관한 조언으로는 형편없다.

그렇다면 더 나은 대답은 무엇이냐고? 지금부터 알아보자.

두 가지 경력 경로

조직에는 두 가지 경력 경로[11]가 있다. 개별 기여자의 성장과 관리자의 성장을 보여주는 경로다. 두 경로는 실제로 현업 종사자들이 만든 것으로, 쉽게 찾을 수 있는 '공공재'다. 엔지니어링 담당자들은 엔지니어의 경로를, 마케팅 담당자들은 마케팅 전문가의 경로를 만든다는 말이다. 다른 분야도 마찬가지다.

---

10   옮긴이_ 본래는 금융 시장의 강세와 약세를 평가하는 기술적 지표를 이르는 말로 지행 지표(lagging indicator)라고도 한다. 선행 지표(leading indicator)가 경기 순환이나 시장 동향보다 앞서 나타나 미래를 예측하는 데 사용된다면, 후행 지표는 과거 경제 성과와 이전 가격 데이터에 기반하여 현 추세를 분석하는 데 사용된다.

11   경로 대신에 '사다리'라는 단어를 더 즐겨 사용하는 사람들도 있다. 하지만 나는 '경로'라는 단어가 더 적합하다고 생각한다. 사다리는 한 계단씩 올라가야 하는 단계별 여정을 의미하지만, 경로는 연속적인 여정이기 때문이다.

경력 경로는 조직의 가치관, 문화, 언어 등을 반영해야 한다. 특히 개별 기여자는 경력 경로를 만들 때 다음의 정보를 반드시 포함하기를 권한다.

일련의 수준과 직함

수준은 엔지니어 I, 엔지니어 II 등등처럼 계층을 구분하는 숫자로 별 뜻이 없다. 한편 직함은 보조 엔지니어, 엔지니어, 선임 엔지니어 등등과 같이 각 수준을 더 상세히 묘사하는 명칭이다.[12]

수준별 기대치에 대한 간략한 설명

선임 엔지니어라면 '명확히 정의된 프로젝트를 처음부터 끝까지 맡는다.'는 한 문장으로 기대되는 바를 압축할 수 있다.

각 수준에 요구되는 역량 목록

역량은 성공의 척도다. 기술적 능력도 역량의 하나라면, 경력 경로 측면에서 역량은 이렇게 정의할 수 있다. 기능과 시스템을 설

---

12 나는 앞서 직함이 유해하다고 말한 적이 있다. 정확히 이렇게 말했다. "사람들은 본래 학습의 속도도 방법도 다른 법이다. 개인적인 차이를 무시하는 직함 체계의 가장 큰 문제는 사람들을 일관적이지 못한 뒤죽박죽의 혼란에 빠뜨린다는 점이다." 틀림없는 진실이다. 그러나 다른 진실도 있다. 나는 경력의 진전을 정의하는 더 훌륭한 체계를 아직도 찾지 못했다.

계하고 유효 범위scope[13]를 정의하며 구축하는 것이다. 사람들이 기술적인 결정을 내리도록 돕는 것이다.

개별 역량을 충족하는 요건

기술적 능력을 예로 들면, 보조 엔지니어와 선임 엔지니어가 역량을 증명하는 방식은 크게 다를 것이다. 전자는 '유효 범위가 정의된 문제를 해결할 제품이나 시스템 기능을 구현하고 관리하며, 필요할 때면 도움을 요청한다.'는 식이다. 반면 후자가 그 역량을 충족하려면 훨씬 더 광범위한 노력이 요구된다. '유연한 기술적 해결책의 유효 범위를 스스로 정의하고 기술적 불확실성을 예측한다. 또 팀의 기술적 해결책을 설계하고 구현해낼 것을 믿을 수 있다. 뿐만 아니라 팀이 코드 구조와 유지 관리성maintainability[14]을 개선하도록 지도한다. 마지막으로, 팀 구성원들이 각자 맡은 일을 완수하는 데 필요한 자원을 제공한다.'

이 목록은 예시일 뿐 확정된 것이 아니다. 그러니 당신도 영향력 범위, 이상적인 경력 연수, 타 조직의 비교 가능한 수준 등을 경

---

13 옮긴이_ 주로 컴퓨터 프로그래밍에서 쓰이는 용어로, 쉽게 말해 양호하게 또는 유효하게 이용 가능한 범위를 말한다.

14 옮긴이_ 컴퓨터 업계에서 소프트웨어 시스템의 기능을 변경하거나 추가하고 성능을 향상시키거나 수정하기 위해 시스템을 변경하는 작업이 편이함을 이르는 말이다.

력 경로에 자유롭게 추가할 수 있다. 그런 다음 관리자 경력 경로를 작성하기 위해 이 과정을 처음부터 끝까지 반복하라.

만약 경력 경로를 작성하는 일이 방대해서 압도당한 기분이 든다면, 지금 다니는 회사는 좋은 회사인 것이다. 한편 인터넷에서 경력 경로의 견본을 찾아 경력 경로 설계의 출발점으로 삼을 수도 있다. 그러나 나는 당신의 팀이 직접 항목을 선택하고 초안을 구상해 자신들의 이야기로 작성할 것을 강력히 추천한다. 이 과정에서 조직만의 특유의 문화가 조성되기 때문이다. 당신에게 필요한 일련의 역량은 조직 구성원들의 가치관과 밀접하게 연관되어 있다.

이쯤에서 실토할 게 있다. 사실 나는 경력 경로를 설계하고 구현할 때마다 온갖 방식으로 일을 망쳤다. 그렇게 된통 당하고 나서야 내가 빠졌던 함정을 보게 되었다. 사람들이 나와 같은 실수를 되풀이하지 않도록 그때 얻은 교훈을 나누고 싶다.

쌍둥이 경로

먼저 경력 경로의 기본 틀을 잡아보자. 당신은 무슨 일이 있어도 두 가지 경로를 (관리자와 개별 기여자) 동일하게 만들어야 한다. 나는 이 개념을 경력 경로를 설계할 때 반드시 **피해야 하는** 함정에 빗대 설명하려 한다.

경력 경로가 필요한 때는 언제인가? 경력 성장을 측정하는 기준이 필요할 만큼 조직 내에 엔지니어가 많아졌을 때다. 좋은 의도를 가진 일단의 사람들이 엔지니어의 경력 경로를 정의한다. 아주 훌륭하다! 이제 경력 경로가 만들어졌다. 그런데 새롭게 정의된 경로에서 누가 어디에 있는지를 누가 정하는가? 모두들 어느 수준에 있는가? 선임은 누구인가? 대개의 경우 특정 관리자에게 결정권이 있다. 이때 관리자의 업무 방식에 익숙하지 않은 개별 기여자는 인지 부조화를 경험한다. 관리자가 자신의 경력에 영향력을 미친다는 사실을 이제서야 깨닫기 때문이다.

관리자가 특별한 힘을 행사한다는 사실이 분명해지면, 개별 기여자들은 곧바로 관리 직급에 관심을 갖게 된다. 여기서 문제가 생긴다. 십중팔구 관리자의 경력 경로가 아직 마련되지 않았기 때문이다. 경력 경로 결정권자들은 개별 기여자의 경로를 정의하는 일만으로도 바빠서 관리자의 경로에 쏟을 여력이 없다.

일이 삐걱대기 시작한다. 당신은 이제 막 개별 기여자의 경력 경로를 정의하는 일을 마쳤는데 갑자기 모두의 관심이 초안조차 작성되지 않은 관리자 경력 경로에 쏠린다. 뭐가 어떻게 된 걸까? 이 사태는 개별 기여자의 경력 경로에 한 가지 사실을 적시하지 않은 데서 비롯된다. **모든 개별 기여자에게는 리더가 될 동등한 기회가 주어진다.**

엔지니어가 관리자가 되고 싶은 타당한 이유는 많다. 하지만 그들이 관리자를 선망하는 유일무이한 이유가 관리직이 리더로 성장할 최적의 사다리라고 생각하기 때문이라면, 이 사태의 책임은 리더가 져야 한다. 개별 기여자는 리더가 될 수 없다는 인식을 심어주었기 때문이다.

성장 세금

경력 경로 같은 인위적 도구를 고안하는 목적은 기업 문화를 명문화하고 측정 기준을 정의하며 특정 과정에 정보와 사실을 제공하는 데있다. 그리고 이 모든 활동이 밑바탕이 되어 팀 확장에 필요한 정보와 사실에 입각해 결정을 내리도록 지원하는 것이다. 이런 인위적도구는 구성원들이 쉽게 이해할 수 있는 정의를 제시한다. 그러나팀원들이 매의 눈으로 유심히 지켜보는 것은 그 도구가 어떻게 적용되느냐다. 위의 시나리오를 다시 들여다보자. 관리자들이 먼저 새로 정의된 개별 기여자의 경력 경로 수준을 결정한다. 한편 팀 구성원들은 두 가지 경로에 똑같이 관심을 가진다. 자신이 어느 수준에속하는가? **그것을 누가 결정하는가?**

역할을 오직 유기적으로만 정의한 채 급성장을 구가하는 시기에는 모든 구성원이 자신의 위치가 어디인지를 궁금해한다. 모든것이 시시각각 변하니 당연하다. 그 와중에 갑자기 신임 관리자들이 역할의 결정권을 가진 권력자로 둔갑하면, 이제 사람들의 마음속에 의구심이 일어난다. '그들은 자신에게 어떤 힘을 부여할까? 나도 그 무리에 들어가려면 어떻게 해야 하지?'

이제까지의 과정을 정리해보자. 당신은 개별 기여자 각자의 성장을 보여주는 일련의 역량을 명확히 정의해 경력 경로를 작성했다. 그런데 그만, 리더십은 어느 수준에서든 발현된다는 사실을 적시해야 함을 미처 생각하지 못했다. 이럴 경우 개별 기여자가 자신도 관리자와 동일하게 리더 역할을 수행할 수 있다는 사실을 믿지 못한다면 어떻게 될까? 당연히 리더가 되고 싶은 개별 기여자는 관리자 경로를 추구할 것이다.

이 자체는 재앙이 아니다. 어차피 유능한 관리자도 필요한 법. 하지만 당신이 작성한 개별 관리자의 경력 경로가 실패작이라는 사실은 변함없다. 당신은 팀 구성원들에게 관리자가 '수장'이라는 신호를 보냈기 때문이다.

급성장기에 맞닥뜨리는 가장 큰 도전은 내가 **성장 세금**으로 부르는 것이다. 이것은 당신이 부과하는 생산성의 벌금으로 팀 규모가 커지면 같이 늘어난다. 스스로에게 아래의 질문을 해보자.

- 어려운 결정을 내리는 데 얼마나 걸리는가?
- 구성원은 중대한 정보를 어디서, 어떻게 얻는가?
- 누가 무엇을 책임지는지 어떻게 알 수 있는가?

이러한 (그리고 훨씬 더 많은) 질문 각각에 답하는 비용은 조직에 새로운 사람이 합류할 때마다 조금씩 상승한다.

하지만 소소한 이런 **소통 세금**을 어린아이 장난처럼 보이게 만드는 것이 있다. 문화적 규범을 정의할 때 부과되는 훨씬 더 큰 세금이다. 당신은 리더가 관리자들의 전유물이라는 믿음을 강화함으로써 수직적인 계급 구조를 생성한다. **우리는 반드시 윗선에 허락을 구해야 한다.** 계급 구조는 조직 내 장벽과 부서 간 이기주의를 야기한다. **우리는 이것을, 그들은 저것을 가져.** 그런 장벽과 이기주의는 종종 사내 정치로 귀결된다. **그들의 사명이 조직의 유일한 사명이지. 우리의 사명은 그들의 사명만큼 중요하지 않아.**

이것이야말로 재앙이다.

어디에서든 리더십을 발휘할 수 있다

능력주의는 철학 개념으로, 힘과 권한은 거의 전적으로 개개인의 능력과 재능을 토대로 부여되어야 한다고 단정한다.[15] 이 논리를 확대하면, 검증을 통해 측정된 성과, 입증된 성취를 토대로 개인에게 힘과 권한이 귀속된다. 관리자와 엔지니어에게 능력주의는 매력적인 개념이다. 나는 우리 팀이 가능한 한 수평적이고 힘과 권한이 부여된 사람들로 가득하기를 원한다. 어떤 것이든 '관리자가 힘과 권한을 독점한다'는 의식을 강화하는 행동은 차선의 선택일 뿐이다.

---

15   능력주의의 본래 의미는 오늘날 통용되는 의미와 다르다. 사실 능력주의의 개념은 수백 년 전에 탄생했으나 1958년에 와서야 비로소 능력주의라고 칭해졌다. 능력주의라는 용어는 영국의 사회학자 마이클 영(Michael Young)이 자국의 교육 체계를 풍자하기 위해 처음으로 사용했다. 영은 이 용어가 자신의 의도와 달리 부정적 함의가 없는 말이 된 것에 '실망'했다.

집단 규모가 확장되면 관리자들이 필요한가? 당신은 동의하지 않을지 몰라도 나는 그렇다고 생각한다. 한발 더 나아가, 인적 자원, 공정, 제품 등을 책임지고 관리하는 일단의 사람들은 관리자가 확장의 필수 요소라고 생각한다. 어쩌면 당신은 그동안 만난 관리자들이 그런 일을 제대로 해내지 못했기 때문에 이에 동의하지 않는 것인지도 모르겠다. 그렇다면 정말 안타깝다. 그래도 세상에는 좋은 관리자가 많다. 그리고 그들은 자신의 역할이 팀의 건강과 발전을 관리하는 것임을 이해한다. 팀이 없다면 자신이 존재할 이유가 사라지는 까닭이다.

개별 기여자의 리더십이 무엇이냐는 정의는 경력 경로상에 리더십 역량을 규정하는 것에서 출발한다. 아울러 개별 기여자가 리더십을 발휘할 위치를 명확히 규정하는 데도 똑같은 양의 시간을 투자할 필요가 있다. 당신이 시간을 투자할 가치가 있는 역할은 두 개다.

테크 리더

당신 회사에서 '테크 리더'의 역할은 무엇인가? 불만에 찬 엔지니어들을 달래줄 '사탕'으로 관리자들이 내미는 일회성 직급인가? 그렇다면 개별 기여자의 리더십을 확실히 정의할 기회를 놓친 것이다. 테크 리더의 리더십을 정의하는 좋은 출발점이 있다. '당신이 이 코드(또는 프로젝트나 기술)의 주인이다. 이에 관한 한, 당신이 최

종 결정권자라는 뜻이다.'

이 정의를 바탕으로, 기술적 리더십이 필요한 제반의 기술 영역을 아울러 목록을 만들고, 그 목록을 공개하라. '이 영역은 우리 책임이고, 그 영역을 책임지는 사람은 테크 리더다. 궁금한 것이 있으면 먼저 그에게 문의하라.'

역할에 대해 끝도 없는 세부 사항을 깨알 같이 정의하는 것은 정치적인 지뢰밭을 만드는 것과 다름없다. 예컨대 테크 리더가 되기까지 얼마나 많은 시간이 걸리는가? 그들이 테크 리더를 그만두면 어떻게 되는가? 누가 테크 리더를 선임하는가? 특히 마지막 질문은 논란의 여지가 많다. 이 어려운 문제를 풀 수 있는 관리자가 있다면 금상첨화다.

테크 리더 관리자

말 그대로 테크 리더와 관리자를 연결한 하이브리드 역할이다. 관리자를 희망하는 엔지니어에게 인적 자원을 관리할, 투명하고 공정한 관점을 제공하는 것이 목적이다. 테크 리더 관리자의 일과는 크게 두 영역으로 나뉜다. 먼저 일과의 최소 50퍼센트를 코딩에 할애하고 나머지 시간은 직속 엔지니어들을 관리하는 데 쓴다. 비결을 알려줄까? 직속 엔지니어를 최대 세 명으로 제한하라. 이 조건을 내걸면 두 마리 토끼를 모두 잡을 수 있다. 신임 관리자에게 직무 평가, 승진, 일대일 회의 같은 인적 자원 관리의 제반 영역을 경험할 기회를 제공하는 동시에, 현장 엔지니어로 활동할 적정 시간도 확보한다. 그런데 왜 하필 세 명인가? 왜 최소 50퍼센트인가? 당연히 직속 엔지니어의 인원과 시간 분배는 당신 형편에 맞춰도 된다. 그러나 우리의 최우선 순위가 무엇인지 상기해보라. 양손에 든 떡을 놓치지 않고 둘 모두를 제대로 거머쥘 가능성을 높이는 것이다.

테크 리더처럼 이 역할에도 운영 차원의 세부 사항에 악마가 숨어 있다. 테크 리더 관리자가 수행할 세부 사항에도 일을 그르칠 위험이 도사린다는 뜻이다. 특히 내가 테크 리더 관리자의 역할에서 문화적으로 역점을 두는 측면이 하나 있다. 테크 리더 관리자가 그 일을 그만둘 때 찍히는 문화적 낙인을 제거하는 것이다. 가령 어떤 테크 리더 관리자가 선임된 지 넉 달이 지나 나를 찾아와 말한다. "저는 사람들을 관리하는 일에 맞지 않는 것 같습니다." 나는 먼저 정황을 파악하고 명료화하기 위해 몇 가지 질문을 하고, 그다음 그와 함께 의논한다. 질문에 대한 만족스러운 답을 받는다면, 나는 그가 전임 엔지니어로 복귀하는 것을 축하할 것이다. 굳이 축하까지 할 일이냐고 반문할지 모르지만, 방금 우리는 무능한 관리자가 한 명 더 추가되는 불행을 면했을 공산이 크다.

후행 지표

경력 경로에 대해 해줄 마지막 조언은 가장 복잡하면서 가장 불완전하다. 앞서도 말했지만 리더십을 정의하는 방식은 그 정의를 적용하는 방식 못지않게 중요하다. 승진 과정을 신중하게 계획함으로써 팀원들에게 당신이 리더의 역할에 얼마나 큰 비중을 두는지를 일관되고 적절하게 알리게 된다. 승진 과정을 명확히 정의하는 것은 장 하나를 온전히 할애해야 할 만큼 민감하고 광범한 주제다. 안타깝지만 지금은 언젠가 상세히 설명하는 날이 올 거라는 약속으로 미안한 마음을 대신한다. 그렇다 해도 23장에서 소개한 방법론을 실천할 생각이라면 올바른 방향으로 가고 있으니 안심해도 좋다. 마지막으로 다시 짚어보자. 당신은 개별 기여자와 관리자가 나아갈 각각의 경력 성장 경로를 규정했다. 또 관리자 이외의 영역에서 각자에게 리더가 될 기회를 부여하는 역할도 정의했을 것이다.

당신은 내가 23장에서 들려준 방법론을 미래의 승진 과정에도 적용할 것이다. 요컨대 관리자와 개별 기여자 모두는 공식적인 승진 기간만이 아니라 1년, 12달, 365일 경력과 승진에 대해 토론할 수 있는 표준적인 준거 기준을 확보했다. 마지막으로 미래 승진 과정에서 답해야 하는 질문이 하나 남았다. '당신은 리더십을 발휘하는 개별 기여자와 관리자를 일관성 있고 공평하게 승진시키고 있는가?'

경력 경로와 관련해서는 해야 하는 일이 많다. 그중 몇 가지를 들어보자. 리더들이 연중 내내 개별 기여자들과 경력 대화를 나누도록 그들을 훈련시키라. 개별 기여자들이 사내에서 자유롭게 이동할 수 있도록 직원 친화적인 인사 정책을 확립하라. 회사의 전원이 피드백을 제공하도록 교육에 투자하라. 기업에 성장 DNA를 주입하는 것은 개념이나 용어를 정의한다고 되는 것이 아니다. 부단한 피와 땀과 눈물의 결정체다.

24장

의도적으로 건설적인 소문을
조장하라

장담한다. 지금 이 순간 팀에 소문이 돈다. 유감이지만, 그 소문은
독약과 같다. 소문은 돌풍을 불러일으키고 감정적 에너지를 분출하
게 만든다. 구성원들은 둘 이상만 모이면 쑥덕거린다.

그런데 당신에 대한 소문이다. 전혀 진실이 아닌.

소문을 들은 당신이 어떻게 반응할지 눈에 선하다. 속에서는
천불이 나고 눈을 희번덕거릴 것이다. 그리고 비이성적 생각이 고
개를 쳐들 것이다. '이 거짓말을 처음 지어낸 사람이 누군지 알아내
서 본때를 보여주겠어!' 찬물을 끼얹는 것 같아서 미안하지만, 당신

마음대로 되지는 않을 것이다. 그 소문이 어디서 시작됐는지 밝혀 내지 못할 확률이 크다. 설상가상으로, 이번은 어찌어찌 넘어가더라도 또 다른 악의적인 소문으로 사람들이 수군거릴 것이 불을 보듯 뻔하다.

그럼 대체 어떻게 해야 하냐고? 우선은 마음을 진정시키고 이야기에 귀를 기울일 준비를 하라. 당신에게 이야기 세 개를 들려주려 한다. 우선 소문의 진원지가 어디인지 확인하고, 소문이 끊이지 않는 이유를 파헤쳐보자. 마지막으로 소문을 무력화하는 단순한 소통 기법에 대해 알아보자.

회색 지대

다음 회의 상황은 가상의 것이다. 그러나 나는 실제로 이런 식의 회의를 수없이 많이 했다.

동료인 조엘이 잔뜩 화가 나서 씩씩거리며 회의실로 들어온다. 긴급 소집된 15분짜리 회의에는 딱히 정해진 의제가 없다. 조엘이 먼저 입을 연다. "시간을 내줘서 고마워요. 정말 화가 나서 팔짝 뛰겠어요."

"무슨 일인데요?"

"크리스가 지난 주에 휴가를 갔잖아요. 크리스가 그 전 주에도 나와의 일대일 회의를 취소했길래, 설마 또 휴가를 갈 줄은 몰랐죠! 그러니까 크리스와 나는 일대일 회의를 두 번이나 건너뛰었어요."

"그런 일이 있었군요. 그런데 오늘은 크리스가 출근했던데요."

"그건 그렇죠. 하지만 크리스가 나를 해고할 작정을 한 게 틀림없어요."

"세상에, 일대일 회의를 두 번 건너뛰고 오해가 조금 있었다고 해고하다니요. 설마요. 내가 중요한 무언가를 놓친 거 같은데, 그렇죠?"

아니, 내가 중요한 무언가를 놓친 것이 아니다. 질문을 이어갈수록 내 심증이 확고해진다. 일대일 회의를 두 번 건너뛰고, 휴가 계획을 팀원들에게 알려주지 않았다는 사실이 보태져 조엘이 성급한 결론을 내렸음에 틀림없다. 자신이 해고될 거라고 말이다. 조엘의 막무가내 추론을 뒷받침할 명확한 근거는 없다.

그저 인간의 숙명 같은 고질적인 두려움이 있을 뿐이다.

이 시나리오는 우리 삶의 불편한 진실 하나를 드러낸다. **정보가 없을 때 사람들은 진실에 관해서 가능한 최악의 시나리오를, 그것도 대개는 스스로가 가진 최악의 두려움을 반영하는 시나리오를 생각해낼 것**이라는 점이다. 이것은 믿기 힘들 만큼 단순한 규칙이며, 좁게는 당신 팀에서, 넓게는 사내에서 회자되는 무성한 소문이 바로 이 규칙의 산물이다.

지난 10년간 급성장하는 여러 스타트업을 거치면서 성장통의 하나로 소문 문화가 진화하는 양상을 가까이에서 지켜보았다. 급성장기는 소통 구조가 시험대에 오르는 시기다. 조직에 합류한 사람이라면 누구나 회사와 사내의 문화와 가치관을 이해할 필요가 있다. 여기서 말하는 가치관은 벽에 걸어놓은 가치 슬로건만이 아니라 각 팀의 일부로 존재하는 암묵적인 가치도 포함한다.

조직의 규모가 성장해서 상대적으로 늦게 합류한 사람들(뉴 가드)이 올드 가드의 인원을 추월하기 전이라면, 명시적인 가치관과 암묵적인 가치관은 전염성도 크지만 수정하기도 쉽다. 이 변곡점에서 문화가 표류하기 시작한다. 뉴 가드가 야기한 엔트로피의 양이 올드 가드가 새 가치관을 수용하는 능력을 초과하는 까닭이다. 그리고 이때부터 사람들의 호기심을 자아내는 그럴싸한 소문이 돌기 시작한다.

소문은 회색 지대에서 태어난다. 회색 지대는 빠르게 성장하는 팀들 사이에서 만들어지는데, 예전에는 매일 일상적으로 상호작용을 주고받았지만 이제는 물리적 거리가 멀어져 교류가 소원해진 탓이다. 즉, 회색 지대는 소통 공백이 생긴 곳에 터를 잡는다. 예를 들어보자. 당신은 전체 직원 회의에서 제품에 대해 전략적 결정을 내린 이유를 명확히 설명하지 않았다. 그러자 회의 참석자들은 당신의 말 하나를 오해했고, 그럼에도 누구 하나 손을 들어 정확한 설명을 요구하지 않았다. 그렇게 단순한 오해가 발단이 되어 소문이 돌기 시작했고, 소문은 수그러들기는커녕 입에서 입으로 전해질수록 살이 붙어 훨씬 강력해졌고 더 널리 확산되었다. 이유가 무엇인가?

동조

1951년, 미국의 심리학자 솔로몬 아시Solomon Asch가 일련의 실험을 진행했다. 8명의 실험 참가자들은 지각 능력을 알아보는 단순한 과제를 수행해야 했다. 사실 8명 중 7명은 전문 배우들로 대본에 따라 연기하는 이른바 실험 도우미였고 실험 대상은 단 1명이었다. 그 사람은 그 사실을 전혀 몰랐고 모두가 자신처럼 자유 의지로 행동한다고 생각했다.

아시의 실험은 단순했다. 먼저 각 참가자에게 선분 하나가 그려진 카드를 보여주었다. 그런 다음 선분 세 개가 a, b, c로 표시된 두 번째 카드를 보여주었다(그림 24-1).

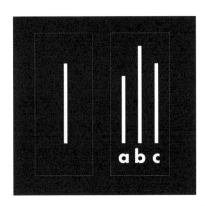

그림 24-1 솔로몬 아시가 1951년 지각 능력 실험에서 사용한 카드

그런 다음 각 참가자에게 첫 번째 카드에서 본 선분과 길이가 같은 선분을 두 번째 카드에서 찾아 큰 소리로 말해달라고 요청했다. 그림에서 보면 알겠지만, 두 번째 카드에서 각각 a, b, c라고 표시된 선분의 길이가 확연히 달랐다. 카드에는 어떤 눈속임도 없었다. 실험의 유일한 변수는 자유 의지를 가진 참가자가 항상 마지막에 대답한다는 것이었다. 그가 대답하기 전에 다른 참가자들의 대답을 듣게 하려는 의도였다.

실험은 연달아 총 18회 시행되었고, 그 가운데 12번의 시행에서 가짜 참가자들이 의도적으로 오답을 댔다. 한편 자유 의지를 가진 진짜 참가자의 75퍼센트가 12번 중에서 최소 1번 이상 틀린 답을 말했다.

다시 말하지만 어떤 착시도 속임수도 없었다. 각 실험은 그림의 카드처럼 지극히 평범했다. 단지 순전히 사회적인 요소가 재간을 부린다. 그 요소란 8명 중 1명에게 가해지는 무언의 압박이다. 그는 자신을 제외한 7명이 도대체 무슨 이유로 명백히 틀린 답을 말하는 것인지 의아해하다가 마침내 '아마도 저 사람들은 내가 모르는 걸 아는 게 틀림없어.'라고 생각하며 압박감에 굴복한다.

동조conformity 실험이라는 별칭이 붙은 아시의 지각 능력 실험은 집단 사고에 관한 놀라운 통찰을 보여준다. 아시의 실험은 주변 사람들이 명백히 잘못된 경로나 설명을 선택했다는 이유만으로 자신도 그 경로나 설명을 따라 선택할 확률이 얼마나 높은지를 증명한다. 나는 하나를 덧붙이고 싶다. 아시의 실험은 소문이 무엇을 매개로 조직 전반에 퍼지고 갈수록 위세를 더해가는지를 설명해준다.

아시의 실험에서 모든 참가자가 서로 모르는 사람들이고 질문과 대답이 명백했다는 사실을 유념하라("길이가 똑같은 선분을 고를 수 있습니까?", "네, 물론입니다."). 하물며 **당신이 신뢰하는 사람들**에게서 한두 번도 아니고 세 번씩이나 얼토당토않은 소문을 들으면 어떻게 되겠는가? 나도 모르게 '저 소문에 뭔가 진실이 있는 게 틀림없어.' 하는 생각이 스멀스멀 올라오지 않겠는가.

모르긴 몰라도 소문은 일말의 진실에서 시작했을 것이다. 아마도 대답을 듣고 싶은 단순한 질문이었으리라 짐작된다. 그런데 소문이 조직의 복잡한 소통 체계로 들어가면서 그 진실은 사라지고 만다. 더욱이 구성원들의 신뢰를 받는 사람들의 입을 거치면서 소문에 더 큰 힘이 실린다. 거짓이 진실로 둔갑하고 서로 신뢰하는 친구와 동료가 거짓말에 살을 보탠다.

소문은 무기가 될 수도 있다. 또 소문은 시간이 흘러 변할 수도 있다. 지금 우리가 말하는 소문은 부도덕하고 악의에 찬 비방을 말하는 것이 아니다. 그저 오해에서 비롯하는 뜬소문을 말하는 것이다. 대화를 잘못 알아듣고 복도에서 속닥이는 소문 말이다. 그렇다면 우리는 이러한 소문에 어떻게 대처해야 할까?

얼마나 비상식적인가

뇌는 헛소리를 감지하게끔 단련되어 있다. 진화적인 관점에서 뇌가 그런 근본적인 기술을 어떻게 획득하는지는 나도 모른다. 다만 확실하게 아는 것은 우리는 어떤 말을 듣고 곧바로 그 말을 평가할 수 있다는 것이다. '구라'일까, 아닐까.

세상은 우리의 세계관에 맞게 자동화 시스템에 의해 생성되어 특정 대상을 겨냥한 시시콜콜한 메시지로 포화 상태다. 이런 메시지의 융단 폭격 속에서 전 인류는 헛소리에 속수무책으로 당하고 있다. 헛소리를 차단하는 것은 고사하고 감지조차 제대로 못하고 있다. 아니, 완전히 무방비 상태다. 그렇다고 실망하지 마라. 당신은 개인적으로 헛소리의 공격에 대항할 수 있다.

구라와 소문의 차이는 얼마나 비상식적인가에 있다. 시쳇말로 구라는 하도 비상식적이고 기괴해서 쉽게 무시할 수 있다. 반면 소문은 종종 진실의 가면을 쓰고 있어서 한줌이나마 신뢰를 얻는다. 그러나 소문이든 날조된 구라든 당신이 보여야 할 반응은 같다. 진실을 찾는 것이다.

가상 시나리오의 소문이 당신에 관한 것이라고 가정하자. 당신은 소문을 듣고 분노 게이지가 급격히 상승한다. 하지만 분노가 가라앉고 나면 아주 특별한 고지에 서게 된다. 소문을 평가할 당사자가 되는 것이다. 소문이 어떻든, 당신은 여전히 당신이기 때문이다. 소문이 입에서 입을 거쳐 조직 전체로 퍼지면서 얼마나 와전되었는지와 상관 없이, 당신은 정보와 사실에 입각한 변론으로 방어전을 펼칠 수 있다. 지극히 당연하다. 당신에 관한 전문가는 바로 당신이지 않은가.

소문을 듣고 나오는 반사적인 반응은 마녀 사냥의 희생양을 향해 분노의 화염을 쏘는 것이다. '도대체 말도 안 되는 소문을 누가 퍼뜨린 거야? 누군지 알아내기만 하면 따끔한 맛을 보여줄 테야.'

열을 삭히고 자중하라. 냉혹한 진실을 직시해야 한다. 팀 구성원의 30퍼센트는 당신의 업무 수행에 만족하지 못한다. 사사로운 감정 때문이 아니다. 리더인 이상 당신은 이런 현실을 피할 길이 없다. 현명한 전략과 완벽한 판단력으로 무장해 당신이 맡은 프로젝트를 완전무결하게 실행한다면 모두를 만족시킬 수 있지 않겠냐고? 아서라. 기대를 접어라. 극소수이더라도 당신의 업무 수행이 못마땅해 불만과 격노 사이 어딘가에서 당신을 예의 주시하는 눈이 있기 마련이다. 특정 프로젝트에 관한 선택은 그들의 선택이 아니었다. 당신이 회의에서 그들의 가치관에 어긋나는 발언을 했다. 납득할 만한 불만은 끝이 없다. 당신은 죽다 깨어나도 불만 전부를 알지 못할 것이다. 당신이 모른다고 불만이 없는 것은 아니다. 게다가 지금 이 순간에도 불만은 생겨나고 있다.

마녀 사냥을 벌이고 싶은 충동은 소문을 듣고 나오는 자연스러운 반응이다. 좋은 소문조차 비록 의도한 것이 아니더라도 얼굴을 한 대 후려치듯 충격을 주려는 저의가 있기 때문이다. 소문은 조직의 구석구석을 돌아다니고, 입에서 입으로 전해질 때마다 더 강력해지고, 사람들은 소문에 살을 붙이고 각색하여 재생산한다. 우리는 본래 흥미진진한 이야기에 구미가 당긴다. 소문이 한 사람의 입을 건널 때마다 이야기가 윤색되고 발전한다. 극적인 효과를 최대치로 끌어올리기 위한 잔인하되 효율적인 편집 과정이다.

게다가 소문에는 진실도 있다.

'롭! 마른 하늘의 날벼락 같은 이 소문에는 맹세코 일말의 진실도 없습니다. 하늘에 맹세코 나는 그들이 그렇게 생각할 줄은 몰랐습니다.'

마음을 가라앉히고 자중하라. 소문이 도는 이유가 있다. 기억조차 못하는 과거에 소문의 발단이 된 정황이 있었다. 이제 와서 그 정황을 바꿀 수는 없다. 또 지금은 마녀 사냥을 나설 때도 아니다. 지금 이 사태를 해결하기 위해 할 수 있는 유일한 일은 독약 같은 소문에 어떤 진실이 있는지 곰곰이 생각해보는 것이다. "이런 건 우리 문화가 아냐!"라는 말로 정당화하면서 마녀 사냥을 벌이는 사람을 수도 없이 많이 목격했다. 해롭거나 모욕적인, 때로는 공격적이고 악의적인 소문에는 마녀 사냥이 합당하다. 그러나 대부분의 마녀 사냥은 불붙은 소문에 기름을 끼얹는 이상의 효과는 없다("마녀 사냥이 시작됐어. 소문을 퍼뜨린 사람을 찾고 있대."). 소문을 만든 사람은 한 명이 아니다. 팀 전체가 소문에 연루되었다. 소문은 문화와 상관관계가 있다.

소문의 진원지나 전파 경로를 애써 찾으려는 몸부림으로 쓸데없는 스트레스를 받고 에너지를 낭비하지 마라. 그 에너지를 차분히 성찰하는 데 쏟으라. 소문에 진실이 한 조각이라도 있을까? 그렇다면 어떤 진실일까? 도대체 무엇을 알고 싶어서 소문을 지어냈을까? 당신에 관한 소문이라면, 소문이 당신에게 묻고 있는 것이 무엇일까?

소문 이후 당신의 자기 성찰 여정은 시험이나 다름없다. 나는 당신이 아니고 나는 당신 문화를 이해하지 못한다. 또 당신에 관한 소문이라면 깊이 생각하고 받아들이며 이해하는 것이 힘들다는 것도 안다. 구성원들이 소문을 빙자해 당신에게 무슨 말을 하고 있는지 알아낼 필요가 있다는 사실도 잘 안다. 비록 사람들이 소문이라는 바람직하지 못한 방식을 선택했더라도 말이다.

최근에 사람들의 이목을 끄는 어떤 행동을 취한 게 있는가? 공개적으로 어떤 발언을 했는가? 그곳에 누가 있었는가? 그들이 당신에게서 어떤 말을 들었는가? 당연한 말이지만 소문이 완전히 날조된 거짓일 수도 있다. 그래도 소문은 곧바로 사라지지 않는다. 오히려 입에서 입을 타고 퍼진다. 그리고 소문은 당신에게 직진하면서 점차 위세를 키운다. 이처럼 소문의 파급력이 강하다는 사실에도 시사하는 메시지가 있다.

어쩌면 당신은 그들이 소문을 내서라도 대답을 듣고 싶어한 질문이 무엇인지 끝내 알아내지 못할 수 있다. 이미 소문은 진원지에서 너무 멀어졌고 우스꽝스럽고 황당한 '썰'로 변질되었다. 이렇게 되면 선택은 하나뿐이다. 마음을 훌훌 털어버리고 팀 구성원의 최소 30퍼센트가 당신의 업무 수행 전부 또는 일부에 만족하지 못한다는 사실을 되새기는 계기로 삼으라.

두말하면 잔소리지만, 그 질문이 무엇인지 모종의 단서라도 찾는다면 더 좋다. 단서는 체계적으로 잘 짜인 가상 시나리오일 수도 있다. 또는 그저 황당무계한 지레짐작일 수도 있다. 그러나 이런 단순한 통찰이라도 얻으면 어떻게 반응하고 행동할지 방향을 잡게 된다. 당신은 공개 토론회에서 그 질문에 직접 답하거나, 행동을 변화시켜 가시적으로 대답을 보여준다. 이로써 당신은 약간의 진실을 황야로 되돌려 보낸다.

소문은 문화와 상관관계가 있다

이제 소문의 진상을 알아보자. 때는 2주 전, 장소는 회의실이었다. 당신은 중요한 어떤 주제에 대해 논란의 여지가 있는 발언을 툭 던졌다. 그 주장을 정당화하는 근거를 절반쯤 말한 후 서둘러 회의실을 나갔다. 솔직히 시간에 쫓기기도 했지만 사람들에게 영감을 주려고 일부러 그렇게 한 것이었다. 그런데 그날 참석자 중에는 당신의 화법을 한 번도 접한 적이 없는 사람들이 있었다. 그래서 그들은 당신이 그들을 돕고자 한 그 행동을 보고 되려 혼란에 빠졌다.

회의에 참석했던 한 사람의 머릿속에서 사고 과정이 가동했다.

창의적인 브레인스토밍에서나 일어나는 사고 과정이다. 그리고 이론화하기 시작했다. '그가 말한 것이 이런 뜻일까? 아니면 저런 뜻일까? 도깨비에 홀린 것 같은 이 말에 함축된 의미가 무엇일까? 그것이 뭔지 알아봐야겠어. 먼저 나는 그 말을 어떻게 생각하는 걸까? 다른 사람들은 어떤 기분일까? 그 모든 게 무슨 뜻일까?'

당신의 말을 이해하고 싶은 마음에서 촉발된 건전하고 정상적인 토론이다. 어느 정도 숙고의 시간을 거친 후에 그는 무언가를 깨닫고 마침내 최상의 해석을 도출한다. 그 해석은 흥미로운 결론일 터다. 본래 사람들은 흥미진진한 이야기를 좋아하니 말이다. 이제 이 이론을 다른 사람들에게 확인받고 싶은 그는 두 가지 선택을 해야 한다. 당신에게 직접 말할까, 아니면 믿을 수 있는 친구에게 말할까?

당신은 상사인 데다 늘 시간에 쫓긴다. 따라서 그는 저항이 가장 적은 쉬운 길을 택한다. 바로 믿을 수 있는 친구에게 털어놓는다. 그렇게 입을 여는 순간 그는 두 번째 선택을 하게 된다. 여기서 잠깐, 주목할 것이 있다. 그의 이론은 상사인 당신에 관한 것이고 따라서 귀가 솔깃해지는 재미있는 이야기다. 그래서 그는 '내 생각에는' 이라고 하지 않고 '내가 들은 이야기인데'라고 하며 말문을 연다. 친구가 이론을 듣고서 열렬히 맞장구를 친다. 전개가 아주 흥미로운데, **그 사람은 그날 회의에 참석하지 않았기 때문이다.** 그는 진실이 아니라 이론을 만든 친구의 열정에 동조하고, 자기 친구에게 그 이야기를 들려준다. 그리고 그 친구가 또 다른 지인에게 그 이야기를 옮긴다.

소문은 문화와 상관관계가 있다. 위의 가상 시나리오에서는 상황을 야기한 장본인에게 말하는 것보다 상황에서 멀찍이 떨어진 제3의 관찰자에게 말하는 것이 더 쉽고 안전했다. '내 생각에는'처럼 자신의 말에 책임을 지는 것보다 '내가 들은 이야기인데'처럼 익명의 누군가에게 그 발언의 책임을 전가하는 것이 더 쉽고 안전했다.

25장

예방이 최선의 관리다

테드는 하늘을 날아갈 듯 기분이 좋다. 회의실에 들어와 건너편에
앉자마자 신이 나서 말한다.

"프로그램 출시는 시간 문제입니다. 우리는 거의 한 달 동안 세
부 사항에 매달렸습니다. 그리고 관련된 팀들과 함께 그 개념
을 조사했고 수정도 완벽히 끝마쳤습니다. 이제 모두가 만족합
니다. 마지막으로 회사에 발표만 하면 대장정이 끝납니다."

"테드, 수고하셨습니다. 일이 정말 많았겠군요."

"감사합니다."

"그런데 아직 갈 길이 먼 것 같습니다."

"네? 무슨 말씀이신지….."

무엇을 검증하기 위함인가

〈스타 트렉Star Trek〉은 23세기 우주를 배경으로 제작된 TV 시리즈와 영화를 총칭한다. 〈스타 트렉〉에는 우주 함대Star Fleet의 지휘관을 선발하기 위해 생도들에게 시행되는 시험이 있다. 이른바 코바야시 마루Kobayashi Maru 시험이다. 메모리 알파Memory Alpha[16]는 그 시험을 이렇게 설명한다.

그 시험은 주로 우주선의 지휘관 후보에 오른 생도를 대상으로 실시된다. 시험이 시작되고 얼마 지나지 않아 우주선은 코바야시 마루로부터 조난 신호를 받게 된다. 민간 화물선인 코바야시 마루는 클링온Klingon의 중립 지대에서 기관 고장으로 심각하게 파손된다. 비행 거리 내에 있는 유일한 우주선으로서, 생도는 대개 양자택일의 상황에 놓인다. 구출 임무를 거부하거나, 휴전 협정을 위반할 위험을 무릅쓰고 중립 지대로 진입해 코바야시 마루를 구조하는 것이다. 후자를 선택하면 우주선은 클링온 전투 함대와 대치하고 대개는 공격을 받게 된다.

---

16 옮긴이_〈스타 트렉〉의 모든 정보를 정리한 공인된 위키 백과사전이다.

이 시험의 핵심이 무엇이냐고? 이 시나리오에서는 임무를 성공적으로 완수하는 것이 사실상 불가능하다. 생도는 코바야시 마루를 구조하고 클링온 함대와의 전투를 피하며 아무런 타격을 입지 않은 채 중립 지대를 무사히 탈출할 수 없다. 이 시험에서 정말로 검증하고자 하는 것은 우주사관학교 생도의 성격과 의사 결정 능력이다.

관리자의 역할 핵심은 매우 복잡하고 예상하지 못했으며 승산이 없어 보이는 시나리오에서 적절한 행동을 취하는 능력에 있다. 하지만 당신은 더 좋은 시나리오가 무엇인지 안다. 애초에 그런 상황에 놓이지 않는 것이다.

시스템 실패

관리자의 일상은 예기치 않게 펼쳐지는 일로 가득하다. 직원 회의에서 어떤 기능의 개발이 일정보다 한 달이나 뒤처졌음을 알게 된다. 일대일 회의에서 저스틴이 사표를 낼 거라고 폭탄 선언을 한다. 복도에서 주고받은 가벼운 대화에서 직업적 재앙이 임박했다는 징후를 처음으로 깨닫는다. 이런 발견과 각성은 리더로서 맞닥뜨리는 표준적이고 평범한 상황이고, 꼬리에 꼬리를 물고 나타난다. 부디 행운을 빈다.

코바야시 마루 상황은 소리소문 없이 조용히 시작된다. 소통이 무난하게 이뤄지고, 프로그램 출시도 신중하고 철저한 계획에 따라 착착 진행된다. 이제 고객 모두가 잘 설계되고 잘 검증된 기능을 사용할 수 있게 된다. 당신은 이 일을 해본 경험이 있어 전혀 걱정하지 않는다. 그런데 이렇게 방심하고 있다가 뒤통수를 맞는다.

곧바로 코바야시 마루 상황이 극적으로 전개된다. 실제로든 상징적으로든 누군가가 손을 드는 순간부터 반응의 속도가 빨라진다. 그가 무언가를 말이나 글로 표현하는 순간에 상황이 돌변한다. 이 사태는 매일같이 부딪히는 뜻밖의 사건과는 근본적으로 다르다. 일순간 이런 생각이 뇌리를 스치지만 입 밖에 내지는 않는다. '맙소사, 빌어먹을. 골치 아프게 생겼군.'

저자의 당부

지금까지 25장째 읽으면서 불편할 만큼 내용이 모호하거나 무슨 말인지 도통 모르겠다면, 감히 제안하고 싶다. 당장 책장을 덮는 게 어떤가. 남은 내용도 아무런 도움이 되지 않을 테니 말이다.

필패를 부르는 코바야시 마루 상황은 시스템 실패다. 당신은 맨 처음 피드백을 받을 때 이것을 정확히 인지한다. 코바야시 마루 상황은 네 가지 요소로 구성된다.

- 꿈에서도 상상하지 못한 놀라운 일이다.
- 극렬한 반발이 생긴다.

- 전혀 예상하지 못한 사람들이 손을 들어 항의를 표한다.
- 이 상황은 당신이 짐작조차 못하는 중대한 정보를 시사한다.

다시 말하지만 코바야시 마루 상황은 시스템이 실패한 것이고, 특정 집단의 사람들이 평소 중요한 일을 완수할 때 사용하는 수단이 **참담하게 붕괴**한 것이 원인이다. 논란의 여지가 없고 불가피해 보였던 구조 조정, 모두가 윈-윈할 것 같았던 인적 자원 관리 프로그램, 팀 내에 신뢰를 구축하기 위해 계획된 선의의 정보 공개 등등. 잠재적인 코바야시 마루 상황은 수없이 많고, 그 상황들의 한결같은 공통점은 당신 입에서 나올 단 두 마디다. "맙소사, 빌어먹을."

코바야시 마루 상황의 특징

불행하게도 코바야시 마루 상황과 관련해 역설적인 진실은 그런 상황을 대비하는 최고의 방법이 그런 상황을 경험하는 것이라는 데 있다. 지금은 가상의 시나리오를 통해 경험해보자. 나는 새로운 프로그램의 출시를 앞두고 있다. 유익한 프로젝트는 코드명이 있는 법, 내 프로그램에도 적절한 코드명을 붙여보자. 굿 플레이스$^{Good Place}$[17], 어떤가.

굿 플레이스의 가상적인 세부 사항을 말하자면 이렇다. 굿 플

---

17 굿 플레이스는 요즘 내가 애청하는 TV 프로그램이자 내게 힘을 불어넣는 긍정의 확언이다.

레이스는 이달 말에 출시할 예정인 전사적 프로그램이다. 그 프로그램은 엔지니어 팀의 5퍼센트에만 영향을 미쳐야 하고, 한동안 엔지니어들의 일상은 거의 영향을 받지 않을 것이다. 하지만 석 달이 지나고 나면 그들의 업무 방식에도 약간의 변화가 필요할 것으로 예상된다. 그래도 뭐, 그들에게는 준비할 석 달의 시간이 있으니 아무 문제 없다.

굿 플레이스는 코바야시 마루 상황과 공통점이 있다. 몇 가지 예를 들어보자.

- 다양한 사람들로 구성된 대규모 집단에 영향을 미친다.
- 그들의 업무 방식에 낯설거나 중대한 변화가 불가피하다.
- **초기에 인식된** 성공 가능성은 프로그램의 영향을 받는 사람들이 변화에 어떻게 반응하는지에 달려 있다.
- 내가 예전에 해봤던 일과 매우 **비슷해 보인다.**

이런 모든 특성이 결합해 완벽한 코바야시 마루 상황을 야기한다. 나는 경계심의 고삐를 늦추고, 그 변화를 이해하기가 힘들며, 영향을 받는 사람의 수를 대폭 낮게 잡는다. 성공이 초기의 인식에 달려 있으므로 반응이 예상을 초월하면 극도의 부인 상태가 되고 스스로에게 거짓말을 하기 시작한다.

- 그저 두어 사람만 영향을 받는다. **틀렸다.**

- 오해일 뿐이다. **아니다.**

- 실패하지 않을 거야. **실패할 것이다.**

굿 플레이스는커녕 배드 플레이스^Bad Place^다.

적절한 대비

피해를 최소화하기 위한 통제 노력을 시작하고 승산 없는 시나리오를 유효하게 다루려면 어떻게 해야 하는지 알려달라고 아우성치는 소리가 들리는 듯하다. 물론 일이 일어난 후 대처하는 것도 좋은 아이디어다. 그러나 더 바람직한 길이 있지 않을까? 처음부터 이런 시나리오를 피하는 방법에 대한 조언이 더 유익하지 않을까?

두말하면 잔소리다.

내가 코바야시 마루 상황을 예방하는 방법은, 편리하게도 팀에서 발생하는 중대한 **모든** 변화에 대처하는 방법론과 밟아야 하는 과정이 정확히 일치한다. 자세히 알아보자.

1. **서면 도구를 활용해 이 상황의 기본 구조를 정립하라.** 당신은 이 상황을 명확히 설명하는 PPT 자료를 생성하거나 문서를 작성할 필요가 있다. 현재 무슨 상황이 벌어지고 있는가, 이런 일이 왜 벌어졌는가, 이 변화를 성공적으로 구현하면 어떤 결과가 만들어지는가, 성공을 어떻게 측정하는가, 이런 상황이 전개된 경위에 대해 누구라도 피드백을 제공

하려면 어떻게 해야 하는가 등에 대한 설명이 반드시 담겨야 한다. 한편 이렇게 만든 PPT 자료나 문서는 초안에 불과하고, 최종안이 만들어지기까지 많은 변경을 거쳐야 할 것이다.

2. **계획 초안을 신뢰하되 이 상황과 직접적인 이해 관계가 전혀 없는 3명에게 확인을 받으라.** 이번 변화로 영향을 받지 않을뿐더러 당신에게 솔직한 피드백을 제공할 거라고 믿는 3명에게 초안을 보여주라. 25장을 통틀어 당신이 반드시 따라야 하는 조언 하나를 고른다면, 바로 이것이다. 이 상황의 영향을 받지 않으면서 당신이 신임하는 사람들은 계획의 명백한 오류를 찾아낼 뿐 아니라 오류에 대해 솔직하게 말해줄 가능성이 가장 크다.

3. **개인이든 팀이든 그 변화로 영향을 받을 거라고 생각하는 모두를 포함하는 목록을 작성하라.** 이 훈련은 소통 계획을 수립하기 위한 첫 단계지만, 지금 당장은 변화의 영향력이 얼마나 큰지를 측정하는 훈련이다. 영향을 받을 거라고 예상되는 개인과 팀을 전부 포함하는 목록을 작성하라. 목록에 몇 명이 올라 있는가? 5명이라고? 고작 5명이 전부라고? 그렇다면 왜 지금 이 글을 읽고 있는가? 내가 대신 그 이유를 말해도 되겠는가? 당신은 변화의 영향이 생각보다 크리라는 감을 잡았기 때문이다. 당신의 육감 레이더가 꿈

틀댄다. 영향을 받을 사람이 얼마나 많을까? 직접적으로는 물론이고 간접적으로 영향을 받을 사람까지 합치면 얼마나 될까? 직접적으로 영향을 받을 사람들에게 신경 쓰는 사람, 변화에 대해 확고한 의견을 주장할 사람, 손을 번쩍 들고 무언가를 말할 사람 등등. 당연히 그들도 목록에 포함시켜야 한다. 그런 다음 당신이 믿는 3명에게 이 목록을 보여주라.

4. **소통 계획을 수립하라.** 상황의 기본 구조를 정의했고, 영향을 받을 사람의 목록을 작성하고 확인했다면, 이제는 이 두 가지를 염두에 두고 프로그램을 구현할 차례다. 이 프로그램은 물이 위에서 아래로 흐르는 것에 비유해 **폭포수**cascading 소통 계획이라고 한다. 영향을 가장 크게 받을 사람으로 시작해서 영향을 적게 받을 사람으로 차츰 옮겨가기 때문이다. 행동 순서는 다음과 같다.

4-1. 영향받을 사람들과의 예비 일대일 회의. 직접적인 영향을 받을 사람 각자와 일대일로 마주앉아 그 상황의 기본 구조를 자세히 설명한다. 왜 굳이 이래야 하는가? **변화로 직접적으로 큰 영향을 받을 사람들은 당신 말고는 누구에게서도 그런 정보를 들을 수 없어서다.**[18]

---

18 이런 일대일 회의는 관련자가 소수일 경우에 해당된다. 수백 명에게 영향을 미치는 대규모 조직 개편을 실시할 계획이라면 영향을 받을 사람을 모두 일대일로 만나 일일이 설명

내가 굳이 예비 회의라고 한 까닭은 그들 중 한 명이라도 당신 계획의 명백한 오류를 지적할 가능성이 없지 않기 때문이다. 그 계획에 대한 불만을 말하는 것이 아니다. 당신이 작성한 기본 구조, 실행 계획상의 전략적 실수에 대한 이야기다. 그들의 의견을 반영해 당신의 기본 구조를 변화시킬 여지도 염두에 두라.

4-2. 소규모의 여러 '이해 관계자' 집단에게 Q&A를 통해 기본 구조를 명확히 설명하라. 당연히 이런 집단 회의에서는 일대일 회의보다 상호작용이 덜 친근하다. 그렇지만 목표는 같다. 반응을 측정하고 가능하다면 기본 구조를 수정하라.

4-3. 영향을 받을 팀들을 대상으로 Q&A 시간을 가지라. 팀별로 해도 좋고 모든 팀을 한자리에 모아 한꺼번에 해도 된다. 이쯤이면 이미 신뢰하는 조언자, 영향을 받을 개별 기여자, 이해 관계자 등과 그 계획에 대한 검증을 마쳤을 것이다. Q&A 시간은 참석자들의 피드백을 토대로 계획을 수정하지 않아도 되는 첫 발표일 것이

할 수 없다. 당신은 공식적으로 발표하기 전에, 반드시 영향받을 팀들이 어떤 식으로든 변화를 사전에 알게 하면 된다.

다.[19] 이 단계에 이르면, Q&A 시간에 제기되는 질문들은 당신이 두어 번쯤 들어본 질문일 것이다. 그랬다면 지금까지는 매우 성공적이다.

4-4. 계획을 전체 팀이나 전체 조직에 발표하되, 소통 수단은 프로그램의 규모에 따라 프레젠테이션, 이메일, 슬랙 메신저 중에서 선택하라.

직속 팀원들에게 보내야 하는 중대한 메시지를 작성했지만, 차마 보내기 단추를 누르지 못한 적이 있는가? 왜 그런 줄 아는가? 메시지가 승산 없는 코바야시 마루 상황을 야기할 수 있음을 본능적으로 직감해서다. 당신은 미처 고려하지 못한 중요한 관점이 있다는 느낌을 떨쳐버릴 수 없다. 누군가가 중대한 피드백을 해줘야 하는데 당신은 아직 그 피드백을 받지 못했다. 이와 달리 보내기 단추를 누르기가 힘들지 않다면, 코바야시 마루 상황을 예방하기 위해 할 수 있는 모든 조치를 다했다고 생각해도 된다. 이것은 배드 플레이스다.

---

19 만약 여기서 예상치 못한 놀라운 사실을 알게 된다면 당신은 단계 하나를 생략한 것이 분명하다.

예측할 수 없는 것을 예측하다

코바야시 마루 상황을 예방하기 위한 이런 모든 조치로 어떤 보상을 얻는가? 일관되게 적용되는 대부분의 리더십 원칙을 떠올려보면 금세 답이 나올 것이다. 맞다. 어떤 보상도 없다. 즉 **아무것도 일어나지 않는 것**이 보상이다. 손을 들고 이견을 말하는 사람도, 극적인 상황 전개도 없다. 팀 구성원들이 당신이 작성한 기본 구조를 살펴보고 미간을 찡그리며 말한다. "네, 이게 맞겠군요. 이제는 어떻게 해야 하죠?"

아무것도 일어나지 않을 때는 아무도 축하하지 않는다. 그러나 중요한 무언가가 잘못되면 우리 모두는 그것을 모를래야 모를 수가 없다. 갑자기 모두가 꽁지에 불붙은 것처럼 정신없이 뛰어다니는 까닭이다. 난세에 영웅이 나는 법이다. 영웅은 문제를 해결하기 위해 사흘 밤낮을 내리 매달린다. 우리는 이런 비범한 노력을 쥐꼬리만 한 상여금으로 보상받는다. 그러나 사전에 철저히 준비해 재앙을 피하면 쥐꼬리만 한 상여금조차도 없다. 유능한 리더라면 응당 그래야 하기 때문이다. 요컨대 아무일도 일어나지 않는 것은 유능한 리더가 제 역할을 완벽히 수행한 결과일 뿐이다.

나는 〈스타 트렉〉의 커크 선장Captain Kirk처럼 비즈니스 세상에 승산 없는 시나리오가 있다고는 믿지 않는다.[20] 다양한 사람들이 복

---

20 옮긴이_ 〈스타 트렉〉에서 우주사관학교 생도 중에 코바야시 마루 시험을 통과한 사람은 커크 선장뿐이다.

잡하게 얽히고설킨 여러 집단에서는 많은 기술의 급속한 변화와 맞물려 크건 작건 시스템 실패가 있기 마련이다. 하지만 실패에는 반드시 승리가 뒤따른다. 실패에서 교훈을 얻기 때문이다. 그리고 그 교훈은 실패를 되풀이하지 않기 위해 사용하는 전략 교본에 새롭게 추가되는 근본적인 전술이 된다.

바로 이것이 코바야시 마루 상황에서 승리하는 비법이다.

26장

신호 네트워크

나는 경청에 많은 시간을 쏟고 많은 노력을 기울인다. 솔직히 경청하는 것이 내게는 그리 쉬운 일이 아니다. 마음이 방황해서다. 그래서 방황하는 마음을 붙잡기 위해 독자적인 경청 체계를 정립했다. 땅에 두 발을 단단히 붙이고 턱에 약간 힘을 주며 상대방의 눈을 똑바로 쳐다보는 것이다. 즉, **온몸으로 경청한다**. 모든 촉각을 곤두세워 상대방에게 집중하면서 한마디도 놓치지 않는다.

우리 인간은 상대방이 어디에 관심을 집중하는지를 귀신같이 알아맞히는 뛰어난 직관의 소유자다. 일대일로 대면한 자리에서 상대방에게 내가 관심을 다른 곳에 쏟고 있음을 보여주려면 시계를 슬쩍 쳐다보면 그만이다. 귀를 기울이지 않고 있는 것이다. 그 순간 대화의 질이 급격하게 떨어지는데, 경청의 암묵적인 계약이 깨졌기 때문이다.

지난 경험을 토대로 추정하건대, 관리자로서 내 역할의 50퍼센트는 정보의 수집과 평가, 재분배에 할애했다. 이 작업들은 주요한 역할이고, 내가 그 역할을 얼마나 능률적으로 잘하는지는 팀의 진전 속도와 직접적인 관련이 있다.

정보의 중대성과 신선도

이제까지 경청한 모든 상황과 수집한 온갖 정보에 대해 생각해보고 깨달은 것이 있다. 나는 심성 모형mental model[21]에 의해 정보를 분류했다는 사실이다. [그림 26-1]은 그 모형이 어떤 것인지 대략 보여준다.

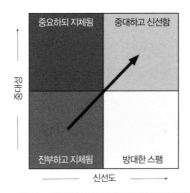

그림 26-1 정보의 중대성과 선선도를 결정하기 위한 격자형 도표

21　옮긴이_ 세상에서 일어날 수 있는 사건이나 상황을 묘사하는 마음의 표상을 말한다.

격자형 도표에는 축이 두 개 있다. 세로 축은 특정 정보의 중대성criticality을 나타내는 척도다. 중대한 정보의 예를 들어보자.

- 제이크가 곧 퇴사할 예정이다.

- 중요한 버그의 도달률arrival rate[22]이 급격히 상승한다.

- 방금 끝난 회의에서 엔지니어링 팀과 영업 팀이 첨예하게 대립했다. 아무것도 해결되지 않았고 모두가 화가 나서 씩씩거리며 회의실을 나갔다.

가로 축은 격자형 도표에 흥미를 더하는 요소인데, 바로 신선도를 측정하는 기능이다. 이는 특정 정보가 **그 정보로 최대한의 가치를 도출할 사람**에게 도달하기까지 걸리는 시간을 나타낸다. 쉽게 이해가 안 될 수도 있다. 조금만 참고 기다려보자.

사람마다 도표를 해석해내는 모양이 제각각이다. 이에 나는 이 도표를 일종의 사고 실험으로 간주하고 두 가지 관점으로 해석하라고 제안하고 싶다. 첫 번째 관점은, 특정 사람에게는 중대한 정보가 다른 사람에게는 쓸모없는 정보라는 것이다. 가령 제이크가 퇴사하고 싶어한다는 정보는 그의 관리자에게는 매우 중요하지만 외부인에게는 별로 중요하지 않은 정보다. 두 번째 관점은 다소 심각한 상

---

22 옮긴이_ 일정 기간 동안 새로운 버그가 발생한 빈도를 가리킨다.

황을 전제해보자. 제이크에 관한 정보가 그의 관리자에게 도달하기까지 2주일이 걸린다고 가정하자. 이럴 경우 그 정보는 신선도가 떨어진다. 게다가 2주가 허비된 만큼 그의 관리자가 적절한 행동을 취할 시간도 줄어든다.

조직의 구성원 각자는 도표를 자신의 형편에 맞춰 해석한다. 따라서 나는 도표를 해석하는 방식이 당신의 신호 네트워크^{signal network}가 얼마나 건강하게 작동하는지를 보여주는 척도가 된다고 생각한다.

신호 네트워크

신호 네트워크는 가용한 정보의 출처와 그런 출처를 통해 양산된 (또는 전달된) 정보로 구성된다. 온전한 신호 네트워크는 인간과 자동화 기계 시스템의 결합체다. 하지만 26장에서는 두 가지 정보 출처 중에서 인적 요소에만 집중할 것이다. 이제 [그림 26-1] 도표로 다시 돌아가자.

평범한 근무 시간을 떠올려보라. 끊임없이 정보와 맞닥뜨린다. 때로는 의도적이고 때로는 우발적이다. 회의에서, 복도에서, 구내식당에서 정보를 접한다. 당신의 직장생활은 앞서거니 뒤서거니 숨차게 밀려드는 정보로 포화 상태다. 당신의 뇌는 정보를 하나하나 이해하고 분석하며 패턴 매칭 과정을 거쳐 판단을 내려야 한다. 그것도 모든 과정을 아주 신속하게 끝마쳐야 한다. 그 정보가 말하는

게 무엇인가? 얼마나 중대한가? 그 정보로 내가 할 수 있는 일이 무엇인가? 그 정보를 다른 사람에게 전달해야 하는가? 그렇다면 누구인가?

격자형 도표에서 각 사분면은 특정 정보를 다르게 평가한 각각의 내용을 설명한다. 하나씩 살펴보자.

진부하고 지체됨

왼쪽 아래 제3사분면은 가장 따분한 정보다. 여기에 해당되는 정보는 중대하지도 신선하지도 않다. 도대체 이런 정보에 누가 신경이나 쓰겠는가. 이런 정보는 신호가 약하고 참신한 면이 없다. 따라서 대응하지 않아도 된다.

방대한 스팸

오른쪽 아래 제4사분면의 정보는 제3사분면의 정보에 비하면 그나마 덜 짜증스럽다. 이 정보는 여전히 중대성이 낮지만 신선도는 오른쪽으로 갈수록 커진다. 쓸모없지만 많은 것을 빠르게 알려주는 정보인데, 극단적인 경우 스팸이다. 조직은 정보를 이리저리 전달하느라 많은 에너지를 소모한다. 많은 정보가 이 부류에 해당한다면, 팀의 전반적인 능률이 걱정된다. 당신이 일상적으로 접하는 정보 중에 불필요한 정보가 많다면, 팀의 구성원들은 어떻겠는가? 팀은 유익한 신호를 찾아 정보 쓰레기 산을 헤집느라 얼마나 많은 시간을 쓰는가? 유용한 소수의 알짜배기 정보를 찾는 데 얼마나 많은 시간이 허비되는가?[23]

중대하고 신선함

오른쪽 위의 제1사분면에 위치한 정보가 질적으로 최상급이다. 중대한 정보가 시기적절하게 당신 귀에 들어온다. 당연한 말이지만 모든 정보가 제1사분면의 오른쪽 맨 위에 위치한다면 금상첨화다. 그러나 정보가 제1사분면 어딘가에 위치한다는 사실 자체만으로도 유리한 고지를 점한 셈이다. 제1사분면의 정보로 깜짝 쇼가 일어나는 경우는 확실히 드물다. 정보는 따끈따끈한 상태로 접시에 오른다. 예컨대 당신의 귀에 들어오기 얼마 전에 누군가가 끔찍한 이 결정을 한 것이 분명하고, 그래서 당신은 올바른 방향으로 사람들을 지도할 시간이 충분하다.

---

23 뒷담화도 귀담아들어야 한다. 솔직히 더러는 뒷담화가 정보 탈을 쓰고 정보 행세를 한다. 불완전한 정보에 입각한 의견이 사실로 둔갑되어 전달된다. 가끔은 뒷담화가 최악의 사내 정치를 예고하는 선행 징후이므로 뒷담화를 가볍게 여기지 않는다. 뒷담화는 오히려 행동을 촉발하는 계기가 되기도 한다. 어쨌건 뒷담화도 신호임은 분명하다. 나는 화를 내기보다는 ('그 따위 소리를 누가 지껄이는 거야?'라며 마녀 사냥을 하느라 시간을 허비하는 대신에) 뒷담화를 철저히 분석하는 쪽을 택한다. 분노를 유발하는 황당한 뒷담화는 대체 어떤 질문의 답을 듣고 싶어 나온 것인가? 완벽히 합리적인 질문인가? 뒷담화는 무엇을 알려주는가? 그래서 이런 접근법이 언제나 효과적이었냐고? 그렇다고 대답하고 싶지만, 안타깝게도 언제나 효과적인 것은 아니었다.

중요하되 지체됨

왼쪽 위의 제2사분면은 그야말로 위험 지대다. 중대한 정보가 가장 필요한 사람에게 도달하기까지 상당한 시간이 소요된다. 이로 인해 조직에 충격적인 대형 사건들이 터진다. 따라서 중요하되 지체된 정보에 대해서는 자세히 알아볼 필요가 있다.

깜짝 쇼는 사양합니다

회원 전용Members only은 당신이 한 번도 들어본 적 없는 스타트업에 재직하던 시절, 한 관리자의 암호명이었다. 그는 관리자의 전형적인 행동을 많이 보여주었다. 나를 비롯해 구성원들은 그가 하루 종일 무슨 일을 하는지 몰랐고, 사실상 그는 누구와도 일대일 회의를 하지 않았다. 행여 그런 회의를 예정했다가도 아무런 통보 없이 무기한 연기하기가 일쑤였다. 심지어 어찌어찌 해서 그를 회의실에 붙들어 앉혔더라도 산 넘어 산이었다. 중대한 사안에 대해 무슨 말을 할라치면 그는 즉각적으로 떠오른 첫 결론을 주장했고 그런 성급한 결론을 기정사실화했다.[24]

회원 전용이 관리 지침을 말할 때 즐겨 사용한 단순하고 함축적인 말은 내 뇌리에 깊이 박혔다. 가령 그가 우리 조직에 합류한 첫

---

24 전작인 『IT 개발자가 쓴 통쾌한 인간관리 이야기』의 초벌 원고에 쓰인 많은 내용이 이 시기에 구상되었다.

주에 했던 말은 "깜짝 쇼는 사양합니다."였다.

당시 나는 회원 전용의 그 말을 곱지 않게 여겼다. '무슨 일이 있는지 반드시 내가 알게 해주세요. 그래야 스타일을 구기지 않죠.' 라는 뜻이 아니겠는가. 그런데 지금 생각하면 이런 **속뜻이었을 수도 있겠다**(짐작만 할 뿐 진짜 속내는 절대 알지 못할 것이다). '우리 팀 구성원 모두가 가능한 한 빨리 최상의 정보를 알게 해주세요. 그래야 가능한 한 신속하게 최상의 결정을 할 수 있습니다.'

정보가 중요하되 지체된 제2사분면으로 지속적으로 유입된다는 것은 깜짝 쇼가 벌어진다는 뜻이다. 가령 당신은 **실제로 사건이 벌어지고 오랜 시간이 흐른 뒤**에야 비로소 팀 내부에서 예상치 못한 사건이 벌어졌다는 사실을 알게 된다. 이럴 경우 효과적으로 대응할 수가 없다. 이미 행동을 취할 시간이 지났기 때문이다. 그 사건의 결과는 이미 역사가 되어버렸다.

당신은 중대한 정보가 시기적절한 방식으로 유통되는 데 중요하다고 생각하는 절차와 도구, 인위적 체계에 시간과 돈을 대거 투자할 수 있다. 그러나 내가 지속적으로 투자하는 영역은 바로 팀이다. 특히 조직 전반에서 정보를 효과적으로 포착하고 평가하며 전달하고 재전송하는 일이 얼마나 중요한지를 팀 구성원들이 인식하도록 알리는 데 주력한다.

고품질의 신호가 차이를 만든다

내게는 정보에 점수를 매기는 내면의 척도가 있다. 아무 날이나 골라 앞서 말한 정보의 중대성과 신선도를 평가하는 것이다. 중대한 정보를 얼마나 많이 발견했는가? 그 정보는 얼마나 신선한가? 급성장하는 조직에서 매일 생성되는 정보의 양은 나날이 증가한다.

다시 말하지만, 정보가 원활히 흐르도록 하는 것이 리더의 근본적인 역할 중 하나라고 생각한다. 만약 당신도 이에 동의한다면, 내가 정규적인 일대일 회의를 왜 그토록 신주단지처럼 생각하는지를 이해할 것이다. 그 회의는 내가 신경을 쓰는 중대한 정보가 어떤 것인지 명확히 알려주고 내 팀에 필요한 중대한 정보를 지속적으로 공유하는 장이다. 그러나 아무리 노력해도 완벽한 정보 거래란 있을 수 없다. 가끔 나는 중요한 정보라는 꼬리표를 스팸에 붙이는 실수를 저지른다. 이럴 경우는 경험과 시간이 약이다. 우리는 시간이 흐르면서 정보의 중대성을 달아보는 눈금을 조정할 것이다. 그리고 머지않아 일대일 회의가 열릴 때까지 기다리지 않고 정보를 전달할 것이다. 가령 이번에 입수한 정보는 제대로 된 '주인'을 빨리 찾아갈수록 가치가 높아짐을 직관적으로 알기 때문이다.

리더로서 당신의 능력은 당신이 일상적으로 내리는 결정의 총체적 품질과 떼려야 뗄 수 없는 상관관계가 있다. 여유를 갖고 느긋하게 결정해도 되는 사안이 많다. 또 중요하고 필수적인 신호를 수집하기까지 며칠, 몇 주가 걸리더라도 기꺼이 감수할 수 있다. 반면에 **지금 당장** 결정해야 하는 긴급한 일도 있다. 이럴 경우는 당신의 신호 네트워크가 얼마나 잘 작동하는지가 결정의 '순도'를 판가름한다. 다시 말해, 시기적절하게 도착한 중대한 정보의 양이 정보에 입각해 결정할 것인가, 동전 던지기로 결정할 것인가의 차이를 만든다.

신호 네트워크가 얼마나 잘 작동하는지는 팀이 얼마나 효율적으로 기능하는지를 가늠하는 척도가 된다. 조직 전반에서 중대한 정보가 자유롭게 소통되면, 사람들을 기함하게 만드는 깜짝 쇼가 줄고 결정의 질이 향상되며 신뢰가 생성된다. 당신의 팀은 당신의 신호 네트워크고, 당신은 그들의 신호 네트워크다. 고품질의 신호를 발신하는 사람을 발굴, 육성하라.

27장

바쁨의 유혹을 물리치라

종종 나는 주변 사람들에게서 바쁘냐는 말을 듣곤 한다. 내가 쓴 글의 일관성이 떨어지면 백발백중이란다. 이런 일은 주로 이메일에서 일어난다. 특정 단어가 통째로 빠지고, 문장에 두서가 없으며, 논리가 사라지는 것이다. "롭, 나는 당신이 보낸 이메일이 무슨 얘기를 하고 있는지를 하나도 이해하지 못했습니다."

형편없는 이메일은 시간에 크게 쫓김을 알리는 조기 경보다. 솔직히 나는 '보내기' 단추를 누르기 전에 매번 글을 다시 읽어보고 다듬을 시간이 부족하다. 그래도 내용의 완성도를 차치하고 일단 보낸다. 이로써 최소한 무언가에 마침표를 찍는다. 한 단계 더 나아가면, 마음속으로 그야말로 거지같이 주접을 떤다. 물론 주접은 직업적으로는 용납할 수 없는 일이다. 그런데도 잘했건 못했건 무언가를 일단락 짓고 나면 이성적으로는 설명할 수 없는 우쭐한 느낌이 샘솟는다. 나를 봐, 내가 얼마나 바쁘고 대단한 사람인지 보라고.

지금부터 비이성적인 이런 교만을 철저히 해부해보려 한다. 그 안에 서서히 마수를 드러내는 적색 경보가 숨어 있기 때문이다.

바쁜 상태는 마음을 현혹한다

아침 7시 15분, 책상에 앉아서 일정표를 들여다보며 오늘 일정을 확인한다. 예정된 회의가 총 6건이고, 첫 회의는 45분 후 시작할 것이다. 6건의 회의 모두가 의미 있고, 각각이 가시적인 진전을 도출해낼 가능성이 크다. 아무 문제 없어. 이제 씽스^{Things}25를 열어 밀린 일을 확인한다. 45분의 여유가 있고 처리할 일이 23건 있다. 그중 안 해도 되는 일은 무엇이고 꼭 해야 하는 일은 무엇일까? 자, 보자, 지난 한 주 내내 조한테 전화하려고 했었지. 지금 전화해야겠군.

7시 25분, 조와 나는 아침에 커피를 마시는 시간이 비슷하니 지금 전화를 하면 꿩 먹고 알 먹기다. 우리는 10분의 전화 통화로 3개의 주제에 대한 논의를 마쳤고, 이제 나는 단순히 일을 마무리하는 것이 아니라 신속하게 완수할 때의 분주한 추진력을 즐긴다. 내

---

25 옮긴이_ 일정과 할 일을 관리하는 프로그램의 일종이다.

친김에 강력한 추진력을 좀 더 유지할 필요가 있다. 다음에는 무슨 일을 처리할까? 기대 이상의 생산성을 발휘해 처리할 수 있는 일이 또 있지는 않을까?

7시 30분, 좋아, 이제 속도가 붙었다. 이메일을 대충 확인하고, 머리로는 이메일을 생각하면서 손으로는 키보드 옆에 놓인 종이에 할 일을 적는다. 종이에 적는 것이 씽스에 기록하는 것보다 더 빠르다고 애써 자신을 납득시키는 수고도 마다하지 않는다. (정말 그럴까?) 뭐든 어때. 모로 가든 일만 끝내면 장땡이지. 계속해서 또 다른 일도 마무리하고 커피도 한 모금 마시고 나자 8시가 다 되어간다. 머릿속은 임박한 바쁜 일정으로 가득하다.

특정한 정신 공간에서 이루어지는 몰입은 눈앞에 놓인 문제에 온전히 집중하는 마음 상태를 일컫는 용어로 널리 알려져 있다. 먼저 당신은 눈앞의 문제를 완벽히 이해하는 데 시간을 들인다. 그러고 나면 특유의 집중력이 반짝하고 생긴다. 몰입 상태에서 경험할 수 있는 귀중한 집중력이되, 자칫하면 순식간에 사라질 수도 있다. 집중력을 잽싸게 붙잡으면 머릿속으로 창조적인 커다란 도약도 할 수 있다. 그러나 아침 8시 회의를 시작하기 전 45분의 여유 시간에 나는 몰입 상태에 이르지 못했다. 쉿, 뇌한테는 이 말을 하면 안 된다. 내가 몰입하고 있다는 착각을 불러일으키기 위해 열심히 노력한 것이 물거품이 될 테니 말이다. 내 주변을 둘러싼 막대한 양의 데이터, 목적 의식, 카페인 과잉 섭취 등등 … 그러나 그런 노력은 눈

가리고 아웅하는 것에 지나지 않는다. 내가 몰입하지 못했다는 사실은 변하지 않는다. 그저 나는 정신없이 바쁠 뿐이다.

가짜 몰입

엔지니어가 테크 리더나 관리자가 되면 직업적인 만족의 기대 수준과 실제 수준 간에 격차가 생긴다. 테크 리더가 되기 훨씬 전부터 이런 격차를 관찰한 당신은 자문한다. '상사는 도대체 하루 종일 무슨 일을 하는 걸까? 보아하니 어딘가에 불이 난 것처럼 정신없이 돌아다니기는 하던데 … 실제로는 무슨 일을 할까?' 초보 관리자로서 테크 리더의 현실을 자각하는 순간, 자신이 했던 질문 속의 '상사'가 된다. 테크 리더의 하루는 끝없이 이어지는 자질구레한 일로 채워진다. 소소한 일을 처리하느라 쉴 새 없이 움직이지만, 정작 결과를 놓고 보면 괄목할 만한 진전을 이뤘다는 기분이 들지 않는다. 이런 삶이 바로 테크 리더의 현실이다.

엔지니어는 몰입 상태에서 긍정적인 피드백을 받는다. 자신이 말 그대로 기적을 이뤘다는 기분이 드는 것이다. 머릿속에 각인된 완전한 문제는 이제 무기 수준이 된 집중력과 결합되었고, 그 문제로부터 무언가를 만든다. 그리고 곧바로 그것이 아주 귀중하다고 스스로 인정할 뿐 아니라 그 가치도 즉각 알아본다. 이것이 기적이 아니면 뭐겠어? 기분이 그야말로 날아갈 듯하다.

테크 리더와 관리자가 몰입이 안겨주는 희열의 극치를 매분 매초 추구하더라도, 그 수준에 도달하기는 하늘의 별 따기만큼 어렵다. 왜 그럴까? 그들의 업무에 요구되는 책임이 그 수준에 이르는 데 필요한 요소와 정면으로 대치되기 때문이다. 가끔 우리는 문제에 대해 알아야 할 것을 상세히 조사할 시간이 부족하다. 이유는 단순하다. 그 일을 하기 위해 잠깐 짬을 내어 10분 내지 15분을 쓸 자유조차 없기 때문이다.

우리는 맥락에 대한 이처럼 깊은 무지를 보완하기 위해 놀라운 기술을 구축했다. 하나같이 매우 인상적이다. 아마도 당신은 상사가 회의에서 무엇을 해야 할지 모르는 채 회의에 참관하는 경우가 얼마나 많은지 알면 놀랄 것이다. 그러나 관리자들은 믿는 구석이 있다. 저돌적으로 맥락을 파악하는 일련의 기술을 체득한 것이다. 그들은 회의실에 들어오자마자 주인공이 누구인지 간파한다. 또 자신들이 회의에 참석한 이유를 알아내기 위해 처음 5분간 귀를 기울이는 데 집중한다. 동시에 맥락에 대한 무지를 들키지 않으려 열심히 연습한 표정 뒤에 꽁꽁 숨는다. 그 표정은 '맞아, 맞아. 나는 여기서 무슨 일이 벌어지는지 확실히 알아.'라는 무언의 메시지를 회의실 전체에 송신하고 사람들은 깜빡 속아 넘어간다.

맥락을 파악하는 기술과 마찬가지로, 우리는 일상을 집어삼킨 방해 요소의 홍수 속에서 잃어버린 희열을 되찾아줄 정신적 범선을 만들었다고 자신을 납득시킨다. 요컨대 우리는 가짜 몰입Faux-Zone을 만들어낸다.

아침 8시 회의를 시작하기 전 45분 동안 내가 있었던 곳은 진짜 몰입 지대가 아닌 가짜 몰입 지대였다. 가짜 몰입의 목적은 진짜 몰입과 똑같은 감정을 선사하는 것이다. 바로 생산적이라는 기분과 만족감이다. 그러나 가짜 몰입은 허위다. 중독성 있는 정신적, 화학적 피드백으로 가득하지만 정작 창조적 가치가 결핍되어 있다. 가짜 몰입 상태에서는 아무것도 만들어내지 못한다.

귀중한 한 시간

가짜 몰입 상태에 자주 빠지는 경험자로서 나는 그것이 주는 가짜 생산성의 달콤한 맛을 아주 잘 안다. 그러나 적어도 내게는 실질적인 가치가 있다. 할 일 목록을 집중 공략하는 것이다. 중요한 일을 완수하고, 중요하지 않은 일은 목록에서 삭제한다. 중요한 정보를 A지점에서 B지점으로 옮긴다. '이 일을 끝냈어. 그게 다야. 기분이 상쾌해.' 어차피 해야 할 일을 끝내려면 써야 할 시간이었지만, 가짜 몰입은 진짜 몰입을 대체할 수 없다. 얼마나 많은 회의에 참석하든, 해야 할 일을 얼마나 많이 끝내든 간에 나는 그저 해치울 뿐이다. 진실로 생산적이라는 기분은, 다른 말로 무언가를 만들어냈다는 기분은 허위다.

내 마음 깊은 곳에는 속 빈 강정 같은 존재가 되어간다는 두려움이 자리한다. 수십 년간 IT 산업에 종사하면서 주변 사람들이 바쁨의 가면을 쓰고 살아가는 모습을 지켜보면서 두려움이 생겼다.

그들은 유의미한 일이라고 자신을 납득시킨 일들을 하느라 정신이 없었다. 그러나 사실 그것은 바쁘다는 기분을 안겨줌으로써 마음을 현혹할 뿐, 가짜 할 일 목록에 불과하다. 어느 날 그들은 컴퓨터에서 눈을 떼고 자신을 돌아보며 허심탄회하게 묻는다. "좋아. 드롭박스Dropbox[26]에 뭐가 있는데?"

됐다. 그만하자. 이만하면 충분하다.

가족들과 보내는 시간 말고 내가 한 주간에 제일 좋아하는 시간은 토요일 아침이다. 잠깐 눈을 붙이고 나서 2층으로 올라가 유유히 커피 한잔을 마신 뒤 컴퓨터 앞에 앉는다. 그러고는 '랜즈의 최근 글Latest Rands Articles'이라는 드롭박스 폴더를 연다. 현재 그 폴더에는 작업 중인 글이 65개 있다. 인터넷 세상을 약간 배회한 후에 마침내 귀중한 한 시간을 시작한다. 어울리는 음악을 틀고 모니터의 정중앙에 단어의 벽을 쌓아 올린다. 바로 이 순간, 나는 조금도 바쁘지 않다. 일을 하는 것도 아니다. 그저 무언가를 만들고 있을 따름이다. 나는 이런 시간이 매일 필요하다.

지난 2월 초부터 새롭게 실천하는 것이 있다. 매일 무언가를 만드는 데 귀중한 한 시간을 온전히 투자하는 것이다.

매일. 한 시간. 어떤 것이든 좋다. 나는 무언가를 만든다.

---

[26]   옮긴이_ 파일 동기화와 클라우드 컴퓨팅을 이용한 웹 기반의 파일 공유 서비스를 말한다.

매일이라고? 맞다, 주말만이 아니라 평일에도 그렇게 한다.

한 시간이라고? 그렇다, 60분, 1시간이다. 여건이 허락하면 1시간을 넘길 수도 있다.

무엇을 하느냐고? '무언가를 만든다'는 정의는 광범하다. 내 경우를 예로 들면, 할 일 목록은 절대로 '무언가'의 대상이 될 수 없다. 또 나는 그 시간을 위해 휴대전화를 저 멀리 치우고 문도 닫는다. 당신이 선택한 1시간짜리 모험이 위키피디아에서 조사하는 것이든 집필에 전념하는 것이든 또는 관련 사이트에서 타이포그래피 typography[27]를 쉴 새 없이 연습하는 것이든 상관없다. 한 시간을 유용하게만 쓰면 된다.

무엇이든 상관없다고? 이 작은 습관을 시작한 이래 거의 두 번의 시도 중 한 번꼴로 온전한 나만의 시간을 가질 수 있었다. 그래도 50퍼센트가 실패한 게 아니냐고? 변명을 하자면 끝도 없지만, 그 데이터 자체는 매우 고무적이다. 50퍼센트의 성공률만으로도 더 많은 글을 쓸 수 있었고 더 많은 무언가를 시작할 수 있었다. 가장 중요한 것은 뇌의 여러 영역 중에서 내가 가장 신경 쓰는 영역을 활성화하는 데 시간을 투자할 수 있었다는 점이다. 바로 나를 창의적이게 해주는 뇌 영역이다. 이번 달만 해도 무려 8시간 이상을 창의적

---

27   옮긴이_ 본래는 활자 서체를 가리키는 것으로, 특히 편집 디자인 분야에서는 활자의 서체나 글자 배치 따위를 구성하고 표현하는 일까지 통틀어 이르는 말이다.

인 뇌 영역을 활성화하는 데 오롯이 썼다.

매달 아무런 방해도 받지 않고 혼자 있을 수 있는 8시간이 있다면 당신은 무엇을 창조하겠는가?

바쁨의 불편한 민낯

의도적으로 부산스럽게 바빠야 하는 시간과 장소가 있다. 일단의 사람들이 놀라운 무언가를 만들 때는 바쁨이 피할 수 없는 필수 요소다. 또 이런 일을 꾸준하게 잘하면 보상도 받는다. 그러나 이런 긍정적인 피드백은 잘못된 기대를 야기할 수 있다. '거봐, 바쁠수록 더 큰 보상이 돌아오잖아.' 게다가 이 사실을 의식하지 못하지만, 바쁨과 관련해서 이런 잘못된 가정을 최악으로 만드는 불편한 진실이 있다. 바쁘다는 것의 이면에는 당신이 바빠지려고 의도적으로 애를 쓰기 때문에 바쁘다는 사실을 정작 자신은 모른다는 사실이 자리한다. 요컨대 당신은 진정 바쁜 것이 아니다. 그저 자신이 바빠지려고 얼마나 많은 시간을 허비하는지 측정하는 내적 기준이 없을 뿐이다.

그러나 귀중한 한 시간은 다르다. 나는 정적을 온몸으로 느낀다. 그런 고요 속에서 만들어지는 것은 하나다. 바로 내가 생각할 수 있도록 스스로에게 허락한 공간이다. 내 관심을 요구하는 소소한 일들의 끊임없는 외침에 철저히 귀를 닫는다. 또 바쁨의 미학을 쫓는 총명한 사람들로부터 나를 완전히 분리한다. 나는 내가 생각하는 것에 온전히 귀를 기울인다.

매일. 한 시간. 어떤 것이든 좋다. 나는 무언가를 만든다.

28장

멘토를 찾으라

"롭, 당장 그 지옥에서 나오세요."

청천벽력이었다. 나는 소스라치게 놀랐다. 그런 조언은 꿈에서도 상상한 적이 없었다. 몇 달이 흐른 뒤, 나는 다소 불경스러운 그 조언의 가치를 비로소 깨달았다. 내가 딱 알맞은 순간에 그곳에서 '탈출'하는 데 도움이 되었다. 가장 적절한 타이밍에 놀랍고도 유익하며 더 없이 직설적이었던 그 조언을 해준 아주 특별한 사람은 내 멘토 마티였다.

배우고 연습할 작은 습관과 행동을 선택하는 것은 리더십의 여정에서 쉬운 길이다. 정말 어려운 부분은 작은 습관과 행동이 당신에게 어떤 의미가 있는지를 발견하는 것이다. 나는 멘토를 찾을 필요가 있음을 알고 있었고 수년간 그렇게 하라는 말을 들어왔다. 하지만 생전 처음으로 임원이 되고, 비참한 상황에 처했을 때에야 비로소 그 조언을 행동으로 옮길 수 있었다.

무엇이 잘못될 수 있을까?

내가 신출내기 임원이었던 시절의 이야기로 돌아가보자. 내가 임원으로 승진한 이유는 명백했다. 리더십에 관한 책을 두 권이나 발간한 데다 똑똑하고 유능한 사람들로 강력한 지지 기반을 구축한 덕분이었다. 그들은 신선한 피를 수혈하고 싶었다. 하지만 당시 그 역할은 명확히 정의되지 않았고 엔지니어링 팀을 이끄는 자리도 아니었다. 그렇다고 잘못될 게 있냐고? 잘못될 수 있는 것이 의외로 많다.

지난 몇 년간 익혀온 여러 리더십 기술이 유용했지만, 내 소관 외의 업무에 대해서는 방대한 맥락을 신속하게 수집할 방법이 없었다. 요컨대 나는 리더가 갖춰야 할 능력 면에서는 문제가 없었다. 하지만 특정 업무에 관한 경험이 크게 부족해 결국은 반년도 지나지 않아 정상 궤도를 이탈하게 되었다. 특단의 변화가 절실했다. 그래서 이제껏 많은 사람들에게 깊은 고민 없이 조언했으면서도 정작 스스로는 실천하지 않았던 방책을 따르기로 마음먹었다. 내 업무 수행과 성과를 360도로 평가하기 위해 외부 전문가를 고용한 것이다. 결론부터 말하면, 그때 만난 컨설턴트가 바로 마티다.

360도 평가 과정은 아래의 네 단계로 이뤄진다.

1. 중립적인 제3자가 필요하기에 외부 컨설턴트를 고용한다.

2. 컨설턴트에게 함께 일하는 사람들의 목록을 제공한다. 이 목록에는 직속 직원, 동료, 관리자 등은 물론이고 필요하다면 관리자의 동료까지도 전부 포함되어야 한다. 그래서 이 평가를 360도 평가라고 하는 것이다. 당신의 업무 영향권에 속한 모든 구성원의 관점과 경험을 이해하기 위함이다.

3. 컨설턴트는 목록에 오른 사람을 일일이 면담하고, 모두에게 동일한 일련의 질문을 하며 두 가지 영역을 조사한다. 롭이 어떤 일을 잘하는가? 롭에게 도움이 필요한 영역은 어디인가?

4. 컨설턴트는 면담 피드백을 익명으로 취합한 다음, 당신과 마주앉아 360도 평가의 결과를 상세히 설명한다. 내 경우를 말해보자. 나는 컨설턴트에게서 출력된 문서로 피드백을 받는데, 페이지는 반으로 나뉘어 있었다. 앞 칸에는 롭이 잘하는 일이 적혀 있었고 뒤 칸에는 롭에게 도움이 필요한 영역이 적혀 있었다.

내가 일대일 회의를 그토록 누누히 강조하는 이유를 알고 싶은가? 피드백의 중요성을 언급할 때마다 핏대를 올리는 이유를 알고 싶은가? 이 두 가지 모두 한 사건에서 비롯했다. 내가 생전 처음으로 360도 피드백을 받았던 바로 그 순간이다.

아픈 피드백도 선물이다

사무실에서 우리 둘이 마주보고 앉았다. 마티는 피드백을 익명으로 정리한 사본을 한 장 건네며 말했다. "부정적인 피드백부터 읽고 싶겠지만, 긍정적인 피드백부터 읽어보죠."

마티의 충고대로 나는 긍정적인 피드백부터 보았다. 예전에 들은 적이 있는 익숙한 칭찬도 있었고, 처음 듣는 칭찬도 있었다. '잘하는 일'은 한 페이지를 가득 채웠고, '도움이 필요한 영역'은 무려 세 페이지에 걸쳐 빼곡하게 적혀 있었다. 나는 피드백을 읽으면서 우리 인간의 단면에 관해 변치 않는 교훈을 하나 얻었다. 인간은 건설적인 대면 피드백을 지독히도 어려워한다는 깨달음이었다.

마티는 각각의 면담자와 한 시간 동안 이야기를 나누었다. 마티는 내게 피드백을 효과적으로 전달해야 했기에 가능한 한 피드백을 정확히 이해하고 구체적인 세부 사항을 확인하며 명료화하는 데 많은 시간을 들였다. 마티는 다각도로 볼 수 있는 특유의 능력을 발휘해 비슷한 내용이 반복되자 이를 명료화하기 위해 더 깊이 파고들었다. 그는 그 피드백이 단순히 한 사람의 의견이 아니라 팀 전체의 의견이라는 사실을 잘 알았기 때문이다. 또 공감하는 능력이 뛰어나서 내가 어떤 피드백에서 마음의 상처를 받을지 정확히 간파했다. 그래서 내가 반드시 물을 수밖에 없는 질문들에 명쾌히 대답할 수 있도록 피드백을 깊이 이해하려고 애썼다.

긍정적인 피드백을 전부 확인한 후에 우리는 부정적인 피드백으로 넘어갔다. 그 순간 마티가 이렇게 조언했다. "중간에 멈추지 말고 끝까지 다 읽으세요. 숨을 참지 말고 자연스럽게 호흡하시고요."

긍정적인 피드백도 그랬지만, 내가 개선할 필요가 있는 영역들도 완전히 새로운 것은 아니었다. 솔직히 후자의 피드백 중에 지난 일 년간 내가 들어보지 못했거나 고려해본 적이 없는 것은 하나도 없었다. 하지만 그런 피드백을 한데 모아 읽게 되니 전체를 조망할 수 있었다. 한마디로, 나는 우리 팀 구성원들이 내 업무 방식을 어떻게 생각하는지를 정확히 이해할 수 있었다. 그간의 오랜 경력에서 처음이었다.

몇 가지 피드백을 자세히 알아보자. 어떤 직원 회의 중에 나온 사소한 말이었다. 2주 전쯤 내가 신뢰하는 누군가와 토론하던 중에 그가 에둘러 표현한 실제 피드백이었다. 언젠가 회의 중에 내가 어떤 프로젝트를 자진해서 맡겠다고 나섰을 때 감돌았던 어색한 분위기였다. '일 욕심이 너무 많다. 명확히 거절하지 않아 답답하다. 갈등을 회피한다. 스트레스를 받으면 업무의 질이 떨어진다.' 내가 개선할 필요가 있는 영역에 대한 피드백은 내 평생 받아본 것 중에서 가장 축약적이고 일목요연하게 정리된 일종의 수행평가 보고서였다.

마티는 내가 360도 평가 보고서를 정확히 이해하도록 성심성의를 다해 도와주었다. 가령 내가 특정 피드백에 관해 자세히 질문하면 정확히 답해주었다. 또 특정 피드백의 우선 순위나 중요도에 대해 물어도 역시 내 믿음을 저버리지 않았다. 그는 명확한 답으로 꽉 막힌 내 속을 시원하게 뚫어주었다. 그는 각각의 피드백을 익명으로 바꾸는 데 상당한 노력을 기울였고, 덕분에 나는 팀원 한 명의 의견에 집착하지 않을 수 있었다. 요컨대 마티의 손끝에서 오로지 나에게만 초점이 맞춰진 피드백이 탄생했다.

피드백을 모두 읽고 나니 온몸에서 진이 다 빠진 기분이었다. 마티가 말했다. "고민하느라 밤잠 설치지 말고 충분한 시간을 두고 찬찬히 생각해보세요. 그리고 다음 주에 다시 만나죠. 진짜 일은 그때부터 시작입니다."

마티는 '피드백은 선물이다.'라는 경구가 정확히 무슨 뜻인지 가르쳐주었다. 그 말은 비판적인 피드백을 받는 것에 대한 두려움을 없애고 대신에 유익한 피드백을 듣게 될 거라는 사실을 부각시킨다. 나는 그 경구를 다른 식으로도 해석할 수 있음을 깨달았다. 피드백의 핵심은 당신이 그 선물을 받는다는 것에서 그치지 않으며, 그 선물의 포장을 벗겨내고 상자를 열고 내용물을 확인할 필요가 있다는 것이다.

마티의 충고대로 나는 피드백을 생각하며 깊이 고민했고, 내 머리는 건설적인 궁금증으로 가득 찼다. 두 번째 만남에서 우리는 그런 궁금증을 해결하는 데 집중했다. 두 번째 만남의 목적은 내 머릿속에 떠도는 일체의 궁금증에 관한 답을 찾고 내가 앞으로 나아가려면 어떻게 해야 할지를 확인하는 것이었다.

"마티, 피드백의 내용이 너무 방대해서 어디서 시작해야 할지 모르겠어요."

"롭, 가장 중요한 것을 선택하세요."

"마티, 그게 뭐라고 생각하세요?"

"당신에게 가장 중요한 것이 무엇인지 생각해보세요."

마티가 내 질문에 답을 주지 않았다는 사실을 눈치챘을 것이다. 그는 공을 다시 내게 넘겼다. 그는 **내가** 그 질문에 직접 답하도록 했다. 이 시점에서 한 가지를 꼭 짚고 가야겠다. 혹시 이 장의 주제를 잊지 않았는가? 잊은 사람에게 상기시켜주자면, 이 장은 피드백의 가치에 관한 내용이 아니다. **당신의 멘토를 찾는 방법**에 관한 것이다.

멘토는 어떤 사람이어야 할까

나는 당신이 아니고, 따라서 내가 내 멘토에게 요구한 자격이 당신에게 필요한 멘토 요건과는 다를지도 모르겠다. 이 장을 360도 평가 이야기로 시작한 데는 다 이유가 있다. 360도 평가는 당신이 개선할 필요가 있는 영역에 관한 로드맵을 작성하는 좋은 출발점이 될 뿐 아니라 당신에게 어떤 멘토가 필요한지 알려주기 때문이다. 나는 내가 진실을 있는 그대로 말하고 진실을 찾을 수 있도록 도와줄 사람이 필요했다.

나는 내성적인 사람인 데다, 불편한 말을 꺼내기를 회피하는 일에 있어서는 세계 챔피언 감이다. 나는 당신에게서 이야기를 끄집어낼 소통 도구를 많이 안다. 토론할 주제가 없어서가 아니다. 그저 말을 하는 행위 자체가 불편하기 때문이다. 나로서는 한걸음 물러나서, 당신이 이야기하게 만들고 그런 다음 당신이 말한 내용에 반응하는 것이 훨씬 더 쉽다. 알다시피, 이런 소통 방식이 때로는 좋은 리더십 기술로 받아들여진다. 내성적인 사람을 찾으라.

마티는 내가 말하도록 만든다. 내게는 이 방법이 효과적인데, 내게는 경청이 제2의 천성이기 때문이다. 360도 평가 이후, 한동안 나와 마티의 공식적인 만남은 고통스러운 침묵으로 가득했다. 그가 질문하면 대강 얼버무리며 그에게 질문을 되돌리고, 그러면 그는 아무 말도 하지 않는 식이었다. 결국 그 질문은 내가 답해야 하는 것이었다.

그리고 그는 잠자코 기다렸다.

그런 다음에도 그는 더 기다렸다.

우리는 서로의 눈을 마주보았고 그가 미소를 지었다. 마침내 내가 그 질문에 답했다. 이제는 나 스스로가 내 생각을 들여다보고 정리할 시간이 되었기 때문이다. 마티의 생각이 중요한 것은 틀림없다. 그러나 우리가 마주앉은 이유는 내 생각을 파헤쳐서 철저히 조사하고 분석한 다음 무슨 일을 해야 할지를 알아내는 것이었다.

마티와 내가 가장 먼저 한 일은 내가 다른 어딘가로 관심을 돌리는 것을 멈추고 오로지 내게 온 관심을 집중하는 것이었다. 나는 그 피드백을 어떻게 생각했고 어떤 기분이 들었는가? 나는 내가 무엇을 개선할 필요가 있다고 생각했는가? 그것에 대해 나는 어떻게 할 계획이었는가?

당장 그 지옥에서 나오세요

내가 이런 작심 발언을 들은 것은 360도 평가를 시작하고 몇 년이 흐른 뒤였다. 당연히 이 조언을 한 사람은 마티였다. 그동안 나는 직장을 두 번이나 옮겼다. 이제까지 마티와의 토론은 말하자면 탐색전이었고, 그래서 우리의 대화도 우회적이었다. 솔직히 이처럼 빙빙 돌려 말하는 것은 의도적인 것이었다. 하지만 그날 대화는 달랐다. 마티의 조언은 명확하고 직설적이었으며 거칠기까지 했다. 마티가 내 사무실에 도착했을 때 나는 당시의 상황을 가능한 한 객관적이고 공정하게 털어놓았다. 그리고 내가 염두에 두었던 다양한 전략도 상세히 설명했다. 그런데 마티가 폭탄을 터뜨렸다.

왜 하필 그때였을까? 지난 수년간 내게서 생각을 억지로 끄집어내고 진실을 찾으며 뚜렷한 목표하에 행동 계획을 수립하기 위해 노력하다가, 왜 갑자기 그때는 이토록 급진적인 방향 전환을 제안한 걸까?

이제 그는 명실상부 내 멘토이기 때문에 그저 멘토링 과정의 첫 세 단계를 건너뛴 것뿐이었다. 그는 지난 수년간의 대화를 통해, 그 상황에서는 더 이상 고려할 만한 새로운 생각이 없고 찾아야 하는 진실도 없음을 간파했다. 오히려 행동이 필요한 순간임을 알아보았다. 마티처럼 나와 깊은 신뢰를 맺고 있는 사람은 극히 드물다. 한 손으로 꼽을 정도일 것이다.

흔히 리더의 역할에 빗대어 정상에 오르면 외롭다는 이야기를 한다. 리더로서의 책임 때문에 팀원들과 업무상 일정 거리를 두어야 한다. 당신은 팀원들과 친할 수는 있어도 친구가 될 수는 없다. 오해하지 마라. 절대 그래서는 안 된다는 말이 아니라 거의 대부분이 그렇다는 뜻이다.

또 한 가지, 이런 업무상 거리를 모든 사람과 두라는 말로 혼동하지 마라. 당신은 내부자들이 필요하다. 전체 이야기를 알고 있는 다양한 내부자들 말이다. 당신에게 그런 사람이 필요한 것은 인적 구성이 다양한 팀이 필요한 이유와 같다. 다양한 관점이 정보와 사실에 입각한 토론을 촉진하고, 그런 토론은 더 훌륭한 결정으로 귀결된다.

마지막으로, 당신의 리더십 여정은 현재진행형이라는 사실을 명심하라.

29장

롭 사용 설명서

우리 팀에 합류한 걸 환영한다. 당신과 함께 일하게 되어 정말 기쁘다.

이 회사가 어떤 곳인지 이해하려면 석 달은 족히 걸릴 것이다. 첫인상이 얼마나 중요한지도, 당신이 이곳에서 성공하고 싶어한다는 사실도 잘 안다. 그러나 이곳은 복잡한 인간 군상으로 가득한 복잡한 세상이다. 조바심 내지 말고 마음을 느긋하게 먹으라. 모든 사람을 만나보고 모든 회의에 참석하며 세세하게 기록하고 궁금한 것은 참지 말고 무엇이든 물어보라.

정의할 필요가 있는 업무 관계에는 나와의 업무 관계도 포함된다. 지금부터 소개할 내용은 나라는 사람과 나의 업무 방식을 알려주는 일종의 사용 설명서다. 나와 함께 일하는 평일의 일과에서 당신이 무엇을 기대할 수 있는지, 나는 어떤 업무 방식을 좋아하는지, 나의 북극성 원칙과 특이점이 어떤 것이고 나를 '사용할' 때 주의할 점이 무엇인지 등을 알려준다. 내가 이런 설명서를 제공하는 이유는 우리의 업무 관계를 촉진해서 신속히 궤도에 오르도록 하기 위해서다.[28]

나의 일과

우리는 매주 한 차례 최소 30분간 일대일 회의를 할 것이다. 단 비상상황일 때는 제외한다. 일대일 회의에서는 기존의 사안에 대해 정보를 추가하는 것이 아니라 매번 실질적인 주제에 대해 토론한다. 나는 우리 둘의 전용 슬랙 채널을 만들었다. 그 채널에서 향후 일대일 회의에서 다룰 주제는 물론이고 지난 회의들에서 토론한 주제를 간략히 요약한 내용도 확인할 수 있다. 그리고 당신이든 나든, 주제에 관한 아이디어가 생기면 그 채널을 통해 공유할 것이다.

---

28 롭 사용 설명서 중에서 당신의 관리자에게 바라는 아이디어가 있을 수 있다. 그러나 내가 특정한 관행이나 믿음을 따른다고 해서, 그것이 당신의 관리자도 따라야 하는 관행이나 믿음이라는 뜻은 아니다. 따라서 먼저 당신의 관리자에게 내 관행이나 믿음이 좋다고 생각하는지 물어보고, 그 대답에 따라 어떻게 할지 결정하길 바란다. 아울러 피드백이 선물이라는 말을 기억하고 내게 그 선물을 주길 바란다.

우리는 당신의 동료들까지 포함해서 확대된 직원 회의를 매주 한 차례 60분간 개최할 것이다. 직원 회의는 일대일 회의와 다른 점도, 비슷한 점도 있다. 첫째, 직원 회의는 아무리 비상 상황이라 해도 반드시 열린다. 또 전체 팀원들을 위해 의제에 관한 서면 자료가 배포된다. 일대일 회의처럼 직원 회의에서도 무언가의 진행 상태에 관해 토론하지 않고 팀 전체에 영향을 미치는 중요하고 실질적인 사안을 다룬다.

당신은 하루 중 언제라도 내게 슬랙 메시지를 보내도 된다. 나는 가능한 한 빨리 회신할 것이다.

출장 계획이 있으면 당신에게 미리 알려줄 것이다. 시차를 고려해야겠지만 출장을 가더라도 모든 회의는 빠짐없이 열릴 것이다.

나는 주말에도 업무를 조금 보는 편이다. 이것은 내 선택이니 부담을 가질 건 없다. **나는 절대로 당신이 주말에 일하기를 기대하지 않는다.** 내가 주말에 슬랙 메신저로 연락할 수도 있지만, '긴급'이라는 별도 표시가 없다면 신경 쓰지 않아도 된다. 월요일 아침까지 기다릴 수 있다.

나는 휴가를 간다. 당신도 당연히 휴가를 갈 수 있다. 나는 업무와 완전히 차단된 휴가를 보내면서 때로는 최고의 결과물을 만들어 낸다.

나만의 원칙

사람이 먼저다. 나는 행복한 삶을 영위하고 건설적이며 충분한 정보를 보유한 사람이 환상적인 제품을 만든다고 믿는다. 나는 인적 자원을 최대한 활용하자는 주의다. 다른 리더들은 비즈니스나 기술 또는 여타의 중요한 측면들을 극대화할 것이다. 다양한 이념은 효과적인 팀을 구성하는 핵심이다. 모든 관점이 중요하고 우리는 그런 모든 리더가 필요하다. 하지만 개개인의 생산성을 높이는 것이 최우선 순위다.

리더의 역할은 어디에서든 수행할 수 있다. 아내는 내가 취업해 일을 시작하고 처음 10년간 회의를 아주 싫어했다는 사실을 자주 상기시킨다. 아내의 말이 맞다. 나는 무능한 관리자들이 아무렇게나 진행하는 회의에 참석하느라 많은 시간을 허비했다. 엔지니어로서 나는 여전히 관리자들의 역할에 대해 회의적이다. 심지어 내가 관리자가 되어서도 그렇다. 물론 관리자들은 성장하는 조직에서 불가결한 존재다. 그러나 관리자가 리더십을 독점한다고는 절대 생각하지 않는다. 외려 나는 관리자가 아닌 팀원들이 효과적인 리더십을 발휘할 수 있는 구조와 기회를 만들기 위해 열심히 노력한다.

모든 것이 시스템이다. 나는 (사람을 포함해) 복잡한 모든 것을 하나의 시스템으로 치환해서 바라보고, 순서도flowchart 관점에서 고찰한다. 시스템이 어떻게 작동하고 순서도가 어떻게 연결되는지 이해하는 데서 위대한 희열을 맛본다. 시스템에서 크건 작건 비효율성을 발견하면 그것을 바꾸는 일도 좋아한다. 내가 그렇게 할 수 있도록 이제는 당신이 도와주길 바란다.

모두가 공정한 대우를 받아야 한다. 나는 대부분의 사람들이 옳은 일을 시도하지만 무의식에서 나오는 편견이 그들을 탈선하게 만든다고 믿는다. 내가 가진 편견을 인식하고 바로잡기 위해 많은 노력을 기울이는데, 편견이 불평등을 초래함을 잘 아는 까닭이다.

매우 행동 지향적이다. 잠재적인 방향성에 대해 오랜 시간 끊임없이 토론하는 회의도 가끔은 유익하다. 그러나 시작이 반이라는 속담처럼 행동을 개시하는 것이 배우기 시작하고 진전을 이루는 최고의 방법이라고 믿는다. 행동 개시가 언제나 먹히는 전략인 것은 아니다. 특히 이 전략은 토론을 좋아하는 사람들을 짜증나게 만든다.

작은 것을 꾸준히 고칠수록 더 놀라운 보상으로 되돌아온다. 높은 품질을 보장하는 것은 모두의 책임이다. 또 확신하건대 언제, 어디든 고쳐야 하는 버그가 있다.

결과야 어찌됐든 관련자는 좋은 의도로 일을 시작한다고 가정한다. 나는 경력 전반에서 이 원칙으로 큰 도움을 받았다.

우리가 가끔 '비상 상황'에 처하고 상황이 이상하게 꼬인다는 사실을 알아야 한다. 내 관행과 원칙에는 이들이 적용되지 않는 예외적 상황이 있는데, 경계 수준을 높이는 비상 상황이 바로 그때다. 비상 상황은 대개 회사의 존립을 실질적으로 위협한다. 이 시기에는 위협에 대처하는 것이 급선무고, 이는 인적 자원과 공정과 제품에 관한 내 평소 원칙보다 우선한다. 비록 위협이 심각하지 않더라도 나는 이런 상황에 처한 때는 물론이고 이 상황이 종결될 시기도 가능한 한 정확히 예측해서 알려줄 것이다. 만약 이런 상황이 빈번하게 발생한다면 그것은 무언가가 대단히 잘못된 것이다.

피드백 수칙

나는 피드백이 팀원들 간의 신뢰와 존중을 구축하는 데 가장 중요하다고 확신한다.

우리 회사에는 공식적인 피드백 기간이 일 년에 두 번 있다. 첫 평가 기간에서는 당신이 다음 평가 기간에 대비할 수 있도록 제안된 일련의 OKR^objective and key result[29]($https://oreil.ly/qEr4R$)을 작성한다. 제품이나 기술에 관한 것이 아니라 오직 직업적 성장을 가늠하기 위한 OKR이다. 나는 우리가 만나기 전에 당신이 검토할 수 있도록 OKR 초안과 팀원들의 상향 피드백^upward feedback을 보내줄 것이다.

우리의 일대일 대면 회의에서는 다음 평가 기간을 준비하기 위해 당신의 OKR에 대해 토론하고 합의를 도출한다. 아울러 나의 업

---

29 옮긴이_ 미국 기업에서 시작되어 실리콘밸리로 확대된 성과 관리 기법으로, 목표를 규명하고, 결과를 추적할 수 있는 목표 설정 프레임워크다.

무 수행에 대해 당신의 피드백을 요청할 것이다. 그리고 다음 평가 기간에는 그 과정이 이렇게 달라진다. 우리가 합의한 예전 OKR을 토대로 당신을 평가하고 (필요하다면) 새로운 OKR을 제공할 것이다. 이후의 모든 평가 기간은 이런 식으로 진행될 것이다.

평가 기간에만 피드백을 주고받는 것은 아니다. 일대일 회의에서 피드백은 되풀이되는 주제이며 당신에게 피드백을 수시로 요청할 것이다. 내게 해줄 피드백이 없다고 당신이 아무리 말하더라도 나는 계속해서 피드백을 요청할 것이다.

서로의 견해에 동의하지 않는 것도 피드백이다. 따라서 우리는 서로의 의견에 효과적으로 반대하는 법을 배울 필요가 있다. 그 방법을 빨리 배울수록 서로를 더 빨리 (그리고 더 많이) 신뢰하고 존중하게 될 것이다. 아이니어는 합의를 통해 발전하지 않는다.

회의 수칙

나는 많은 회의에 참석한다. 일부러 일정이 적힌 캘린더를 누구라도 볼 수 있는 곳에 둔다. 내 캘린더에 적힌 회의에 관해 궁금한 것이 있다면 기탄없이 물어보라. 사적이거나 비공개 기밀 회의라면 회의 제목과 참석자 명단을 보이는 곳에 기록하지 않을 것이다. 하지만 어차피 내가 참석하는 거의 모든 회의는 사적인 회의도 기밀 회의도 아니다.

회의의 필수 요소는 의제, 뚜렷한 목적, 생산적인 회의에 필요한 적정 인원, 회의를 예정대로 개최할 책임이 있는 담당자 등이라고 생각한다. 나는 무슨 회의든 정시에 시작하는 것을 좋아한다. 따라서 내가 회의를 주재한다면 정각에 회의를 시작할 것이다. 또 내가 회의에 참석해야 하는 이유를 정확히 모를 때는 그 이유에 대해 명확한 설명을 요구할 것이다.

만약 당신이 프레젠테이션 자료를 어느 정도 시간적 여유를 두고 보내준다면 나는 회의에 들어가기 전에 자료를 읽고 미리 질문을 생각해둘 것이다. 혹시라도 자료를 검토하지 못했다면 솔직하게 당신에게 말해줄 것이다.

회의에서 목적한 바를 달성하는 대로 회의를 마칠 것이다. 반면 주어진 시간 안에 목적을 달성하지 못할 것이 확실하다면, 종료 시간을 기다리지 않고 일단 회의를 중단할 것이다. 그런 다음 추후 그 회의를 어떻게 마무리할 것인지 결정할 것이다.

특이점과 주의 사항

나는 내성적이다. 사람들과 오랜 시간을 함께 있으면 힘이 들고 에너지가 고갈된다. 유별스럽다는 생각이 들 것이다. 회의의 경우 참석자가 3명이면 완벽하고, 3명에서 8명까지는 그럭저럭 참을 만하다. 그런데 참석자가 8명이 넘으면, 당신은 내가 이상하리만치 조용하다는 사실을 알게 될 것이다. 그러나 내가 조용한 것을 무관심한 것으로 오해하지는 마라.

일대일 회의가 끝났는데 시간이 남는다면 브레인스토밍 회의를 할 것이다. 이때 다루는 사안은 대개 내 머리의 맨 앞 자리에 박혀 있고 내가 계속 생각하는 어려운 주제다. 어쩌면 우리 회의가 '아무 말 잔치' 같다는 느낌이 들겠지만, 그렇지 않다. 우리는 진짜 일을 하고 있다.

내가 무언가를 요구하는데 요구가 무엇인지 명확하지 않다면, 설명해달라고 요청해도 된다. 얼마나 중요한 일인지 물어도 좋다. 어쩌면 내가 여전히 브레인스토밍 중일지도 모른다. 당신이 기꺼이 그런 질문을 해준다면 모두가 많은 시간을 절약할 수 있다.

요구는 단호하고 직접적으로 하되 지시형으로 말하지 마라. 내게 요구할 것이 있으면 당당히 요구하라. 나는 구체적이고 직접적인 요구("롭, 이 일 좀 노와주시겠어요?")에 매우 능동적으로 반응한다. 그러나 무엇을 어떻게 하라는 지시형의 요청("롭, 이 일을 해주세요.")에는 적절히 반응하지 못한다. 나는 어릴 때부터 지시형의 요청을 받으면 늘 이런 식이었다. 아마도 치료가 필요하지 싶다.

내가 과하게 '나댈' 수도 있다. 이럴 때는 당면한 주제에 흥분했기 때문이다. 또 드물지만 가끔은 육두문자를 내뱉을 때도 있다. 너그럽게 봐달라.

나는 새로운 무언가를 시작하는 것을 좋아한다. 그러나 그것이 어떻게 끝날지 예상이 될 때 급격히 관심을 잃고 만다. 심지어는 실제로 그 일이 마무리되기 몇 주나 몇 달 전에 관심이 사라지기도 한다. 미리 양해를 구한다. 그래도 나는 점점 나아지고 있다.

회의 중에 내가 전화 통화를 30초 이상 이어간다면 무슨 말이든 해달라. 내 주의력이 산만해진 것이다.

의견을 진실인 양 말하는 사람들을 보면 짜증이 올라온다.

뒷담화를 하는 사람들을 보면 울화가 치민다.

비록 미흡하더라도, 이상이 현재 상태의 '롭 사용 설명서'다. 이 설명서는 무생물처럼 고정된 것이 아니라 생물처럼 변화와 성장을 거듭할 것이다. 나는 이 내용을 수시로 업데이트하고 당신의 피드백을 감사히 받을 것이다.

30장

친절은 언제나 옳다

DJ는 나의 '절친'이다. 그러나 직접 얼굴을 본 것은 딱 한 번뿐이다. 그래도 우리 둘은 거의 매주 가상 공간에서 만난다. 그리고 우리의 만남에는 몇 명의 단골 초대 손님들도 함께한다. 우리가 그렇게 자주 만나서 하는 일이 뭐냐고? 데스티니Destiny 게임(*https://www.destinythegame.com*)을 같이 한다. DJ와 나, 그 외 플레이어들은 각자 소파, 책상, 의자에 앉아 위대한 일인칭 슈팅 게임에서 다양한 역할을 소화한다.

데스티니는 혼자서도 상당 부분을 플레이할 수 있다. 당신이 찾을 수 있는 다양한 행성에서 데일리 미션을 수행하면서 악당들을 죽여 전리품을 획득할 수 있다. 또 3명이 한 팀이 되어 보스 사냥을 펼치는 데일리 스트라이크strike 미션도 수행할 수 있다. 스트라이크에서 당신은 무작위로 2명의 플레이어들과 짝을 이뤄 약간 어려운 전투 임무를 수행하는데, 공식적인 의사소통 없이 단지 3명의 화력이 합쳐질 뿐이다. 마지막으로, 레이드raid가 있다. 레이드는 많은 시간이 걸리는 복잡한 미션으로 다양한 플레이어들이 적극적으로 소통해 각자의 활동을 조정한다. 그러자면 누군가가 리더의 역할을 수행해야 한다. 우리 사이에서는 DJ가 리더일 때 레이드가 이상적으로 진행된다.

30장에서 데스티니 게임 이야기를 많이 듣게 되겠지만, 본질을 보면 리더십에 관한 이야기다. 그럴 수밖에 없는 사연이 있다. 나는 DJ와 함께 금성의 유리 금고Vault of Glass나 달에서의 크로타의 최후Crota's End에 대한 레이드를 수행했다. 그 레이드에서 DJ가 리더 역할을 맡았고 자연히 나는 오랜 시간 그의 휘하에 있었다. 나는 그 시간 동안 그의 리더십에서 나오는 힘을 직접 경험했다. 그의 리더십 불패의 비결은 바로 친절함이었다.

각양각색의 성격과 의견이 모여

유튜브의 댓글을 읽어본 적이 있다면 알겠지만, 인터넷상의 공공 장소는 인간의 가장 다양한 성격과 의견을 끌어들인다. 물론 나는 누구나 의견을 가질 권리가 있음을 전적으로 존중한다. 하지만 귀중한 내 개인 시간 동안에는 누군가의 독특한 의제에 대해 아무 관심이 없다. 개인적인 여유 시간이 생길 때의 데스티니 게임이 내게는 하나의 탈출구다. 나는 나의 일상적인 활동과는 가능한 한 관련이 없으면서도 꼭 해결해야 하는 매력적인 과제가 필요하다. 그리고 때로는 그런 과제를 해결하는 데 다른 사람들이 필요하다.

데스티니를 하기 전에도 많은 다중 사용자$^{\text{multi-player}}$(MP) 게임을 해보았다. 따라서 온라인 공간에서 낯선 무리에 참여하면 다양한 문제가 발생할 수 있음을 잘 안다. 가령 쉴 새 없이 떠드는 유형이 있는데, 이런 사람은 이번 레이드가 닥치는 대로 아무 얘기나 끝없이 말할 수 있는 기회라고 생각한다. 또 '나는 다 알아' 유형도 있는데, 이런 사람은 레이드 팀에서 다른 플레이어들의 경험치가 자신보다 낮을 때 곧바로 좌절감을 표현한다.

내가 그동안 온라인에서 데스티니에 관해 광범위하게 글을 써온 이유 하나는 경험치가 얼추 대등하고 생각도 어느 정도 비슷한 플레이어들을 찾기 위해서다.[30] 이 전략은 제대로 먹혀 들었다. 어떻게 아냐고? 언제든 내 친구 목록에는 20 내지 30명의 플레이어가 올라 있기 때문이다. 친구 목록을 토대로 데스티니에서 각자 역할을 수행할 팀을 구성하는 것은 일도 아니다. 한편 아무리 생각이 비

30　당연히 나는 요즘도 게임을 한다! 또한 당신이 같이 게임을 하고 싶다면 나야 대환영이다. 내게 간단히 메모를 보낸 다음 데스티니의 슬랙 계정에 가입하라. 나는 언제나 인터넷에 연결되어 있다.

숫한 사람들끼리 모였다고 해도 우리 집단에는 다양성이 존재한다. 또 상충적인 의제도 있고 경험도 다르다. 이런 모든 것의 종착지는 하나다. DJ에게 손을 뻗는 것이다.

레이드 메커닉

레이드를 이끄는 리더로서 DJ의 역할이 얼마나 어려운지 이해하려면, 레이드의 메커닉mechanic[31]을 약간 이해할 필요가 있다. '레이드 메커닉'이라는 소제목을 보고 지레 겁을 먹어 그냥 대충 훑어야겠다는 생각이 들더라도 부디 정독해주길 바란다. 레이드 메커닉을 소개하는 이유는 당신이 더 나은 리더가 되는 방법을 설명하고 싶기 때문이다.

레이드가 성공하려면 유능하고 의지가 굳으며 적극적인 사람들이 있어야 한다. 레이드에서는 종종 더 강력해진 적들과 대치해야 하고, 레이드의 전리품을 획득하기 위해서는 특정한 방식으로 그들을 정복해야 한다. 데스티니의 한 장면을 예로 들어보자. 먼저 여러 플레이어들이 정확히 동시에 공격을 개시해 보스에게 큰 타격을 입혀야 한다. 그래야 (합동 공격으로 반드시 죽여야 하는 또 다른 악당에게서 획득한) 칼을 가진 제3의 플레이어가 그 보스에게 결정

---

31 옮긴이_ 게임 메커닉은 게임의 규칙, 절차, 데이터 등을 아우르는 개념으로, 게임에 탑재된 장치와 장치의 구체적인 내용을 말하고 정의상으로는 '게임 플레이' 자체를 뜻한다.

적 피해를 입힐 수 있기 때문이다. 정확히 이 순서로 레이드 작전을 수행하지 못하면 팀 전원의 급사를 피할 수 없다. 바로 전멸^{wipe}이다. 당연히 그 보스를 확실히 죽이기 위해서는 칼 싸움을 비롯해 이번 작전 전체를 여러 번 반복할 필요가 있다.

재미는 확실히 보장한다. 재미 말고 다른 것도 얻을 수 있다.

서로에 대해 잘 모르는 플레이어 6명이 행성 곳곳으로 흩어져 헤드셋으로 주고받는 대화를 실시간으로, 유기적으로 리더에게 전달해야 한다. 리더의 역할은 각 플레이어의 관련 이력을 신속하게 확인하고, 이번 레이드의 메커닉에 관해 누가 무엇을 알아야 하는지를 결정하며, 마지막으로 그 메커닉에 대해 설명하는 것이다. 일단 전투가 시작되면 레이드 리더는 팀원들의 임무 수행을 지켜보면서 실시간으로 전략을 조정할 필요가 있다.

어떤 플레이어는 허구한 날 지각한다. 어떤 플레이어는 일인칭 슈팅 게임과 데스티니를 해본 경험이 많다. (경험이 가장 많은 플레이어가 레이드 중에 일을 망치는 경우도 있다.) 플레이어 각자는 현실의 삶이 있고, 가끔은 한창 게임 중에 갑자기 게임에서 빠져야 하는 피치 못할 상황도 있다. 그러나 플레이어 모두는 그 게임을 통해 배우고 진전하고야 말겠다는 의지가 결연하다. 그 게임이 즐겁기 때문이다.

친절의 리더십은 믿음을 준다

리더가 되어 수십 번의 레이드를 이끈 DJ는 네 가지 리더십 원칙을 배웠을 뿐 아니라 그 원칙을 일관되게 실천한다.

- 상황을 명확하게 설명한다. 가능한 한 반복해서, 차분하게 설명한다.
- 어떤 질문에도 통찰 깊은 대답을 할 수 있다. 자기 분야에서 전문가가 되기 위해 공부를 철저히 했다.
- 일단 레이드가 시작되면 상황을 감시하고 실시간으로 피드백을 제공하며 유익하고 교육적인 방식으로 다른 플레이어들에게 새로운 정보를 알려준다.
- 재앙에 맞닥뜨려도 결코 평정을 잃지 않는다.

이 네 가지 리더십 원칙을 쉽게 요약하면, 명확한 의사소통, 검증된 전문성, 명쾌하고 실천 가능한 피드백, 침착한 성품이다. 물론 이 원칙은 리더십의 특징이기도 하다. 그러나 리더십의 진정한 핵심은 따로 있다. 솔직히 말해, 나는 그런 네 가지 특징을 겸비한 훌륭한 사람을 많이 보았다. 그러나 DJ에게는 그들에게서 보지 못한 남다른 점이 하나 더 있다. **그는 리더로서 언제나 그 네 가지 원칙을 실천한다는** 것이다. 나는 우리가 함께 플레이할 때마다 그에게서 정확히, 자로 잰 듯 한치의 어긋남도 없이 이런 행동을 기대할 수 있다. 나도 좋은 리더가 되고 싶은 마음은 누구 못지않지만 마음대로 되지 않는 날이 있다. 밤잠을 설쳐 기분이 처진 때도 있었다. 한 시간 동안 유의미하고 실질적인 어떤 것도 토론하지 않고 그저 시간 낭비에 불과한 회의에 참석해 인간에 대한 신뢰마저 잃은 때도 있었다.

DJ는 언제나 네 가지 리더십 원칙을 철저히 실천하는 리더다. 가령 2시간 동안 게임을 했지만 아무런 성과가 없었는데 가족과 시간을 보내기 위해 게임에서 빠져야 한다면? DJ는 이렇게 말한다. "걱정하지 마세요. 다른 플레이어를 찾을 수 있을 겁니다." 이번 레이드에서 당신이 맡은 역할을 제대로 수행하지 못하고 계속 실패하는 바람에 여러 번 팀이 전멸한다면? "걱정하지 마세요. 좀 다른 전략을 시도해봐도 되죠?" 이런 레이드를 한 번도 해본 적이 없다면? 그런데 레이드를 시작하기 전에 그런 사실을 말하지 않는다면? "걱정하지 마세요. 내가 이 게임을 처음 했을 때가 지금도 생생히 기억나네요. 배우는 재미가 쏠쏠해요. 이 게임을 어떻게 하는지 자세히 알려드릴게요."

나는 지금까지 수많은 사람들과 수많은 비디오 게임을 했다. 또 때로는 리더로, 때로는 팀원으로 각양각색의 성격을 가진 다양한 사람들과 함께했다. 그러나 누구에게나 친절할 때 나타나는 명확하고 일관된 결과를 DJ를 만나기 전까지는 경험한 적이 없었다. DJ의 휘하에서 우리는 더 잘 소통하고 서로에게서 배우며 성공을 축하하고 실패에도 진심으로 웃을 수 있다.

친절의 리더십은 모두를 포용한다

게임에서의 리더의 역할은 자원봉사 조직에서 리더의 역할과 닮은 점이 많다. 자원봉사 조직에는 공동의 목표에 헌신하려는 열망이 크고 그 목표를 지원하는 데 자신의 시간을 기부하려는 사람들이 모인다. 당연한 말이지만, 대부분의 자원봉사 조직은 값비싼 전리품을 획득하는 것보다 훨씬 더 고매한 일을 추구한다. 그러나 내가 하고 싶은 말은 리더십의 본질에 관한 것이다. 친절한 마음에서 우러나 자신의 시간을 자발적으로 기부하려는 사람들이 리더일 때는 영리 조직에서와는 다른 리더십 접근법이 필요하다.

나는 자원봉사 조직의 리더십에는 두 가지 독특한 특징이 있다고 믿는다. 첫째, 한결같이 친절하게 대하는 리더십 원칙이 자원봉사 조직에 적합한 접근법처럼 보인다. 당신은 사람을 채용하지 않는다. 오히려 다양한 배경과 다양한 동기를 가진 사람들이 제 발로 찾아온다. 따라서 정확히 설명하고 효과적으로 이끄는 능력이 핵심이다. 또 자원봉사자들은 아무 때고 마음 내키는 대로 떠날 테니 가능한 한 빠르게 신뢰성을 증명하고 전문가가 되는 능력이 무엇보다 중요하다. 뿐만 아니라 재앙이 닥쳐도 리더로서 반드시 침착하고 집중력을 유지해야 한다. 리더에게 이런 자질은 필수다. 재앙은 무시무시하고 아주 강력한 단어다. 그러나 타의에 의해 꼭 해야 하는 일이 아니라 자신이 직접 선택한 일을 하는 자원봉사자 세상에서는 예상하지 못한 상황이 오히려 일상이다.

둘째, 한결같이 친절한 것은 리더가 맞닥뜨리는 모든 상황에서 최고의 접근법이다. 30장을 읽으면서 아마도 당신은 내가 설명한 것과 정반대인 리더에 대해 생각했을 것이다. 그런 사람은 독재자고 사사건건 지시하는 통제형 관리자며 저돌적이고 과대 포장된 호통형 인간이다. 당신은 이런 특징 때문에 그들이 성공했다고 생각할지 몰라도, 그리고 실제로 그들이 성공했을지 몰라도, 당신은 정말로 그런 리더가 되고 싶은가? 그들이 당신의 이상적인 리더의 모습인가?

나로 말하자면, 결코 아니다.

당신에게 맞는 리더십 의상을 선택하라

이 책에는 리더에게 필요한 30가지 작은 습관과 행동이 등장했다. 이제 우리는 리더십 여정의 막바지에 이르렀다. 나는 당신이 어떤 습관과 행동을 실천하기로 선택했는지 궁금하고 그 이유도 알고 싶다. 뭐가 뭔지 갈피를 못 잡겠다고? 어디서 시작해야 할지 모르겠다고? 어렵게 생각할 것 없다. 가장 쉬운 것을 선택해서 지금 당장 시작하면 된다. 선택은 힘든 것이 아니다. 작은 습관이나 행동이 왜 중요하며 더 좋은 리더가 되는 데 어떤 도움이 될지 이해하는 것이 정말로 힘든 것이다.

잠깐 내 이야기를 해보자. 작년의 나는 리더로서의 신뢰성에 초점을 맞췄다. 가령 당신이 내게 무언가를 완성하라고 말한다고

하자. 이럴 경우 나는 내가 반드시 그 일에 최선을 다할 거라는 확실한 믿음을 당신에게 주고 싶었다. 또 재작년에는 대형 조직에서 소통의 문제에 집중했다. 당시 내 화두는 내 팀에서, 내 조직에서, 내 회사에서 구성원 각자와 가장 효율적으로 소통할 수 있는 방법이었다. 그래서 결론이 무엇이었냐고? 소통 방식과 방법은 다양하다는 것. 내가 찾은 최고의 소통 방식은 내 접근법이 절대로 완벽하지 않고 언제나 끊임없이 배워야 한다는 사실을 인정하는 것이었다.

한편 절대 변하지 않고 영원히 간직할 몇 가지 리더십 원칙도 있다. 그중 가장 중요한 것은 모든 상황에 임하는 나의 기본적인 마음 자세와 관련된다. 나는 어떤 상황에도 **친절**의 마음 상태로 접근할 것이다. 내가 일을 망친 바람에 누군가 한판 붙을 기세로 회의실에 들어와도 친절하게 대하라. "일을 망쳐서 죄송합니다." 사람들을 화나게 만들고 불신을 조장할 목적으로 지어낸 악의적인 소문을 들어도 친절하게 반응하라. "그 소문은 진실이 아닙니다. 그래도 누군가가 중요한 무언가를 말하려고 한 것만은 틀림없습니다."

리더십은 당신이 사람들에게 보여주기 위해 선택한 의상 같은 것이다. 내가 선택한 의상은 친절이다. 나는 사람들에게 한결같은 친절을 보여줄 것이다.

리더십 여정을 마치며

우리는 한 팀이다. 아직 아무도 오른 적 없는 산이 우리 앞에 우뚝 솟아 있지만, 당신은 우리가 그 산을 정복할 수 있다고 뼛속 깊이 믿는다. 더 중요한 것은, 당신은 당당히 앞에 나서서 산을 가리키며 난공불락의 봉우리를 어떻게 정복할 것인지에 관해 설득력 있는 이야기를 들려줄 수 있다는 점이다.

당신은 손짓을 섞어 말하고, 생각을 강조하기 위해 적당한 시점에 목소리를 높인다. 그런 다음, 말을 멈춰 긴장감을 고조시킨다. 당신은 자신에 관해 이야기하지 않는다. 오히려 우리 모두에 관해, 그리고 불가능한 이 엄청난 일을 우리가 힘을 합쳐 어떻게 달성할 것인지에 관해 말한다.

이야기는 흡인력이 있지만 세부 사항들에 중점을 둔다. 개의치 않는다. 어차피 모두가 열망하는 것은 불가능한 일을 달성하는 것이고, 더 중요한 이유는 모두가 당신의 화법을 사랑하는 까닭이다. 우리는 확고한 다음 단계들이 필요하다는 사실을 알지만 당신에 대한 믿음으로 그런 생각을 밀쳐낸다. 인간은 감정의 동물이다. 당신의 태도와 소통 방식은 불가능한 여정에서 당신을 믿고 따르도록 모두를 납득시켰다.

이것이 비전이다. 당신은 비전을 설명하기 위해 당신의 모든 리더십 기술을 총동원한다.

우리가 정복해야 하는 산은 여전히 위용을 뽐낸다. 헤라클레스의 과업[1]에 못지않은 위대한 도전이다. 그 일을 달성하려면 구체적으로 어떻게 해야 할까? 다행히도 우리에게는 당신이 있다. 이제 당신이 계획을 수립하기 시작한다.

계획 수립의 첫 단계는 질문이다. 당신이 묻는다. 올라야 하는 산은 얼마나 높은가? 현재 상황에서 인지하고 있는 장애물은 무엇인가? 정상은 어디인가? 꼭대기까지 오르는 최적의 경로는 어떤 것인가? 대안이 될 또 다른 길이 있는가? 함께 등반할 사람은 모두 몇 명인가? 그들은 등반을 완주할 수 있을 만큼 강인한가? 각자의 강

---

1   옮긴이_ 헤라가 내린 광기로 자신의 아이들을 죽인 헤라클레스가 죄값을 치르기 위해 에우리스테우스 밑에서 노역하게 된 것을 말하며 정확히는 열두 과업이다.

점과 약점은 무엇인가? 각각의 임무를 수행하기 위한 최고의 인적 구성은 어떤 것인가? 등반 중에 예상치 못한 상황에 대비해 미리 구축해둬야 하는 비상 계획은 무엇인가?

질문은 끝이 없다. 그래서 당신은 가장 먼저, 답의 중대성을 기준으로 질문을 세 종류로 나눈다. 답을 반드시 알아야 하는 결정적인 질문, 답이 중요한 질문, 답을 알면 유익한 질문 등이다. 그런 다음 이런 질문의 답을 찾는 일을 팀원들에게 맡긴다. 각자에게 임무를 부여하기에 앞서, 비전을 상기시키고 각 질문의 상대적 중요도를 설명하며, 언제까지 답해야 할지를 명확히 정해준다. 그리고 설명을 마칠 때마다 빼먹지 않고 각 팀원에게 이렇게 말한다. "나는 당신이 중요한 이 일을 해낼 수 있다고 믿습니다."

당신은 팀원들이 찾아온 답만이 아니라 그들이 답을 찾은 방식에서 통찰을 얻는다. 또 팀원들이 찾은 답을 반영해서 불가능한 과업을 달성할 방법과, 믿고 의지해야 하는 사람들의 능력과, 미묘한 차이에 관한 자신의 심상 모형을 업데이트한다.

의견이 충돌한다. 데이터가 상충한다. 예상치 못한 방향으로 상황이 전개된다. 인간관계에서 불협화음이 생긴다. 가끔 비전에 대한 희망을 잃고 절망에 빠지기도 한다. "내가 이 일을 할 수 있을지 확신이 안 서요." 당신이 곧바로 다독인다. "불가능해 보일 수 있어요. 당연히 어려운 일이죠. 그러나 **우리**는 함께 해낼 겁니다. 내가 어떻게 할지 방법을 설명해줄게요."

그리고 약속대로 차근차근 설명해준다.

구성원들이 찾아온 모든 답을 종합해 신빙성 있는 계획의 초안을 작성한다. 신뢰할 수 있는 조언자를 찾아 그들과 함께 그 계획의 세부 사항을 상세히 점검한다. 조언자는 낯빛 하나 변하지 않고 진실을 가감 없이 말하고, 당신은 조언자가 들려주는 진실을 열심히 귀담아듣는다. 그 후, 진실을 정확히 이해했는지 확인하려고 반복한다. 마침내 팀원 모두의 앞에 서서 비전을 또다시 설명하고, 빈틈없이 수립된 전략을 토대로 계획을 어떻게 구현할 것인지 알려준다.

"우리는 이 산을 오를 겁니다. 여러분 모두가 열심히 일해준 덕분에 전략을 수립했습니다. 등반 과정의 모든 요소는 물론이고 우리를 어떻게 조직화해야 할지와 하루하루를 어떻게 헤쳐 나갈지 알게 되었습니다." 당신은 산을 그리고, 계획된 등반로를 그리고, 등반의 각 단계를 어떻게 오를 것인지를 설명하기 위해 등반로의 이정표마다 표지판을 그린다.

팀원들은 질문이 아주 많다. 당신은 모든 질문에 막힘없이 완벽한 답을 들려준다. 당신의 답을 들은 팀원들은 자신감으로 충만해진다. 일찍이 아무도 이 산을 오른 적이 없고 그래서 여전히 두렵지만, 힘을 합쳐 만들어낸 커다란 청사진을 보고 그 산을 정복할 수 있다고 믿는다.

이것이 전략이다. 당신은 비전을 뒷받침하는 전략을 정의하기

위해 당신이 가진 리더십 기술을 총동원한다.

본격적으로 등반 대장정이 시작된다.

전술을 실행하는 것이 가장 어렵다. 처음 한동안은 계획을 실행하는 것이 얼마나 힘든지 누구도 믿지 않을 것이다. 팀원들은 낙관적인 전망에 취해 의기충천하고 에너지가 넘쳐 흐르며 야심차고 매력적인 비전을 추구한다. 웃으며 스스로를 격려하고 서로를 다독이며 산을 오른다. 또 계획을 수시로 들여다보고 표지판을 확인하며 다음 방향을 따른다. 그렇게 한 단계씩 나아간다.

하루가 지날 때마다 계획에서 작은 결함을 발견한다. 미처 고려하지 못한 뜻밖의 상황이 나타난다. 발을 멈추고 팀을 재정비하며 어떻게 나아갈 것인지에 대한 지혜를 모은다. 당신은 귀를 기울이고 질문을 하면서 신속하게 결정을 내린다. 우리는 고개를 끄덕이며 계속 산을 오른다.

또 그렇게 며칠이 지나고 우리는 예상치 못한 상황에 번번이 맞닥뜨린다. 예상 밖의 일이 자주 벌어지자 몇몇 팀원의 얼굴이 어두워지고, 급기야 당신의 귀에까지 탄식하는 소리가 들린다. 당신은 신속하게 다가와서 직선적으로 말한다. 비전을 상기시키고, 이제껏 아무도 이 산을 오른 적이 없다는 사실을 일깨운다. 아울러 누구도 이 산을 정복하지 못한 이유를 다시 한번 일러준다. 사람들이 충분히 영리하지 못하거나 조직화되지 못해서가 아니다. 다른 합당한 이유가 있다. 그저 그들은 불가능한 이 일이 실현 가능함을 믿지 못한 것이다. 그러나 우리는 다르다. 우리는 이 일을 믿는다.

이쯤에서 두 부류로 갈린다. 일부는 당신의 말과 열정에 평정을 되찾는다. 반면 일부는 예전의 믿음을 끝내 되찾지 못한다. 지금 당장 그들이 등반을 포기하고 산을 내려가지는 않지만 이미 그들의 마음속에 들어온 의심이 사라지지 않는다. 목표가 너무나 거대해서 달성하기가 불가능하다는 생각을 떨치지 못하는 탓이다. 그들이 우리와 끝까지 함께하지 못하고 이탈하는 것은 단지 시간 문제다.

재앙이 닥친다. 그저 예상하지 못한 단순한 상황이 아니다. 완전하고 총체적인 재앙이다. 우리는 너무 놀라 혼비백산한다. 설상가상으로 재앙은 이미 우리가 아는 단순한 사실을 부각시킨다. 이 일이 불가능하다는 사실과 전략에 명백히 잘못된 끔찍한 결함이 있다는 사실이다. 이제 우리 모두는 물론이고 당신까지 동요한다. 누군가가 "돌아갈까요?"라고 묻자 한숨 섞인 웅성거림이 번진다. 팀의 깊은 절망과 불신이 드러난다.

이 도전의 출발점은 전술이었다. 당신은 비전을 달성해줄 전략을 뒷받침하는 전술을 실행하기 위해 당신이 가진 리더십 기술을 총동원했다. 이제 당신은 자신의 판단력에 의존해 우리가 성공할 수 있을지 결론을 내려야 한다.

이제 당신의 판단력이 관건이다. 솔로몬 같은 판단력이 요구된다. 판단력은 당신의 모든 경험이 축적된 지혜요, 정보와 사실에 입각하고 쉽게 접근할 수 있는 영감이다. 판단력은 단지 당신이 결정할 때만 의존하는 것이 아니다. 판단력은 당신이 언제 결정해야 하는지도 알려준다. 우리가 멈춰야 할까? 아니면 계속 올라야 할까? 멈출 때의 대가는 무엇이고 계속 오를 때의 희생은 무엇인가? 만약 계속 오른다면 얼마나 많은 위험을 감수하게 되는가? 반대로, 지금 중단한다면 무엇을 영원히 잃게 되는가? 중단할지 아니면 계속할지 지금 당장 결정해야 하는가?

당신이 우리 앞에 나선다. 우리가 나지막이 내뱉는 절망의 웅성거림이 당신의 귓전을 맴돈다. 이제 당신은 결정을 내린다. 당연하다. 당신은 이 여정에 책무가 있기 때문이다. 비록 대부분은 책무가 책임감을 의미한다고 믿지만, 당신은 책무란 **행동과 결정의 정당성을 설명할 의무가 있거나 그렇게 할 것으로 기대되는** 뜻이라는 사실을 이해한다. 누구에게 정당성을 설명해야 하는가? 우리에게다. 설명하는 것은 리더인 당신의 책무다. 우리가 여기에 왜 있는지 자초지종을 알려주는 것은 리더인 당신의 책무다. 우리가 불가능한 이 일을 달성해야 하는 이유를 정당화하는 것 또한 리더인 당신의 책무다. 계속 나아가기로 결정하고, 목표를 달성하려면 어떤 변화가 필요할지 상세하고 이해하기 쉽게 설명하는 것은 리더인 당신의 책무다.

당신은 결정을 내린다. **우리는 계속 나아갈 것이다.** 당신은 당신의 결정에 대해 설명한다. "지금부터는 방식을 달리하겠습니다. 이런 식으로 산을 오를 것입니다." 당신은 앵무새처럼 비전을 반복해서 상기시키고, 새롭게 수정된 전략과 그것을 뒷받침하는 전술들을 되풀이해서 설명한다. 당신은 이 과정을 이미 100번이나 반복한 것 같은 기분이 든다. 그러나 당신은 이 목표를 달성하기 전까지 이 과정을 100번은 더 되풀이하게 될 것이다. 여정의 다양한 도상에서 의존하는 것이 매번 달라지기 때문이다.

혈관을 질주하던 뜨거운 열정이 사라지고, 믿음이 흔들린다. 당신이 아무리 상세하고 이해하기 쉽게 설명해도 결국 몇몇은 여정을 포기한다. 반면 남기로 한 사람들은 심호흡을 하고 자신들이 왜 그곳에 있는지를 마음 깊이 되새기며 다시 산을 오르기 시작한다.

당신에게 맞는 리더십 원칙을 찾으라

당신은 면접할 때 지원자의 리더십 기술을 어떻게 확인하는가? 나는 이 질문을 수없이 많이 받고, 열에 아홉은 사려 깊되 예측 가능한 대답을 한다. "마지막으로 누구를 해고했는지 말해보세요."

좋은 질문이다. '예' 또는 '아니오'로 대답할 수 있는 폐쇄형 질문이 아니라 개방형 질문인 까닭이다. 아울러 사람들이 얽힌 복잡한 상황을 포함하는 토론을 일으키기 때문이다. 그래도 해고는 리더가 선택할 수 있는 다양한 행동 전술 중에서 최후의 수단임을 명심하라. 결론적으로 말해 중요한 질문이지만 그보다 더 중요한 질문이 있다. "당신이 그 사람을 해고해야만 했던 이유는 무엇이었습니까?" 또는 "해고 말고 다른 방법은 없었을까요? 당신이 어떻게 했다면 결과가 달라졌을까요?"

리더십은 당신이 대체로 따르는 일련의 원칙이다. 그런 원칙을 서면으로 작성한 적이 없을 수도 있다. 하지만 우리가 마주앉아 커피 한잔을 마시는 짧은 시간에도, 우리는 즉석에서 몇 가지 원칙을 찾을 수 있다. 내가 중시하는 리더십 원칙 중 몇 가지는 다음과 같다.

- 누구나 공정한 대우를 받아야 한다고 믿는다.
- 극도의 신뢰성을 보여주는 것이 리더의 책임이라고 믿는다.
- 리더의 최우선적인 역할은 팀을 성장시키는 것이라고 믿는다.

당신에게 맞는 리더십 원칙을 찾는 첫 단계는 현재 당신이 중요하다고 생각하는 리더십 원칙을 종이에 기록하는 것이다. 오직 당신의 원칙이어야 한다. 30분을 줄 테니 서두르지 말고 하나씩 적어보라. 이 과정은 매우 중요하다.

다 적었는가? 이제는 리더십 원칙의 초안을 적은 종이를 네모 반듯하게 접어서 안전하되 손이 쉽게 닿을 수 있는 곳에 넣어두라. 앞으로 일주일간 매일 한두 번은 목록을 꺼내 살펴보기를 바란다. 새로 생각나는 원칙도 있을 것이고 하룻밤 푹 자고 나면 덜 중요해 보이는 원칙도 있을 것이다. 일주일의 시간을 갖고 목록에 어떤 변화가 생기는지를 직접 확인하라.

다음 단계는 리더십 원칙들을 VST + J를 기준으로 평가하는 것이다. VST + J는 비전^{vision}, 전략^{strategy}, 전술^{tactic} + 판단^{judgment}을 줄인 말로 내가 리더들을 이해하기 위해 설정한 기준이다. 화이트보드나 노트의 빈칸에 아래의 표를 그려보라.

	현재 상태	이상적인 상태
비전		
전략		
전술		

각 열의 총합이 100점이 되도록 세 항목에 점수를 매기라. 비전과 전략과 전술 중에서 현재 당신의 상대적인 강점은 어떤 것인가? 이상적인 경우라고 가정할 때, 당신은 세 항목 중에서 무엇이 상대적으로 강해지기를 바라는가? 이 질문에는 틀린 답이 없다. 앞서 등산 시나리오에서 확인한 리더십의 세 가지 특성에 비추어 당신이 얼마나 강력한지를 스스로 평가하는 것이 이 훈련의 핵심이다. 이쯤에서 비전과 전략과 전술을 다시 한번 확인해보자.

비전

불가능한 목표를 확인하고, 그 목표를 달성할 수 있는 잠재적인 다양한 방법을 정의하며, 그 아이디어를 우리에게 납득시킨다.

전략

비전을 이해할 수 있는 작은 부분으로 나누고, 분할된 각각의 목표를 달성하기 위해 따라야 하는 구체적인 단계를 정의한다.

전술

정의된 대로 각 단계를 반드시 따른다.

점수를 매겨보라. (내친 김에 훈련 하나를 더 해보자. 당신이 신뢰하는 누군가에게 VST 기법으로 당신의 리더십에 점수를 매겨 달라고 요청하고, 당신이 매긴 점수와 비교해보라. 유익한 통찰을 얻을 수 있을 것이다.) 이제 당신은 세 가지 중요한 정보를 손에 넣었다.

1. 당신의 리더십 원칙을 정리한 목록 초안 또는 리더로서 당신에게 중요한 일을 단순히 열거한 목록

2. 내가 리더를 이해하는 기준, 당신의 강점이 무엇이고 당신이 어디에 투자하고 싶어하는지를 평가하는 방법

3. 고려할 만한 30가지 작은 습관과 행동 강령 목록. 이 책을 시작하고 한동안 나는 그런 습관과 행동을 비전, 전략, 전술 중 하나로 범주화해서 묶으려 했다. 그런데 몇 장을 쓰고 난 뒤 벽에 부딪혔다. 어떤 리더에게는 전략적인 것이 다른 리

더에게는 전술이 될지도 모른다는 사실을 깨달은 것이다. 일대일 회의를 예로 들어보자. 내게 일대일 회의는 전략에 속한다. 나는 신뢰를 구축하는 데 도움이 필요해서 일대일 회의를 한다. 그러나 당신에게는 일대일 회의가 전술이 될지도 모른다. 팀원들에게 당신의 신뢰성을 소통하기 위한 전술적 도구로 일대일 회의를 활용할 수 있다는 말이다.

이제 VST + J의 마지막 요소에 대해 알아보자. **판단력을 발휘하라.** 당신의 리더십 원칙과 VST에서 투자하고 싶은 영역을 고려할 때, 당신이 배우고 실천하고 싶은 작은 습관과 행동 방침은 어떤 것이고 이유는 무엇인가? 지금 당장은 그 이유가 설득력이 떨어진다고 생각할지도 모르겠다. 또 그 이유가 어쩌면 단순히 기분에 의한 것인지도 모르겠다. 따라서 내가 이 책을 시작하면서 말했듯, 30개의 작은 습관과 행동 방침 중에서 어떤 것이 당신에게 가장 적절하고 중요한지 결정하라. 그런 다음 석 달 동안 매일 업무 환경에서 그런 습관과 행동을 실천하고 그로 인해 무엇을 경험하고 배우는지 직접 알아보라.

천리 길도 한 걸음부터
산을 오를 때는 서두르지 말고 한 번에 한 단계씩 나아가라.

그러다 보면 첫 번째 재앙이 어느덧 머나먼 과거가 되고, 두 번째 재앙도 저만치 따돌릴 수 있다. 그동안 이별을 고한 구성원이 많았지만 새로 합류한 사람도 많았다. 그들이 우리를 선택한 이유는 명백했다. 무엇보다도 우리의 위대한 목표에 영감을 받아서다. 아울러 우리가 포기하지 않고 여전히 산을 오르고 있다는 사실이 널리 알려졌기 때문이다.

앞으로도 재앙은 수없이 발생할 것이다. 그러나 곧 그 재앙도 극복하고 정상에 오를 것이다. 이로써 우리는 불가능한 과업을 달성하게 될 것이다. 그러나 지금 당장은 누구도 그것을 믿지 못한다. 우리는 눈앞의 일에만, 즉 작은 각각의 단계를 실천하는 일에만 오롯이 초점을 맞출 뿐이다. 우리에게 가장 중요한 일은 또 다른 작은 단계를 실천하는 것이기 때문이다.

지름길도, 왕도도 없다. 불가능한 과업을 달성하는 길은 오직 하나다. 포기하지 않고 산을 계속 오르는 것이다.